Pendo

Iris Schürmann-Mock
Claudia Toll

Und was mach ich,

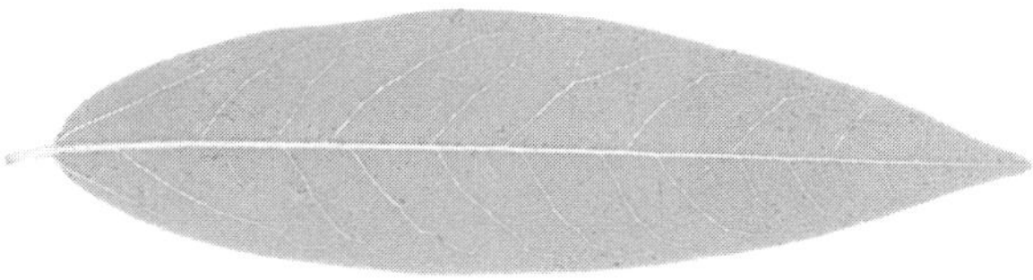

wenn ich tot bin?

Eine Entdeckungsreise
ins Leben danach

Pendo München und Zürich

Mehr über unsere Autoren und Bücher:
www.pendo.de

FSC
Mix
Produktgruppe aus vorbildlich
bewirtschafteten Wäldern und
anderen kontrollierten Herkünften

Zert.-Nr. GFA-COC-001262
www.fsc.org

ISBN 978-3-86612-220-8

Satz: Fotosatz Amann, Aichstetten
Druck und Bindung: Druckerei Pustet, Regensburg
Printed in Germany

»Alle Märchen sind nur Träume
von jener heimatlichen Welt,
die überall und nirgends ist.«
Novalis

Inhalt

Zweites Kapitel

Alle – außer mir!

Über die alltägliche Gegenwart des Todes und die Schwierigkeit, das eigene Ende zu bedenken

Drittes Kapitel

»Alles wandelt sich, nichts vergeht«

Über den Abschied vom Leben und die Hoffnung, es möge danach weitergehen

(*Namen von den Autorinnen geändert)

Vorwort von Elisabeth Herrmann

Warum der Tod ein ungebetener Gast ist, dem wir sogar in unseren Gesprächen nur widerwillig die Tür öffnen, darüber haben sich schon viele den Kopf zerbrochen. Die beiden Autorinnen Claudia Toll und Iris Schürmann-Mock nähern sich diesem Tabuthema auf eine ungewöhnliche Art: Sie fragen, was danach kommt.

Zu Wort kommen prominente und unbekannte Menschen. Alte und Junge, Gläubige und Atheisten. So unterschiedlich ihre Vorstellungen von dem »Danach« auch sein mögen – sie reichen vom absoluten Nichts bis hin zu grenzenloser Glückseligkeit –, so haben sie doch eines gemeinsam: Sie sind überraschend positiv. Denn mit der Frage nach dem eigenen Tod spürt man auch dem eigenen Leben nach. Dieses Leben so erfüllt wie möglich zu gestalten, scheint der Ungewissheit ein wenig von ihrem Schrecken zu nehmen.

Der Tod ist ein unausweichliches Ereignis. Er kommt nicht erwartungsgemäß wie ein pünktlicher Zug, aber so sicher wie der nächste Sonnenaufgang, und nimmt uns einfach mit. Die Fäden der Marionette sind durchtrennt. Das Spiel, in dem wir eben noch Hauptdarsteller oder jugendlicher Liebhaber, die naive Schöne oder das intrigante Biest waren, ist vorbei. Das Licht geht aus, und ob wir Beifall ernten oder Buhrufe, bekommen wir gar nicht mehr mit. Wir sind tot. Ein Schicksal, das Milliarden Menschen vor uns ereilt hat und das, wenn die nachfolgenden Generationen ein bisschen sorgfältiger mit dieser schönen Erde umgehen, auch noch mindestens ebenso viele nach uns einholen wird. Das wissen wir. Das ist Bestandteil des Vertrages, den wir eingegangen sind. Geboren werden, leben, sterben, tot sein.

Und doch ist es schwer zu akzeptieren. Die Frage, was nach dem Tod auf uns wartet, ist der größte gemeinsame Nenner der Menschheit. Und jeder Einzelne von uns, hat eine andere Antwort darauf.

Wir lesen in diesem Buch Gedanken von Menschen, wie sie unterschiedlicher nicht sein könnten. Der Bergsteiger und die Krankenpflegerin, der Dirigent und die Designerin, der Rentner und der Student. Für die einen ist der Tod das Ende jeder bewussten Existenz. Für die anderen ist er der Beginn einer alles umarmenden Seligkeit. Doch für alle ist der Tod nicht Verlust, sondern Gewinn. Er nimmt den Dingen nicht ihren Wert. Im Gegenteil: Er macht sie kostbar. Er gibt ihnen Bedeutung. Er nimmt Beliebigkeit und verleiht ihnen stattdessen etwas Einzigartiges.

Das letzte große Rätsel – eigentlich ist es erstaunlich, dass es noch keiner entschlüsselt hat. Die Menschheit ist zu so vielem fähig, doch dem Tod ein Schnippchen zu schlagen oder wenigstens herauszubekommen, was danach auf uns wartet, das ist noch niemandem gelungen. Ob und wie das Leben nach dem Tod weitergeht bleibt eine Frage des Glaubens, nicht nur im religiösen Sinne.

Die Menschen in diesem Buch haben für sich selbst eine Antwort gefunden, wie es nach dem Tod weitergeht. Und ob es weitergeht. Warum, warum nicht ... Es ist spannend, diese Gedanken zu lesen. Man entdeckt Gleichgesinnte, die ähnlich empfinden, oder man bekommt ganz neue Einsichten über den Tod und das Leben, die man so nicht hatte. Jede einzelne Antwort ist eine Hymne an das Leben, an das Hier und Jetzt. Der Sinn des Lebens ist das Leben, ist das Gestalten dieser einmaligen, unwiederbringlichen Chance, die uns gegeben ist. Das Leben kennt keine Generalprobe. Es ist eine Premiere, Tag für Tag, für jeden Einzelnen von uns in jedem Lebensalter.

Carpe diem! Nutze den Tag!

Dieses Buch wendet sich an alle, die sich dem Thema Tod auf andere Weise zuwenden wollen. Die sehr persönlichen Gedanken über die Endlichkeit der Existenz, die in den Geschichten zum Ausdruck kommen, haben etwas Tröstliches. Wir sind nicht allein mit unserer Angst. Und: Ist diese Angst eigentlich nötig? Nur das, was fremd ist, flößt uns einen Schrecken ein. Je intensiver wir uns mit der Frage nach dem »Danach« beschäftigen, desto eher sind wir bereit, es als Teil unseres »Jetzt« zu begreifen und zu akzeptieren. Insofern ist die Lektüre keinesfalls auf Lebensabschnitte beschränkt, in denen der Tod uns jemanden genommen hat oder auf uns selbst in bestimmter Frist zukommt. Es ist ein Buch für alle Gelegenheiten – am Strand, im Bett, auf einer langen Reise. Es hilft uns, unseren eigenen Standpunkt im Universum zu verorten und den Begriff Unsterblichkeit für uns selbst ganz neu zu definieren: zum Beispiel als Teil eines unendlichen Kreislaufs, der uns mit unseren Ahnen ebenso verbindet wie mit den zukünftigen Generationen.

Ein Bild in diesem Buch hat mir besonders gut gefallen: Das Leben ist ein Meer, und wir sind eine Welle. Ein schöner Gedanke!

Aber es gibt auf den kommenden Seiten noch viel mehr zu entdecken. »Und was mach ich, wenn ich tot bin?« ist eines jener Bücher, die Gespräche anregen können. Mit sich selbst, mit den Freunden, mit der Familie. Erstaunt wird man feststellen, dass die Vorstellungen vom Jenseits so unterschiedlich und vielseitig sind wie die Entwürfe vom Leben. Die Frage nach dem »Danach« wird zu einer spannenden Reise in die eigene Gedankenwelt.

Wenn ich tot bin … Auf den folgenden Seiten begegnet man vielen Möglichkeiten, wie dieser Satz zu Ende gedacht werden kann. Letzten Endes aber summieren sie sich zu der einzigen, wirklichen Erkenntnis: Wer stirbt, hat zuvor gelebt. Dieses Leben zu gestalten ist unsere tatsächliche Aufgabe im Diesseits. Und dann? Gibt es viele Möglichkeiten. Gewissheit kann es nicht geben.

Einführung

»Oft denk ich an den Tod, den herben, / und wie am End' ich's ausmach'«, dichtete Carl Spitzweg einmal, als er gerade nicht mit Malen beschäftigt war. Wer denkt nicht wenigstens manchmal an den Tod und fragt sich, ob damit alles aus ist? Wer hat sich nicht schon einmal ausgemalt, was danach wohl kommen könnte: Himmel und Hölle? Eine neue Runde im Lebenskarussell? Oder einfach gar nichts? Nicht nur am offenen Grab eines lieben Menschen gehen Sätze wie diese durch den Kopf: »Wo mag er jetzt sein? Ob es ihr nun besser geht?« Auch ein einsamer Herbstabend lässt die Gedanken um letzte Fragen kreisen. Und manchmal – ganz selten – ein Gespräch, vielleicht bei einem Glas Rotwein, mit einem sehr vertrauten Freund.

Ein solches Gespräch stand am Anfang dieses Buches, angeregt durch eine knappe Meldung in der Tageszeitung: Zwei Drittel aller Deutschen glauben an ein Leben nach dem Tod, an die Auferstehung der Toten, an die Unsterblichkeit der Seele oder an die Wiedergeburt.

An was glauben sie da? Was sehen sie vor sich? Welche Wünsche und Vorstellungen, Sehnsüchte und Ängste sind mit dem Glauben an dieses Danach verbunden? Wir beschlossen zu fragen, mit Menschen zu sprechen, die die unterschiedlichsten Antworten geben könnten. Wir wollten wissen, wie Menschen über dieses Thema denken, deren Leben sich in der Nähe des Todes bewegt, sei es beruflich als Krankenschwester oder Bestattungsunternehmer, sei es privat zum Beispiel durch eine dauerhafte schwere Erkrankung. Welche Rolle spielen unterschiedliche religiöse Bindungen oder weltanschauliche Einstellungen? Und wie wirken der Glaube oder auch der fehlende Glaube an ein Danach zurück auf das Leben?

Erste Fragen unter Freunden ließen sofort deutlich werden, wie sehr dieses Thema polarisiert: Abwehr und sogar Empörung auf der einen, lebhaftes Interesse auf der anderen Seite. Eine Erfahrung, die sich im weiteren Verlauf der Arbeit immer wieder bestätigte. Unerwartete Zustimmung, neugieriges Nachfragen und spontane Antworten waren ebenso häufig wie beredtes Schweigen oder zum Teil heftige Zurückweisung. Nie ließ das Thema gleichgültig.

Wie drängend es ist und wie sehr es berührt, stellte sich bei den Interviews heraus, auf deren Grundlage die persönlichen Protokolle geschrieben wurden. Selbst mit engen Freunden hatten wir selten Gespräche von dieser Intensität und Intimität erlebt. Überwältigend waren die Offenheit und das Vertrauen, das uns von Menschen, die wir vorher nicht gekannt hatten, entgegengebracht wurden. Dafür danken wir allen, umso mehr, als uns klar ist, dass es aus den verschiedensten Gründen nicht für jeden und nicht immer leicht war, diese Offenheit zu zeigen. Einige – sehr wenige – unserer Gesprächspartner schreckten davor zurück, ihre persönliche Meinung unter ihrem eigenen Namen in der Öffentlichkeit zu vertreten – aus Furcht vor Repressionen oder Unverständnis, sei es am Arbeitsplatz oder im Bekanntenkreis. Ihre Beiträge werden in diesem Buch unter einem Pseudonym veröffentlicht.

Es ist vielleicht nicht erstaunlich, dass die Vorstellungen von einem – oder keinem – Leben nach dem Tod stark durch Erfahrungen und Einstellungen im Leben vor dem Tod geprägt sind. Überraschender schon, wie stark das Nachdenken über das, was nach dem Tod kommen könnte, zur Reflexion über das Leben anregt und neue Sichtweisen eröffnet.

Es wurde schnell deutlich, dass Diesseits und Jenseits nicht voneinander zu trennen sind. Entweder wurden sie nebeneinander oder in Verknüpfung miteinander gesehen. Alle Lebensentwürfe, auch die derjenigen, die sicher sind, dass mit dem Tod alles aus ist, stellen Fragen in den Mittelpunkt, die aus einer übergeordneten ethischen Sichtweise beantwortet werden: Was als richtig und falsch, als verantwortungsvoll und verantwortungslos, als befreiend oder beengend empfunden und gelebt wird, unterscheidet sich nicht im Hinblick auf eine Jenseitserwartung.

Auch die Lebensfreude wird nicht dadurch beeinflusst, ob man den Tod als Übergang oder als Ende ansieht. Wer Ja zum Jenseits sagt, sagt nicht Nein zum Diesseits, und wer Nein zum Jenseits sagt, fürchtet sich trotzdem nicht vor dem Tod.

Der zentrale Unterschied liegt in der Beantwortung der Frage, ob jemand an den Dualismus von Körper und Geist, von Leib und Seele glaubt oder nicht. Diese Antwort wird nicht unbedingt durch die Religion vorgegeben. Eher liegt sie darin begründet, wie die Begrenztheit von Körper und Geist erlebt wird. Findet man sich damit ab, oder hat man den Wunsch, sie zu überwinden und nach diesem Leben eine bisher ungekannte Klarheit und Freiheit, eine immerwährende Entwicklung oder auch tiefe Ruhe zu erfahren? Die persönlichen Vorstellungen unterscheiden sich stark. Eine Existenz als Geistwesen wird ebenso für möglich gehalten wie die Umwandlung in Energie oder die Auferstehung des Fleisches. Es finden sich jedoch auch viele Berührungspunkte und Bilder, die so oder ähnlich immer wieder auftauchen. Da ist die Rede von Musik oder Klängen, von Himmel und Hölle in uns selbst und von einem höheren Bewusstsein, von Wiederbegegnung und Sinneserweiterung.

Neben der Vielseitigkeit der Vorstellungen ist es eine Erkenntnis, die am Ende klar hervortrat: Ganz gleich, von welcher Position aus die Ideen und Bilder entwickelt werden, immer bewegen sie sich auf einen Punkt in der Mitte zu, in der Mitte des Glaubens, des Lebens, der Persönlichkeit. Solange man ein suchender Mensch ist, ob in den Grenzen dieses Lebens oder über dieses Leben hinaus, immer strebt man dahin, etwas zu finden, das bei aller Unterschiedlichkeit als innere Heimat bezeichnet werden kann.

Erstes Kapitel

Nur dieses ist gewiss

Über das Leben mit der Sterblichkeit und das Ertragen der Ungewissheit

Und was mach ich, wenn ich lebe? Wenn ich lebe mit der Hoffnung, dass es danach weitergeht, dass noch etwas anderes kommt? Oder mit der Erwartung, dass nach meinem Tod alles vorbei ist, ein für alle Mal? Irgendwann stellt sich wohl jeder Mensch die Frage, warum er sich anstrengt und plagt, wenn das Leben doch mit Sicherheit endet. Irgendwann fragen selbst gläubige Menschen nach dem Sinn eines Lebens, dessen einzige Gewissheit der Tod ist.

Wie leben wir mit unserer Sterblichkeit? Die meiste Zeit machen wir uns darüber keine Gedanken. Wir stehen am Morgen auf, frühstücken, fahren zur Arbeit – alles ganz normal, Alltag eben oder auch Sonntag, Sorgen manchmal und manchmal Freude. So geht es fast allen Menschen, und so wird es immer weitergehen.

Doch dann, von einem Augenblick auf den anderen, wird man aus der trügerischen Sicherheit herausgerissen. Es muss nicht gleich eine schwere Krankheit sein oder der Tod eines Menschen, den wir kennen. Kleinigkeiten reichen aus, ob es die ersten weißen Haare sind, ein grauer Herbsttag oder ein Erschrecken ohne erkennbaren Grund. Und plötzlich weiß man und fühlt man: Die Zeit ist begrenzt, und irgendwann wird es vorbei sein. Fast immer gehen solche Gedanken schnell vorüber, bis zum nächsten Mal.

So lange alles glatt läuft, richten wir uns in unserer Sterblichkeit ein. Was sollten wir auch sonst machen? Wir können nicht bei allem, was wir tun, den Tod vor Augen sehen. Ein gelungenes Leben aber schließt den Gedanken an das Ende mit ein, ohne ihn beherrschend werden zu lassen. Der Tod macht das Leben ja nicht vergeblich, er verdirbt uns nicht einmal den Spaß daran. Das Bewusstsein, dass das Leben befristet ist, bewegt Menschen im besten Fall sogar dazu, genau hinzusehen, aufmerksam und behutsam zu sein und Wesentliches von Unwesentlichem zu unterscheiden.

Wer schwer erkrankt und weiß, dass das Ende seines Lebens in absehbarer Zeit kommt, erlebt bestimmt voller Wehmut vieles zum letzten Mal. Zugleich aber kann er eine neue Qualität des Lebens entdecken und sich sogar noch einmal Ziele stecken. Vor allem aber nimmt er die Zeit und das eigene Tun, Begegnungen und Sinneseindrücke anders wahr: Es sind nun die Augenblicke und die kleinen Dinge, die kostbar werden. Auch mit zunehmendem Alter wächst fast immer die Klarheit und mit ihr die Klugheit. Doch weder durch Krankheit noch durch Alter wird die Ungewissheit aufgehoben: Die Stunde des Todes bleibt verborgen. Und damit müssen wir leben.

»Today is the first day of the rest of your life« – heute ist der erste Tag vom Rest deines Lebens – heißt es in einem Lied aus den 1960er-Jahren. Das gilt für alle Tage des Lebens. Nur für den einen nicht, der tatsächlich der letzte sein wird. Bis dahin aber sind alle Tage zu füllen, nicht unbedingt mit Bedeutendem, das wäre eine Überforderung, sondern mit allem, was zum Leben gehört, auch wenn es manchmal nichts weiter ist als aufstehen, frühstücken und zur Arbeit fahren. Wird das bewusst erlebt und immer wieder bejaht, dann macht nicht erst der Tod, wie es häufig heißt, das Leben wertvoll. Wert und Sinn erhält das Leben nicht durch seine Begrenztheit, sondern dadurch, dass es gelebt wird – so gut und so lange, wie es dauert.

Wir sind nur zu Gast auf der Welt

Juli Zeh · Jahrgang 1974
Schriftstellerin, Juristin

Wenn ich wüsste, dass ich in absehbarer Zeit sterbe, würde ich versuchen, noch einmal einen Roman zu schreiben. Wahrscheinlich würde er grauenvoll werden, weil ich wüsste, dass es der letzte ist, und ich deshalb versuchen würde, alles hineinzupacken, was die Literatur für mich bedeutet. Ansonsten würde ich mein Leben genauso weiterführen, wie es jetzt ist. Ich bemühe mich ohnehin, immer so zu leben, als müsste ich bald sterben – denn so ist es ja auch. Wir sind nur zu Gast auf der Welt und neigen trotzdem dazu, uns so zu verhalten, als hätten wir alle Zeit der Welt.

Für mich gibt es kein Leben nach dem Tod, und an dieser Überzeugung wird keine Erfahrung irgendetwas ändern, glaube ich. Es ist für mich eine unverrückbare Tatsache, dass das Leben mit dem Tod endet. Der Mensch verschwindet im Moment seines Todes, es bleibt nichts übrig außer einem toten Körper. Mir fällt es schwer, auch nur zu begreifen, dass es Menschen gibt, die das anders sehen. Ich verdächtige Menschen, die an ein Jenseits glauben, schnell der emotionalen Schwäche. Dann denke ich: »Leute, lauft nicht davon, seht den Tatsachen lieber ins Gesicht. Es gibt nur ein Leben, und das sollten wir so gut wie möglich führen.«

Vermutlich folgen alle diese Einstellungen aus einem absoluten Atheismus. Ich glaube nicht an Gott oder andere höhere Wesen, nicht an Seelenwanderung oder überhaupt irgendeine metaphysische Idee, die das genuin Menschliche übersteigt.

Wer so sehr im Diesseits verankert ist, muss ständig aufpassen, nicht zum Egozentriker zu werden. Er muss alle Kraft, alle Regeln, Überzeugungen, selbst die Moral aus sich selbst, seiner Biografie, seinen Erfahrungen und Wünschen schöpfen. Das finde ich anstrengend, aber es ist für mich der einzige Weg. Ich habe eine so starke Veranlagung zum Skeptizismus, dass ich unfähig bin, an irgendetwas Übernatürliches zu glauben.

Der einzige Sinn, den das Leben haben kann, folgt aus der Tatsache, dass wir am Leben sind und aus rätselhaften Gründen auf keinen Fall sterben wollen. Genauso gut könnte ich sagen: Das Leben hat keinen Sinn. Ein Gefühl von Sinn kann nur in Momenten geboren werden, wenn es uns gelingt, intensiv am Leben und deshalb glücklich zu sein. Im Rest der Zeit empfinde ich es als mühsam, mich immer wieder zu motivieren und den Lebensmut nicht sinken zu lassen. Mindestens einmal am Tag muss ich mich streng ermahnen: Hör auf zu hadern, sei nicht wehleidig, freu dich, dass du da bist und dass es dir so verdammt gut geht, mach das Beste daraus, für dich und für andere.

Meine Vorstellung von einem nicht vorhandenen Jenseits sorgt dafür, dass ich mich in jeder Sekunde meines Lebens der Gegenwart verantwortlich fühle. Es gibt kein Jüngstes Gericht, das mich irgendwann in der Zukunft einmal aburteilen wird. Das Jüngste Gericht ist eine Dauerinstanz, die mich ständig begleitet. Für Hölle oder Paradies sind die Menschen selbst zuständig, und zwar jetzt und hier.

Bis jetzt ist es mir nicht gelungen, die Tatsache, dass vertraute Menschen gestorben sind, wirklich an mich heranzulassen. In meiner Vorstellung leben sie weiter. Jahrelang musste ich darauf achten, dass ich nicht versehentlich jemanden frage: »Wie geht es eigentlich XY?« – obwohl XY schon lange tot war. Zurzeit begleite ich meinen sehr alten Hund durch seine letzte Lebensphase. Seitdem setze ich mich intensiver mit dem Tod auseinander als je zuvor. Um diese Situation aushalten zu können, sage ich mir immer einen Satz vor: »In einer guten Familie muss jeder auch Platz zum Sterben haben.« Auf diese Weise versuche ich, den Tod als eine gemeinsame Aufgabe zu betrachten, der alle Beteiligten etwas angeht. Es ist keine leichte Aufgabe. Man spürt, wie schwach man noch ist und wie viel man noch zu lernen hat.

Vor allem finde ich es wichtig, Bescheidenheit zu lernen. Ich glaube, dass Bescheidenheit eine große Kraft ist, die einem hilft, schwierige Dinge zu ertragen, auch den Tod, soweit das überhaupt möglich ist. Die Bescheidenheit darf aber keine Attitüde sein, man muss sie verinnerlichen und ehrlich empfinden: als Akzeptanz der eigenen Grenzen, der menschlichen Beschränktheit in jeder Hinsicht. Dahin ist es für mich noch ein weiter Weg.

Mein toter Vater hat mich immer beschützt

Rosann Phillips · Jahrgang 1982
Hebamme

Glücklich zu sein und das an andere weiterzugeben – das ist die einzige Aufgabe, die wir auf der Welt haben. Deswegen bin ich Hebamme geworden. Das heißt – eigentlich musste ich mit der Nase darauf gestoßen werden, dass das mein Beruf ist. Ich wusste nicht genau, was ich machen wollte, ich hatte Interesse an allem Möglichen und keine Ahnung, wie ich das unter einen Hut bringen sollte. Schließlich hat mir die Frau bei der Berufsberatung einen Ordner mit Berufsbildern mitgegeben und mir geraten, den in Ruhe anzusehen. Ich habe ihn erst einmal mit mir herumgetragen. Auf dem Weg zum Zahnarzt habe ich ihn schließlich aus der Tasche gezogen und aufgeschlagen – genau auf der Seite, auf der über Hebammen geschrieben wurde. Ich habe den Text durchgelesen und gedacht: Ja, das ist es.

Seit drei Jahren arbeite ich jetzt in diesem Beruf, und seitdem denke ich häufig darüber nach, was es eigentlich bedeutet, geboren zu werden. Wenn ich den Bauch einer Schwangeren abtaste, nehme ich jedes Mal Kontakt zum Kind auf. Es bewegt sich, es reagiert auf mich, es lebt ganz eindeutig. Geboren werden ist etwas anderes als anfangen zu leben. Das findet viel früher statt. Die Geburt ist eher eine Prüfung. Oder eine schmerzhafte Krise für Frau und Kind, durch die beide gehen müssen. Wenn das Kind dann geboren ist, folgt die große Erleichterung. Für die Mutter, für das Kind und für die Hebamme.

Denn es ist ja keineswegs sicher, dass immer alles gut ausgeht. Im Kreißsaal gibt es manchmal Situationen, in denen es richtig ernst wird. Ich habe auch schon einmal erlebt, dass eine Mutter bei der Geburt gestorben ist. Es war fürchterlich, als es dem Ehemann und den Verwandten gesagt wurde. Für meinen beruflichen Weg ist es wichtig zu wissen, dass so etwas wirklich passieren kann. Das ist mir erst in diesem Moment richtig bewusst geworden. In einer dramatischen Situation reagiert man im Kreißsaal zunächst automatisch. Man macht alle notwendigen Handgriffe, holt Ärzte, bereitet Eingriffe vor, ist in Aktion. Das große Zittern kommt hinterher.

Ganz erstaunlich finde ich, wie sensibel die Kinder vom ersten Augenblick an sind und wie intensiv sie reagieren. Ich erinnere mich an eine Frau, die nach der Geburt sehr stark geblutet hat. Das kann lebensgefährlich werden. Das Neugeborene hat zunächst geschrien, weil es Hunger hatte. Als diese Notsituation eintrat, wurde es ganz ruhig und hat keinen Laut mehr von sich gegeben. Erst als die Mutter wieder stabil war und bereit, etwas abzugeben, hat es sich wieder gemeldet.

Eine ähnliche Beobachtung habe ich bei einer Zwillingsgeburt gemacht. Eins der Kinder war schon geboren, versorgt und eingepackt. Das zweite kam lange nicht, und im Kreißsaal breitete sich eine angespannte Stimmung aus. Der Kleine lag auf dem Wärmebettchen und hatte seine Augen weit aufgerissen. Man hat genau gemerkt, dem entgeht nichts. Er hat überhaupt nicht geschrien, er war nur ganz aufmerksam und hat den Eindruck erweckt, als warte er auf seinen Bruder.

Wenn die Kinder geboren werden, kommt es mir manchmal so vor, als ob sie aufwachten. Allerdings reagieren sie völlig unterschiedlich. Manche sind schon hellwach, sobald nur ihr Kopf geboren ist. Andere sind noch ganz in sich gekehrt. Sie brauchen auch erst einmal eine Weile, bis die merken: Hoppala, etwas ist anders! Manchen Kindern gefällt es offensichtlich, auf der Welt zu sein. Die machen große Augen, gucken ihre Eltern an und sind ganz aufmerksam. Und manche sind fürchterlich beleidigt darüber, dass sie geboren sind. Die schreien nicht aus Angst. Die sind eher verstimmt.

Wenn ich das sehe, wie unterschiedlich sie sind und wie viel sie schon mitbringen, denke ich manchmal, woher kommen die? Ich hatte als Kind immer die Vorstellung, dass ich einmal ein Kind bekomme und dass dieses Kind mein wiedergeborener Vater ist. Er ist gestorben, als ich erst zwei Monate alt war. Der Gedanke hat mich nie wirklich verlassen. Ich wünsche mir, dass es die Wiedergeburt gibt, und ich schließe es auch nicht aus. Die Betreuung der Kinder im Wochenbett bestärkt mich darin. Sie sind nicht nur völlig verschieden, wenn sie geboren werden. Sie sind auch nicht einfach klein und süß. Sie haben ausgeprägte Charakterzüge und reagieren sehr unterschiedlich auf mich. Und ich reagiere unterschiedlich auf sie, ich weiß gar nicht, woher das kommt. Es liegt jedenfalls nicht an ihrem Aussehen oder daran, dass das eine mehr schreit als das andere.

Ob Wiedergeburt oder etwas anderes: Ich glaube daran, dass man nach dem Tod irgendwo weiter da ist als ein Ich, das man gewesen ist. Mit dieser Überzeugung bin ich aufgewachsen. Es war immer sonnenklar, dass es unseren Vater gibt und dass der auch auf uns schaut, dass er irgendwie erreichbar ist. Deshalb habe ich mich auch immer so gefühlt, als wäre ich beschützt und behütet. Auch meine Großeltern sind nicht weg. Irgendwo sind sie und sorgen dafür, dass alles gut läuft. Sie sind auch als Gesprächspartner für mich erreichbar, das spüre ich deutlich. Genauso wie ich fühle, dass Gott eine Energie ist, die für Gutes sorgt.

Dass auf diese Weise für mich gesorgt wird, habe ich einmal als Kind erlebt. Damals habe ich noch in einem kleinen Dorf in Österreich gewohnt, nur ein paar Bauernhöfe ganz in der Nähe des Waldes. In diesem Wald gab es einen See, in dem wir oft gebadet haben. Eines Tages – ich war sechs oder sieben Jahre alt – war ich allein mit meiner Schwester dort. Sie ist zwar drei Jahre älter als ich, konnte aber, anders als ich, noch nicht schwimmen. Ich bin im Wasser herumgeschwommen, und sie wollte nur am Rand bleiben. Plötzlich habe ich gesehen, dass sie untergegangen war. Das Ufer war sehr steil, und sie hatte den Boden unter den Füßen verloren. Ich habe versucht, sie herauszuziehen, aber weil sie größer und schwerer war als ich, wäre ich beinahe mit ihr zusammen ertrunken. Ich erinnere mich noch daran, dass auf einmal eine fremde Frau da war, die uns herausgezogen und auf die Wiese gestellt hat. Dann ist sie gegangen, ohne etwas zu sagen. Ich habe auf der Wiese gestanden und mich nach ihr umgeschaut, aber sie war nicht mehr da, und auch später habe ich sie nicht mehr gesehen.

Ein Teil meiner großen Familie lebt noch immer in Österreich. Ich habe fünf Geschwister, meine Mutter natürlich und dazu eine Menge Tanten und Onkel, Cousins und Cousinen und auch schon eine Nichte. Sie leben überall verstreut, in Deutschland, England und Irland und sogar in Südafrika. Wenn ich wüsste, ich hätte nur noch ein halbes Jahr zu leben, würde ich mit meinem Partner zusammen eine große Rundreise machen und sie alle besuchen. Ich hänge an meiner Familie und hätte das Verlangen, alle noch einmal zu sehen. Vielleicht wäre es auch möglich, dass wir an einem schönen Ort im Sommer eine Familienfeier veranstalteten. Das haben wir nicht oft geschafft, das letzte Mal bei der Beerdigung meiner Oma. Und obwohl wir traurig waren, war das ein gutes Gefühl, zusammen zu sein.

Meine Oma hatte ein schwaches Herz. Aber ihren achtzigsten Geburtstag wollte sie noch feiern, und das hat sie auch geschafft. Danach ging es rapide bergab mit ihr, sie hat nur noch drei Monate gelebt. Wenn der Tod so käme, im Alter, nach einer schweren Krankheit, hätte ich keine Angst. Aber wenn es so wäre wie bei meinem Vater, durch einen Unfall, das fände ich schlimm. Wenn ich daran denke, mache ich mir Sorgen um meine Familie. Mein Vater ist so abrupt herausgerissen worden aus dem Leben. Ich war zwar damals noch zu klein, um etwas davon mitzubekommen. Aber ich habe in meiner Kindheit immer gemerkt, dass er eine Lücke hinterlassen hat. Man kann sich dann auch selbst nicht auf seinen Tod vorbereiten. Mein Opa hat das gemacht. Er war sehr krank und hatte Schmerzen. Aber er war bis zu seinem Tod zu Hause und konnte tun, was er wollte. Ein paar Wochen vor seinem Tod ist er noch nach Österreich gefahren und hat einen Rasen eingesät, damit der wachsen konnte. Danach hat er sich hingelegt, und drei Wochen später ist er gestorben. Das fand ich gut, es hat für mich so ausgesehen, als wäre es seine Entscheidung gewesen.

Ich wünsche mir, dass ich alt werde. In meiner Vorstellung habe ich mich immer als Oma mit weißen Haaren gesehen. Ich denke, wenn man alt wird und langsam stirbt, sodass man das nicht mehr ganz mitbekommt und nur ab und zu wach ist, dann ist es in Ordnung. Am letzten Tag meines Lebens würde ich gern meine Familie sehen. Ganz zum Schluss aber, in meiner letzten Stunde, möchte ich allein sein und diese Stille haben, die ich so sehr liebe und die ein Grund dafür ist, dass ich gern lebe. Wenn ich zum Beispiel in meiner Wohnung allein bin, dann kommt diese Stille. Sie macht ein Geräusch, das ich mag, ein Summen, das man hört, wenn man ganz in sich ist, wenn man mit sich allein in Ruhe ist. Ich denke, dass man nicht sterben kann, wenn die Familie um einen ist. Jedenfalls war es bei meinem Großvater so. Er ist erst gestorben, als die Oma gerade die Hühner gefüttert hat. Man braucht Ruhe, um loslassen zu können.

Meine Trauerfeier soll von den Familienmitgliedern gestaltet werden. Das ist bei uns so üblich. Es gibt einen Gottesdienst, aber dann kommen Beiträge von der Familie, so wie auch bei Hochzeiten oder Taufen. Wichtiger als Reden oder Musik wäre mir aber, dass alle zusammen sind. Bei den Beerdigungen, die wir bis jetzt schon hatten, habe ich gemerkt, dass das gut tut und dass es ein schöner Anlass ist, sich wiederzusehen. Meine Beerdigung soll eine Feier auf mich sein. Und dann möchte ich neben meinem Vater begraben werden. Seitdem ich denken kann, will ich neben meinem Vater begraben werden, auch in dem Sinn, dass ich dann zu ihm gehe. Ich bin ganz sicher, dass wir uns wiedersehen. Manchmal überlege ich, was die alle machen, die jetzt verstorben sind. Meine anderen Großeltern zum Beispiel, die nicht mehr miteinander verheiratet waren. Wie die das finden, jetzt wieder zusammen woanders zu sein. Dann muss ich schmunzeln.

Ich wünsche mir, dass es ein schönes Gefühl ist, im Jenseits anzukommen. Es soll hell sein – ein warmes, helles Licht, in dem kein Gedanke an Hölle Platz hat. Und alle, die von meiner Familie schon da sind, sollen mich in Empfang nehmen. Ich weiß natürlich nicht, wie oder was genau wir im Jenseits sein werden. Am ehesten kann ich mir vorstellen, dass wir nicht in irgendeiner Form da sind, sondern als Energie. Und diese Energie könnte als ein neues Kind wieder körperlich werden – vielleicht weiser als beim letzten Mal.

Auch wenn ich nicht sagen kann, was mich nach meinem Tod erwartet, spüre ich doch, dass dieses Jenseits einen Einfluss auf mein Leben hat. Deswegen bin ich offen für alles, was mir begegnet, und frage mich, was manche Winke und Einfälle bedeuten können. Ich will nicht einfach meine Vorstellungen durchsetzen, ohne nach rechts und links zu schauen, sondern aufmerksam dafür sein, was mir auf dem Weg passiert. Das kann ein wichtiger Hinweis sein, selbst wenn man nur den Ordner von der Berufsberatung an der richtigen Stelle aufschlägt.

Der Tod ist ein Neubeginn, die Trauer endet

Willigis Jäger · Jahrgang 1925

Benediktinermönch, Zen-Meister, Mystiker

In Dankbarkeit schaue ich zurück auf mein Leben. Ich bin 84 Jahre alt und habe unglaublich viel erlebt, auch den Krieg. Ich durfte schließlich erkennen, dass das Draußen nicht alles ist, dass es eine innere Welt gibt, die unsere eigentliche Berufung, unsere eigentliche Heimat ist. Wenn ich dahin gelange, finde ich die Deutung meines Lebens. Es gibt für mich keine rein intellektuelle Deutung des Lebens. Auch die Religionen geben, wenn sie im intellektuellen Bereich bleiben, keine befriedigende Antwort. Für mich ist ganz entscheidend, dass der Mensch seine innere Heimat findet. Ich liebe das Gleichnis vom verlorenen Sohn, der hinausgeht und sagt: »Vater, das Leben bei dir zu Hause kann doch nicht alles sein.« Er geht, probiert alles aus, bringt sein Vermögen durch und erkennt: Das war nicht das, was ich suchte. Er kehrt zurück, und der Vater steht nicht mit erhobenem Zeigefinger da: »Ich habe es dir ja gleich gesagt!« Nein, er kleidet ihn ein, streift einen Ring an seinen Finger, lässt ihm Schuhe anziehen und sagt: »Wir feiern ein Fest.«

Ich lebe sehr gerne. Ich sage Ja zum Hier und Jetzt, ganz egal, wie es aussieht. Mein Leben ist so, wie es ist, eine Manifestation, eine Inkarnation, eine Ausdrucksform einer hintergründigen Wirklichkeit, der wir Menschen den Namen Gott gaben. Denn das Hier und Jetzt ist die einzige Wirklichkeit, die existiert. Es ist nicht die Vergangenheit und nicht das, was kommt. Und wenn ich wüsste, ich würde in einem absehbaren Zeitraum sterben, würde ich wahrscheinlich das tun, wovon Martin Luther sprach, nämlich heute noch ein Apfelbäumchen pflanzen. Das heißt, ich würde mein Leben hier und jetzt weiterleben, denn es ist ja das Leben dieses göttlichen Urgrundes, das ich lebe, ganz egal, was ich tue und was ich bin. Was wir Gott nennen, will gelebt, nicht verehrt werden. Und darum sage ich Ja zu meinem Leben, auch wenn ich wüsste, in vier Wochen sterbe ich. Vielleicht würde ich mir arbeitsmäßig etwas mehr Ruhe gönnen. Mein Ich hat im Augenblick des Todes möglicherweise Angst. Aber ich habe ein großes Vertrauen, dass das Leben in einer neuen Form weitergeht. Die Angst ist im Ich.

Vor einiger Zeit war ich in einem Kurshaus. Dort hing ein Plakat mit der Aufschrift: »Der Tod ist das Ende, die Trauer beginnt.« Zwei Tage lang sah ich mir das an. Dann schrieb ich darunter: »Der Tod ist ein Neubeginn, die Trauer endet.« Wir gehen mit dem Tod in eine neue Seinsweise ein, das ist für mich die Botschaft der Auferstehung, die ich nicht als leibliche verstehe. Der Nobelpreisträger Ilya Prigonine sagt: Es gibt keine lineare Entwicklung. Warum wird aus der Raupe eine Puppe und aus der Puppe ein Schmetterling? Eine Raupe, die zur Puppe wird, ist nicht das Ende der Raupe, und die Puppe, die zum Schmetterling wird, ist der Anfang für etwas Neues. Ich muss also etwas aufgeben, damit etwas Neues entstehen kann. Der Tod ist ein Aufgeben, er ist nicht das Ende. Er ist Anfang einer neuen Existenz. So schrieb mir jetzt eine Frau, die im Sterben lag: »Der Tod ist für mich der Kuss Gottes, der mich aufweckt zu neuem Leben.« Ich möchte den Menschen ein positives Bild von ihrem Leben, aber auch von ihrem Sterben geben. Ich hoffe, dass wir als Menschheit einmal so weit kommen, dass wir unseren Tod feiern, wie wir eine Geburt feiern, weil wir ahnen, es geht weiter, es kommt etwas ganz Neues und Größeres. Auch Scheitern ist nicht das Ende, sondern ein Neubeginn. Scheitern ist gleichsam ein Wink von oben: Da geht dein Weg nicht weiter, du musst einen anderen Weg suchen, damit du persönlich weiterkommst. Hier ist dir deshalb eine Grenze gesetzt.

Dieses Leben gibt mir keine Unsterblichkeit, und ich möchte als dieser Mensch auch nicht unsterblich sein. Es gibt doch wohl noch viel mehr Möglichkeiten des Existierens als diese personale Struktur. Sterben bedeutet für mich eine neue Geburt. Ich gehe in eine neue Seinsweise ein. Wie die aussehen wird, weiß ich nicht. Ich halte nichts fest. Mein Ich ist eine Errungenschaft in der Evolution und macht mich zum Menschen. Das sehe ich völlig positiv, und ich sage absolut Ja zu diesem Leben und tanze den Tanz dieses Lebens leidenschaftlich mit. Ich sage Ja zu meinem Ich, weiß aber zutiefst, dass ich mehr bin als dieses Ich. Zu begreifen, dass das Ich auch eine Eingrenzung ist, dass es eine Wirklichkeit hinter dem Ich gibt – das ist das Entscheidende. Mein Ich ist ein Vorhang, der mir die wirkliche Wirklichkeit verdeckt. Ich durfte einen Hintergrund erkennen, der viel umfassender und gewaltiger ist als das, was mein Ich mir bieten kann. Auf diesen Urgrund ziele ich auch in Kursen, die ich gebe. Ich versuche, bei den Menschen die Ich-Struktur für etwas Größeres zu öffnen.

Zu begreifen, dass etwas in mir ist, was zeitlos ist, was den Tod überdauern wird, ist die entscheidende Erfahrung. Das ist die eigentliche Botschaft jeder Religion. Die mystische Erfahrung lässt uns erkennen, dass wir weit mehr sind als die vordergründige zeitliche Ich-Struktur. Es gibt das alte Beispiel des Adepten, der das Antlitz der Göttin sehen wollte. Aber es ist mit einem Schleier verhüllt, und es heißt: Wer den Schleier lüftet und das Antlitz der Göttin sieht, muss sterben. Der Adept sagt sich, lieber sterben als ewig von der Sehnsucht geplagt zu werden, das Antlitz der Göttin zu sehen. Er geht in den Tempel und lüftet den Schleier. Was sieht er? Er sieht sein eigentliches Wesen, das sich in diesem seinem Körper entfaltet. Er sieht das, was er wirklich ist, was hinter dieser Ich-Struktur ist. Sterben bedeutet, den Schleier lüften, um zu erfahren, wer wir wirklich sind.

Was Nachher kommt, wissen wir nicht. Ich hatte selbst eine Nahtod-Erfahrung, und ich bin sehr dankbar dafür. Ich durfte erleben, dass da etwas unendlich Verlockendes, Liebendes existiert, und ich wäre am liebsten hinübergegangen. Da wurde mir gesagt: Nein, du musst noch warten! Wie es dann wirklich sein wird, dieses Andere, das ich gar nicht bezeichnen und erklären kann: Das kann niemand sagen. Auch die, die meinen zu wissen, wie es weitergeht, sie wissen es nicht.

Ich habe als Kind damit angefangen, nach Gott und nach

dem Sinn des Lebens zu fragen. Damals durfte ich eine tiefe Erfahrung machen: Ich war in der Kirche und begriff plötzlich, das, was der Pfarrer sagt, ist nicht alles, und es gibt etwas viel Schöneres, eine andere Wirklichkeit hinter allen Worten. Die meisten Menschen gelangen erst an diesen Punkt, wenn sie in die Mitte des Lebens kommen. Dann fragen sie sich: War das jetzt alles? Ich habe meinen Arbeitsplatz, habe vielleicht sogar Karriere gemacht, ich habe mein Haus, mein Auto, mein Bankkonto, ich mache meinen Urlaub. Kommt noch etwas? Viele spüren dann, dass das nicht alles gewesen sein kann. Sie fragen sich, wo ist denn der wirkliche Sinn des Lebens? Und suchen eine Deutung.

Wer durch ein Schilfrohr in den Himmel blickt, sieht nur einen kleinen Fleck. Aber der Himmel ist viel größer! Und das Ich lässt uns nur diesen kleinen Fleck unseres jetzigen Lebens erkennen. In diesem zeitlosen Universum sind wir nur ein Wimpernschlag. Da gibt es Milliarden von Galaxien und in jeder Galaxie Milliarden von Sternen. Was bedeuten diese paar Jahre auf diesem winzigen Staubkorn am Rande des Weltalls? Es muss doch einen Grund für die paar Jahre meiner Existenz in diesem zeitlosen Universum geben. Als Spezies werden wir eines Tages verschwinden, und niemand wird uns vermissen. Aber warum sind wir denn da? Darauf gibt es für mich nur eine einzige Antwort: Im Hier und Jetzt bin ich ein unverzichtbarer, einmaliger Tanzschritt dieses hintergründigen Tanzes, den wir Gott nennen. Aber ich bin nicht nur ein Tanzschritt, ich bin zugleich der und die Getanzte und der Tänzer. Um ein anderes Bild zu wählen: Ich bin eine einzigartige Note in der Sinfonie Gott. Ich bin aber nicht nur die Note, die Note wird vergehen. Ich bin auch die Musik, und die Musik geht weiter.

Das ganze Universum fing mit einem Nichts an. Aber das Nichts ist offenbar nicht nichts, sonst wäre ja nichts. Ich kann das Nichts nicht begreifen. Aber das, was ich so nenne, ist das Eigentliche, das, was ich Gott nenne. Es geht um die Erfahrung, dass Materie nicht aus Materie ist. Das sagt die Naturwissenschaft auch: Materie ist geronnener Geist. Die Materie gehorcht einem hintergründigen Feld, das sie strukturiert. Ich kann es Leben Gottes nennen, das sich als diese meine Person entfaltet. Gott ist für mich keine Person, die irgendwo draußen sitzt und zusieht, wie ein Tsunami kommt, die Erdbeben oder Asteroiden schickt, durch die Tausende zugrundegehen. Das ist eine Kinderreligion. Ein persönlicher Gott existiert für mich nicht. Gott ist für mich der Urgrund, auf dem sich alles vollzieht. Er ist die strukturlose Potenz, aus der sich alles entfaltet.

Mein Weg, mich diesem Urgrund zu nähern, ist die Mystik. Sie ist für mich die Religion der Zukunft. Es geht darum, in einen Raum einzutreten, der die rationale Eingrenzung übersteigt. Dort finde ich die Deutung meines Lebens. Mystik ist eine Erfahrung, die sich schwer vermitteln lässt. Die meisten Mystiker versuchen daher, sich mit Gedichten verständlich zu machen, so wie Johannes vom Kreuz: »Ich trat ein und wusst' nicht wo, alles Wissen übersteigend.« Oder: »Wie gut weiß ich den Weg, obwohl es Nacht ist.«

Die Botschaft der Auferstehung sagt mir, dass das Leben weitergeht. Der Tod ist nicht das Ende. Ich bin aufgenommen in einen Prozess, der in etwas Größeres führt. Ich glaube nicht, dass eine Identität des Ichs weitergeht. Darüber kann man verschiedener Ansicht sein. Ich verstehe es eher so: Eine Billardkugel stößt eine andere Billardkugel an, und die bleibt liegen. Aber die Energie geht weiter. Wie sich diese Energie, dieses Leben, das in ihr liegt, wieder ausformt und in welcher Weise, das weiß ich nicht. Ich persönlich hoffe nicht darauf, dass sie sich wieder als Mensch ausformt, sondern dass andere Existenzmöglichkeiten warten.

Das Wichtigste ist nicht nur die Überzeugung, sondern auch eine gewisse Erfahrung, dass das Leben bleibt und sich zu etwas ganz Neuem entfaltet. Das ist für mich die Botschaft von der Auferstehung Jesu. Sterben gleicht einer Welle, die zurückfällt in den Ozean. Wenn sie zurückfällt, wird Energie frei. Aber was aus der Energie wird, weiß ich nicht. Das ist für mich ein ganz entscheidendes Bild: Ich bin eine Welle in diesem »Ozean Gott«. Wenn ich von oben auf den Ozean schaue, sehe ich nur Wellen. Ich könnte meinen, es seien alles nur Individuen, alles nur Wellen. Wenn ich von unten hinaufschaue, sehe ich, dass alle Wellen nur dieser Ozean sind, der sich als Welle ausdrückt, der als Welle spielt. Ich versuche, den Menschen zu sagen: Wir sind dieser Ozean Gott, der sich immer wieder als Welle ausformt. Schaut von innen auf die Wellen! Dann erkennt ihr, dass ihr etwas ganz anderes seid, als ihr meint. Und aus dieser Erkenntnis kommt ein ganz anderes Verhalten in diesem Leben: die Kraft der Liebe. Auch ein Verbrecher lässt sich aus dieser Liebe nicht ausschließen. Ich billige nicht, was er tut, aber aus der Liebe und Verbundenheit kann auch er nicht herausfallen.

Ich glaube nicht, dass das »du sollst« und »du musst« die Gesellschaft aus der Egozentrik herausführt. Das versuchen wir seit Jahrtausenden, und damit sind wir nicht weitergekommen, auch die Religionen haben es nicht geschafft. Sobald wir Ich und Du sagen konnten, brachte Kain seinen Bruder Abel um. Dieser Mythos hat sich in entsetzlicher Weise ausgeweitet. Wir müssen erkennen, dass Liebe die Grundstruktur der Evolution ist und dass nur sie ein friedliches Zusammenleben garantiert. Dann braucht keiner mehr zu sagen: Du musst mir helfen. Ich helfe mir selber, wenn ich dem anderen helfe. So wird eine Weltordnung geschaffen, die allen gerecht wird und nicht nur einigen.

Entscheidend ist, die Liebe zu leben, die Liebe zu meinen

Mitmenschen, die Liebe zu meiner Umgebung. Wenn ich das kann, gehe ich getrost aus diesem meinem Leben. Es ist ja nicht das Ende. Nur wenn ich mein Leben in Liebe und Verbundenheit leben kann, hat es auch Sinn. Dann kann ich einmal sagen: In dieser Liebe bleiben wir miteinander verbunden. Wir müssen eine Erkenntnisebene erreichen, die aus der Ich-Eingrenzung herausführt. Wir haben zu begreifen, dass Liebe und Verbundenheit die Grundstruktur der Welt darstellen, gegen die wir momentan verfehlen. Das versucht uns die Mystik schon seit Jahrtausenden zu sagen. Liebe ist die Grundstruktur des Universums. Die Menschen in diese Ebene zu führen, ist der wirkliche Weg in die Zukunft. Die Welt ändert sich nur, wenn wir aus dieser fatalen Egoeingrenzung herauskommen. Aber dieser Weg führt nicht über Gebote. Den Weg dorthin finden wir in den spirituellen Angeboten der Religionen, er führt über Bekenntnisse und Gebote hinaus in eine Erfahrung der Verbundenheit und Liebe. Der Mensch der Zukunft wird ein zur Liebe Erwachter sein, oder er wird nicht mehr sein.

Niemand kann die Frage beantworten

Reinhold Messner · Jahrgang 1944
Extrembergsteiger, Autor, Politiker

Was nach unserem diesseitigen Leben kommt, ist jenseitig. Dafür haben wir kein Instrumentarium: Es ist weder mit den Sinnen noch mit dem Verstand oder Emotionen greifbar. Niemand kann diese existenzielle Frage beantworten. Ich lasse sie offen und lebe im Diesseits. Was Religionen – etwa der

Buddhismus – dazu sagen, ist interessant, hilfreich, aber niemals aufschlussreich. Das Jenseitige gilt es zu respektieren als das, was es ist. Hölderlin hat es das »Göttliche« genannt.

Man muss lernen, gelassen zu sein

Paul Schreiber · Jahrgang 1922
Hauptreferent Stabsabteilung Rechnungswesen i. R.

Vor vier Monaten habe ich gedacht, jetzt geht es mit mir zu Ende. Ich leide schon seit mehr als zwanzig Jahren unter Herzrhythmusstörungen. Sie werden mit Betablockern behandelt und sind in der bei mir vorliegenden Form nicht lebensbedrohend. Der Herzschlag wird – in Verbindung mit der Einnahme eines Arzneimittels zur Behandlung von Wasseransammlung im Gewebe – etwas verlangsamt. Statt 60 bis 80 Schlägen hat man nur 50 Schläge in der Minute. An diesem Nachmittag vor vier Monaten kamen wir gerade vom Einkaufen. Ich hatte die Taschen in die Wohnung getragen, da merkte ich plötzlich, dass sich mein Herzschlag auf eine Frequenz von 25 bis 30 Schlägen, also sehr stark, verlangsamte. Gleichzeitig gaben meine Knie nach, sodass ich mich hinlegen musste. Nach wenigen Minuten hat sich alles normalisiert, aber ich habe schon gedacht: Sieht so das Ende aus? Ich habe mich dabei allerdings gar nicht viel anders gefühlt als vorher.

In solchen Situationen bleibe ich immer innerlich und äußerlich ganz ruhig und überlege, was ich am besten machen kann. Das hat mir schon oft geholfen, sogar als Soldat während der Kämpfe im Zweiten Weltkrieg. Natürlich habe ich dabei auch an den Tod gedacht. Aber im Vordergrund stand immer zu fragen, was kann ich jetzt tun, was habe ich gelernt und welche Reaktion ist angebracht? Das habe ich schon damals bei mir festgestellt: Ich habe nie den Kopf verloren. Diese Eigenschaft finde ich sehr gut für mich. Besonders im Krieg habe ich viele Menschen erlebt, die kopflos irgendetwas vollkommen Sinnloses getan haben. Als ich jung war, habe ich das verurteilt. Aber später habe ich mir gesagt, jeder ist eben anders. Ich selbst habe das Glück, dass ich mich auf eine Situation einstellen und unterstützend etwas dazu beitragen kann, ohne darin unterzugehen. Allerdings haben mich die Kriegserfahrungen insofern beeinflusst, als ich dadurch ein hundertprozentiger Pazifist geworden bin.

Als meine Mutter gestorben ist, haben meine Geschwister, mein Sohn und ich in ihren letzten 14 Lebenstagen abwechselnd bei ihr gewacht. Ich war sehr betroffen darüber, dass meine Mutter so ohne Bewusstsein dalag. Aber ich konnte ihr medizinisch nicht helfen. Ich habe bei ihr gesessen und wie in den meisten Fällen sehr konsequent gedacht: Was kann ich machen, was habe ich zu tun? Ich habe immer irgendetwas getan. Ihre Hand gehalten. Oder mich mit ihr unterhalten und sie getröstet, obwohl ich nicht wusste, ob sie das überhaupt noch wahrnehmen konnte.

Man muss lernen, gelassen zu sein. Man muss lernen, dass es der natürliche Lauf der Dinge ist, dass man lebt und dass man stirbt. Wenn man das bewusst lebt, hat man die Voraussetzung dafür, dass man sterben und dass man auch an das Sterben denken kann. Ich denke mit zunehmendem Alter häufig daran und habe keine Angst davor. Natürlich hätte ich es nicht gerne, wenn ich dahinsiechen würde. Wer hat das schon gerne? Ich habe meine Patientenverfügung geschrieben und darin die Gründe angeführt, warum ich bestimmte medizinische Maßnahmen nicht wünsche. Wenn das Leben sehr eingeschränkt ist, halte ich es nicht für sinnvoll, es unbedingt um ein paar Monate zu verlängern. Obwohl ich diese Situation noch nicht erlebt habe, glaube ich nicht, dass ich dann unter allen Umständen noch Tage oder Wochen leben will.

Wie alt ich werden will, kann ich nicht konkret sagen. Mein Nachbar hat sich gewünscht, hundert Jahre alt zu werden, und tatsächlich feiert er im nächsten Jahr seinen hundertsten Geburtstag. Ob der Wunsch dazu beigetragen hat, weiß ich nicht. Mein Vater ist über 87 Jahre alt geworden. Ich bin ihm ähnlich in meinen Bewegungen, auch in bestimmten Gedanken. Daraus schließe ich, dass das auch für den körperlichen Zustand zutrifft. Inzwischen hat es medizinische Fortschritte gegeben, und wir leben noch naturbewusster als unsere Eltern. Insofern kann es sein, dass ich älter werde als mein Vater. Aber ich nehme es so, wie es kommt, nicht anders.

Für die Zeit, die mir bleibt, habe ich ziemlich konkrete Vorstellungen. Vorausgesetzt, dass ich gesund bleibe, also gut sehen und mich bewegen kann und auch klar im Kopf bleibe, möchte ich noch einiges zu Ende führen. Vor allem liegen hier einige Bücher, die ich schon seit Jahren lesen möchte. Leider bin ich bisher nicht dazu gekommen, weil ich immer wieder von neuen Büchern überrascht werde, die ich vorziehe. Ich habe verschiedene Sammlungen, die ich weiterführen möchte, Briefmarken, Münzen und Postkarten. Da ich mich außerdem für Musik und Kunst, besonders für Malerei, interessiere, habe ich keine Sorge, dass es mir irgendwann langweilig wird. Allerdings mache ich mir keinen Stress, dass ich irgendetwas noch unbedingt machen muss.

Gerade in letzter Zeit war ich bei einigen Beerdigungen und habe manches festgestellt, was ich überflüssig fand oder was mir gefehlt hat. Für meine eigene Beerdigung habe ich keine besonderen Wünsche. Wenn die Angehörigen Abschied nehmen, dann mit einer Familienfeier, wie wir das auch bei Geburtstagen immer gemacht haben. Und wenn dann ein paar Freunde und Bekannte dazukommen, wäre mir das schon recht. Bei einer der Trauerfeiern in der letzten Zeit hatte der Verstorbene selbst die Lieder ausgesucht, volkstümliche Kirchenlieder, die in jedem Gesangbuch stehen. Da habe ich gedacht, am besten wäre, wenn du so etwas auch machen würdest. Meine Wünsche wären »Geh aus mein Herz und suche Freud« von Paul Gerhardt oder »Abend wird es wieder« von Heinrich Hoffmann von Fallersleben und mein Lieblingslied »Der Mond ist aufgegangen« von Matthias Claudius. Ich finde, es gibt nichts Schlimmeres, als wenn für eine Beerdigung Lieder ausgesucht werden, die kaum einer kennt. Wogegen ich auch nichts hätte: In unserer Familie gibt es einige, die musizieren können. Wenn die ein Musikstück zu Gehör bringen würden, das wäre stimmungsvoll – eine Trauerstimmung ist ja auch eine Stimmung. Außerdem lädt Musik immer ein bisschen zum Träumen ein und lenkt auch von dem traurigen Umstand ab.

Ich wünsche mir auch, dass auf meiner Beerdigung möglichst die Wahrheit gesagt und nicht irgendetwas herbeigezogen wird, das mich überhöht oder unkenntlich macht. Es sollte gesagt werden, wie ich war. Man wird sicher an mich als einen humorvollen Menschen denken, einen, der ziemlich viel Spaß gemacht und vorgetragen hat, in Gedichten und in der Zauberei zum Beispiel. Ich kann mir allerdings auch vorstellen, dass einigen meine ironischen Bemerkungen einfallen würden, die sie zum Teil gefürchtet haben, weil sie sie ernst genommen haben. Ich gebe zu, dass es manchmal schwierig ist, das zu unterscheiden. Vielleicht habe ich dadurch sogar den einen oder anderen etwas beleidigt. Das ist nicht schön, aber es ist vorbei, und ich kann es nicht mehr ändern.

Ich glaube nicht, dass es ein Leben danach gibt. Der Mensch verwest und kehrt nicht zu irgendeinem Ursprung zurück. Ich kann mir nicht vorstellen, dass man so etwas wie eine Seele hat, die sich aufschwingt in eine andere Dimension. Ich wüsste nicht, wie das gehen sollte, dazu reicht meine Vorstellung nicht aus. Dass man als Energie weiterexistiert, ist mir noch nie in den Sinn gekommen, sondern eher, dass man zurückgeführt wird auf die Substanz: Erde, Stoff. Wenn es anders ist, werde ich es erleben. Ich schließe es nicht völlig aus. Auch, dass es einen Gott gibt, kann keiner beweisen, aber ebenso wenig, dass es keinen Gott gibt. Ich glaube, dass es irgendetwas geben muss, das den ganzen Kosmos zusammenhält oder beeinflusst. Ich mache mir darüber jedoch keine Vorstellungen mehr. Ich weiß nicht, wie Gott aussieht. Auf keinen Fall glaube ich, dass er menschliche Züge hat.

Wenn man nicht sehr gläubig ist, fragt man sich natürlich, warum gibt es überhaupt Leben, warum lebe ich? Wahrscheinlich ist es so, dass der Sinn in der Erhaltung des Lebens liegt. Das Leben ist für sich ein Sinn. Auf der persönlichen Ebene würde ich sagen: Man lebt. Und nimmt es so hin. Weiter nichts.

Im Zusammenleben mit anderen besteht die Lebensaufgabe darin, im weitesten Sinne, ein verständnisvoller und guter Mensch zu sein. Das kann durchaus auch mit Hilfe der christlichen oder einer anderen Religion geschehen. Man muss nach seinem Gewissen leben, und wenn man das verantwortungsvoll tut, kann man zufrieden sterben. Vielleicht wäre es ganz gut, wenn man häufiger daran denkt, dass man nicht unendlich lange lebt. Im Hinblick auf die begrenzte Zeit, die man auf der Erde ist, würde man vieles in einem anderen Licht sehen. Und ich glaube, dass die Menschen dann insgesamt besser würden.

Man muss sich auf seinen Tod vorbereiten

Professor Michael Zenz · Jahrgang 1945
Arzt, Direktor Universitätsklinikum Bochum
Präsident der Deutschen Schmerzgesellschaft

Ich glaube, dass nach dem Tod noch etwas kommt. Ich kann mir nicht vorstellen, dass wir leben, und dann ist alles nur noch Asche, wie es am Aschermittwoch beim Aschenkreuz lautet. Ich glaube, dass etwas mehr von uns übrig bleibt als die Asche. Aber wie ich mir das vorstelle? Ich bin katholisch getauft und in einer katholischen Tradition aufgewachsen. Die Jenseitsbilder, die damals vermittelt wurden, sind sicherlich irreal. Auch die Vorstellung von Ewigkeit würde mich eher bedrücken. Daher begnüge ich mich damit zu sagen, ich glaube, dass etwas kommt, aber ich kann nicht sagen, wie das aussieht.

Diese Tatsache bedeutet natürlich auch etwas für mein Leben, sie setzt sozusagen moralische Eckpunkte und gibt Orientierung. Der Glaube, dass nach dem Tod nicht alles zu Ende ist, bestimmt das Leben sehr stark. Sonst könnte man ja eigentlich sagen, ich lebe jetzt mal, und dann ist sowieso alles vorbei. Für mich hat das Leben einen Sinn. Er liegt in der Familie und in den beruflichen Aufgaben. Kinder, Ehe, Gemeinsamkeit, das sind die wichtigen Dinge.

Im Beruf konnte ich die Schmerzmedizin und auch die Palliativmedizin in Deutschland ein Stück weit voranbringen. Gedanken zu verbreiten wie die, dass Schmerztherapie bei Tumorpatienten möglich ist, dass es ein Recht auf Schmerztherapie gibt, das sind Dinge, die die letzten dreißig Jahre meines Lebens sehr stark bestimmt haben.

Wenn man in beiden Bereichen – beruflich und privat – empfindet, dass man etwas Sinnvolles getan hat, dann muss man auch im Hinblick auf den Tod nicht das Gefühl haben, es sei noch unendlich viel zu erledigen oder man habe etwas verpasst.

In meinem Beruf komme ich häufig mit dem Tod in Berührung. Dabei stelle ich fest, dass es vielen Menschen schwerfällt, ihn zu akzeptieren. Erstaunlich wenige Patienten und auch Angehörige sagen, das Leben war rund, jetzt sind wir damit einverstanden, dass es zu Ende geht. Ich finde es bedrückend, wie der Tod nur als etwas empfunden wird, das man bekämpfen muss. »Das kann nicht sein, das darf nicht sein« – so wird auch reagiert, wenn ein Patient neunzig Jahre alt ist.

Daraus erklärt sich vielleicht auch, dass nur wenige Patienten eine Patientenverfügung machen. Auf unserer Intensivstation sind es maximal einer oder zwei von zwanzig. Die Auseinandersetzung allein mit der Tatsache, wer bestimmt, wenn ich nicht mehr ansprechbar bin, ist in der Bevölkerung erschreckend wenig vorhanden. Das Thema ist zu sehr mit Angst verbunden. Auch juristische Unklarheiten spielen eine Rolle. Die Patientenverfügung muss nicht von einem Notar unterzeichnet werden. Der Patient macht sie ganz allein und schreibt seine persönlichen Wünsche auf. Ich sehe als Arzt enorme Aufklärungsdefizite, da sind nicht nur die Patienten und ihre Angehörigen, sondern auch gesellschaftliche Kräfte wie Medien, Politiker oder Kirchen gefragt.

Die Patientenverfügungen sollen möglichst so formuliert sein, dass wir Ärzte etwas damit anfangen können. Wenn beispielsweise darin steht, ich möchte auf keinen Fall Schmerzen leiden, ganz gleich, welche Nebenwirkungen Schmerzmittel haben können, oder ich trage mein Kreuz, ich möchte Schmerzen ertragen, ist das ein wichtiger Hinweis für die Behandlung. Wenn ich Vorträge halte, habe ich meist Patientenverfügungen bei mir. Die wenigsten Zuhörer haben bis dahin ein solches Formular ausgefüllt, aber nach dem Vortrag wollen alle ein Exemplar haben. Wir verteilen in meiner Klinik Patientenverfügungen und bitten die Patienten, sie auszufüllen, selbst wenn sie nur den Fuß gebrochen haben. Wir bitten sie, die Gelegenheit wahrzunehmen, die Patientenverfügung mit nach Hause zu nehmen, sich vorzubereiten und sich zu fragen: Was ist für mich wichtig in meinem Leben?

Ich halte die Formulierung der Werte und Wunschvorstellungen, die man hat und dann hätte, wenn man nicht mehr für sich selber sprechen kann, für etwas ganz Essenzielles. Man muss sich dann natürlich auch damit beschäftigen, wie man damit fertigwürde, wenn das morgen wäre. Es beinhaltet mit anderen Worten, dass man sich auf sein Sterben und auf seinen Tod vorbereitet. Ich wünsche mir, loslassen zu können, versöhnt und in Frieden zu gehen, wenn die Zeit gekommen ist.

Wir haben hier genug zu tun

Horst Dronia · Jahrgang 1931
Meteorologe i. R.

Auf meinen Expeditionen und Reisen bin ich schon mehrmals in Lebensgefahr geraten. Einmal, auf einer Bergtour im Taurusgebirge in der Südtürkei, waren wir zu dritt unterwegs, Wanderer mit guter Kondition, und dann hatte sich der Führer verstiegen. Wir gerieten in eine Steilwand mit brüchigem Kalkfels, und da passierte es: Der Kletterer über mir trat einen Stein los, doppelt so groß wie eine Faust, der fiel mir auf den Kopf. Für den Bruchteil einer Sekunde nahm ich noch wahr, dass ich bewusstlos wurde. Mir war klar: Dann könnte ich mich nicht mehr mit den Händen an die senkrechte Wand klammern, der Absturz wäre unvermeidlich gewesen. So intensiv, als würde ich im Unterbewusstsein schreien, dachte ich nur »Festhalten, festhalten!« Bis heute verblüfft mich, dass das funktionierte. Mein Instinkt trug mich über den kurzen Moment, in dem ich weggetreten war.

Zweimal bin ich um Haaresbreite an einem Flugzeugabsturz vorbeigekommen, einmal wäre ich sogar selbst die Ursache gewesen. Die französische Militärmaschine, mit der ich von einem Wüstenflugplatz in der Sahara abhob, schaffte es gerade noch, über die Palmwipfel am Ende der Startpiste hochzuziehen. Weil sie mich mitgenommen hatte, war das Startgewicht überschritten, um meine sechzig Kilo. Ein anderes Mal, im Hochland von Mexiko, fiel in einem Gebiet ohne Möglichkeit zur Notlandung ein Motor der zweimotorigen Propellermaschine aus. Nur das fliegerische Können des Piloten brachte uns sicher zu Boden. Auch zwei schwere Autounfälle habe ich ohne Blessuren überstanden. Alles Erlebnisse, nach denen ich dachte: Das ist noch mal gut gegangen! Einen Hauch von Abenteuer habe ich dabei auch verspürt, und zugleich kam fast etwas auf wie ein triumphierendes Gefühl. Schrecken oder Angst habe ich in diesen Situationen nicht empfunden. Auch meine Krebserkrankung im vergangenen Jahr ist nicht mehr erkennbar.

Meine Vorstellungen von einem Jenseits wurden durch alle diese Erlebnisse nicht beeinflusst. Ich glaube nicht an ein Danach für mich als Individuum. Dafür habe ich zwei Begründungen, eine mehr poetisch-sachliche: Vor mir war ich nicht. Warum sollte ich dann nach mir sein? Und eine wissenschaftlich-neurologische oder physikalische: Eine weitere Existenz – und ich meine eine seelische Existenz – ist für mich untrennbar verbunden mit einer materiellen Struktur. Geist und Gefühl und das, was man Seele nennt, können ohne Materie und ohne die energetischen Prozesse, die darin ablaufen, nicht existieren. Um es salopp zu sagen: Ohne Hardware keine Software. Wenn das Gehirn tätig ist, und dazu gehört nun einmal Energie, produziert es das Gebilde, das wir Seele nennen. Und wenn die Energie aufhört, ist auch die Seele nicht mehr da. Vom Dualismus, hier Körper – da Seele, halte ich in diesem Zusammenhang nichts. Was mich zu diesem Standpunkt geführt hat, ist die Summe vieler Überlegungen, in den letzten Jahren verstärkt durch Erkenntnisse der Hirnforschung und der vergleichbaren Computerentwicklungen.

Was da resigniert, ist die Vernunft: Da kommt nichts mehr. Diese Einstellung mag in gewisser Weise dem menschlichen Überlebensinstinkt widersprechen. Der ist angeboren, von ihm kann sich wohl keiner so ganz lösen. Wenn jemand stirbt, sagt fast jeder Sätze wie: »Es ist ja nicht für immer, wenn ich gehe …« oder »Wir sehen uns wieder.« Der Wunsch nach einem Weiterleben ist verständlich. Aber auch dieser elementare Wunsch beweist nicht, dass es das geben muss, was man sich wünscht.

Ich bin katholisch erzogen worden, da waren der Glaube an das Jenseits und der Gedanke an den strafenden und belohnenden Gott ein Teil dessen, was man mir nahegelegt hat. Aber davon habe ich mich schon in jungen Jahren gelöst. Damit hat sich meine Vorstellung geändert über das, was nach dem Tod sein wird, und allmählich ist in mir die Erkenntnis gewachsen: Da ist kein Danach, jedenfalls keines, das mich überzeugen kann. Was fast alle Religionen und ihre Vertreter verkünden, leuchtet mir nicht ein, obwohl sie sich unisono auf Gott berufen, also auf sein offenbartes Wort.

Aber wo sind die Notare, die die Authentizität der Botschaft aus der Transzendenz beglaubigen? Die Frage, ob es einen Gott gibt, würde ich daran messen, ob eine höhere Struktur existiert als das menschliche Gehirn. Das ist im uns bekannten Universum das komplexeste Gebilde. Ein Gott muss uns ja überlegen sein, und Gott müsste dann ein vielfach komplexeres Phänomen sein. Die differenzierte materielle und energetische Struktur, die dafür als Basis dienen könnte, sehe ich nicht. Es kann schon sein, dass irgendwo im Universum ein noch höheres Wesen oder ein umfassenderer Geist auf einem belebten Planeten existiert, existierte oder existieren wird. Dieses Wesen wäre uns – so wie wir ihm – dann aber aus zeitphysikalischen Gründen nicht zugänglich.

Ob vielleicht in der Dunklen Materie oder Dunklen Energie, die beide den größeren Teil unseres Universums bilden, ein Etwas ohne Eigenschaften oder ein Gott mit unendlich vielen Attributen und Strukturen versteckt sein könnte, darüber mag spekulieren, wer will. Ich kann jedenfalls im Höllenfeuer unserer Sterne oder zwischen ihnen keinerlei Strukturen erkennen, in denen Er existieren könnte.

Mein Fazit: Ich glaube nicht an einen persönlichen Gott. Allenfalls an einen nach der Definition Albert Einsteins: Das ganze Universum und seine Gesetze sind Gott. Mit dieser Auffassung kann ich leben, dann ist Gott sozusagen mindestens die Summe all dessen, was uns zugänglich ist. Aber das ist dann kein Gott, der sich um uns kümmert und zu uns spricht. Das Gehirn schafft sich diese Vorstellung von Gott.

Es waren die christlichen Mystiker, etwa Meister Eckhart, die gesagt haben, »dass Gott kein Nu kann leben ohne mich«. Unzählige Menschen erleben Gott als überzeugende Realität, wenn sie beten. Realität? Ich spreche jede Nacht mit Menschen, mit erfundenen, lebenden, mit meinen verstorbenen Eltern. Ich führe stündlich Gespräche mit Abwesenden, mit Toten, mit mir selbst. Auch wenn ich davon überzeugt bin, dass ich nach dem Tod nicht weiterlebe: Ein Jenseits in dem

Sinne, dass es einen Bereich gibt, den wir nicht erkennen können, halte ich für möglich. Wir können nicht alles erkennen, und insofern ist es einleuchtend, dass es diesen einen Bereich gibt. Das wäre dann ein Jenseits im Diesseits. Einen spirituellen Weg zwischen Schamanentum und wissenschaftlicher Parapsychologie halte ich, zu Lebzeiten, für diskutabel.

Mein Glaubensbekenntnis in dieser Hinsicht hat Goethe eigens für mich geschrieben, wie ich anmaßend behaupte. Es ist diese Stelle aus dem »Faust«: »Der Erdenkreis ist mir genug bekannt, / nach drüben ist die Aussicht uns verrannt; / Tor, wer dorthin seine Augen blinzelnd richtet, / sich über Wolken seinesgleichen dichtet! / Er stehe fest und schaue hier sich um; / Dem Tüchtigen ist diese Welt nicht stumm. / Was braucht er in die Ewigkeit zu schweifen! / Was er erkennt, lässt sich ergreifen. / Er wandle so den Erdentag entlang, / Wenn böse Geister spuken, so geh' er seinen Gang. / Im Durchschreiten find' er Qual und Glück, / Er, unbefriedigt jeden Augenblick.«

Das sehe ich genauso. Wir haben hier genug zu sehen und zu tun. Und deshalb lebe ich auch gerne, vor allem, weil ich in dieser Welt und für diese Welt etwas bewirken kann. Ich kann andere Menschen unterstützen, und ich kann mich für die Natur und ihren Schutz einsetzen. Damit würde ich auch gerne noch weitermachen, denn das sehe ich als meine Aufgabe an. Es gibt vieles, was mir Spaß macht. Und das Glück einer bereichernden und wärmenden Lebensgemeinschaft habe ich erst im letzten Lebensabschnitt erfahren. Solange ich lebe, möchte ich meiner Frau ein erfülltes Leben ermöglichen und ihr ein guter Partner sein. Und es gibt vieles, was ich noch erleben möchte: mehr von der Schönheit der Natur genießen und von der Schönheit der Menschen, insbesondere der Frauen, ja, das

»Ewig-Weibliche«, ich finde sie schöner als Männer. Und ich möchte in der Erkenntnis dessen, was – wie Goethe sagte – »die Welt im Innersten zusammenhält«, noch einige Schritte weiterkommen.

Darin sehe ich auch einen Sinn des Lebens: sich an der Schönheit ringsum und an der Faszination des Universums zu erfreuen. Wobei ich glaube, dass diese Schönheit ein Zweck des Universums sein könnte. Ansonsten schließe ich mich der Maxime Schopenhauers an: »Das Leben ist ein Pensum zum Abarbeiten.« Für mich bedeutet das: Ich muss meine Aufgaben erledigen. Dazu gehört auch der Umgang mit meinen Mitmenschen. Das Wort »Aufgabe« hört sich großartiger an, als ich es verstehe: Das, was ich meine tun zu müssen, habe ich mir selbst ausgesucht aufgrund der Einschätzung meiner Umwelt und meiner Impulse. Die sind charakterlich in mir angelegt, und ich glaube überdies, dass ich eine Marionette meines Charakters und der äußeren Einwirkungen bin. Mein Ich hat keine Wahl. Mein Selbstwertgefühl leidet unter dieser Erkenntnis nicht.

Wenn ich noch einmal leben könnte, würde ich wieder ungefähr das tun, was ich jetzt tue. Ich würde mich aber bemühen, Fehler zu vermeiden, die ich gemacht habe, auch im Umgang mit anderen Menschen. Und ich würde versuchen, weniger Zeit zu vertun. Aber meine Ziele, Gutes zu tun, die Welt zu erkennen, mich an der Schönheit des Lebendigen zu erfreuen, die würde ich weiterhin hochhalten.

Ich sehe, wenn ich auf mein Leben zurückblicke, viel Arbeit. Aufgaben, die zu bewältigen waren, einige Erfolge und einige Misserfolge, einiges, was ich zu spät erkannt habe, und manches, was ich doch noch nachgeholt habe. Kein großes Unglück, kein großes Glück – statistisches Mittel. Eigentlich eine gute Voraussetzung, um in Ruhe sterben zu können. Denn dazu gehört nach meiner Meinung die Überzeugung, dass man nichts versäumt hat, weder etwas zu tun noch etwas zu lassen, wenn man also das getan hat, was man tun konnte. Und außerdem zu erkennen, was man vielleicht auch gar nicht tun konnte – und dann gelassen zu sein.

Und zum Schluss? Vor dem Tod habe ich keine Angst, vorm Sterben schon. Am liebsten würde ich einfach verschwinden, zum Beispiel in eine Gletscherspalte fallen. Aber das scheidet aus, seitdem ich nicht mehr in den Bergen herumkraxele. So kann ich nur sagen, dass ich den Zeitpunkt meines Lebensendes von meinem Zustand abhängig machen möchte. Solange es mir leidlich gut geht, kann das Leben gerne noch länger dauern. Aber wenn es für mich unerträglich wird, könnte ich mir vorstellen, dass ich selbst ein bisschen nachhelfe oder nachhelfen lasse.

Einen tröstenden Gott brauche ich da nicht. Schon gar nicht den grausamen, Gehorsam einfordernden und willkürlich strafenden der Bibel. Selbst der ethische Fixstern des Neuen Testamentes, die außer aller Kritik stehende berühmte Bergpredigt, ist nicht frei von Androhungen ewiger Verdammnis. Ungleich sympathischer ist mir da die buddhistische Lebensphilosophie mit ihrem Ethos, die eigenen Wünsche zu zähmen und alles Lebende zu achten, ohne einen Gott, und wieder ins Universum, ins Nirwana zurückzukehren. Der Mensch, die Welle im Meer, die Wolke am Himmel: Sie entstehen, sie vergehen.

Ich hasse Theatralik. Im letzten Moment Abschied nehmen vor versammelten Lieben, mit Musik und Kerzen und Händchenhalten, so möchte ich das nicht. Ich würde gerne verbrannt werden. Die spießigen deutschen Gesetze lassen es ja nicht zu, dass die Angehörigen die Urne mit der Asche bekommen, sonst würde ich mir wünschen, dass sie an meinem Lieblingsplatz im Moor versenkt wird, dort, wo ich für den Naturschutz tätig gewesen bin. Ich möchte dann alle, die mir wichtig waren, wissen lassen, dass ich gestorben bin und keinen formellen Abschied wünschte. Wenn jemand nach meinem Tod etwas über mich sagt, hoffe ich, dass es positiv ausfällt. Vielleicht so: »Er hat etwas für die Welt getan, für die Wissenschaft, für die Natur und für die Menschen, die ihm nahestanden – im Rahmen dessen, was ihm möglich war.« Oder einfacher: »Er hat uns ein bisschen bereichert.« Das ist genug.

Vielleicht ist es einfach wie schlafen

Alexandra Sandner · Jahrgang 1947
Versicherungsangestellte

Abends, wenn ich schlafen gehe, läuft oft noch einmal alles vor meinem inneren Auge ab: die Diagnose, die Operation. Dann denke ich daran, wie es wäre, wenn das Aneurysma, das erweiterte Blutgefäß in meinem Kopf, platzen würde. Ob ich das überlebe, und wenn ja, wie es dann sein wird, wie es dann weitergeht. Ich denke jeden Tag daran, vor allem, wenn ich Kopfschmerzen habe oder ein Druckgefühl im Kopf. Manchmal macht es mich traurig, dass ich jetzt einiges nicht mehr machen kann, skaten oder joggen zum Beispiel. Aber ich sage mir, dafür habe ich ein zweites Leben geschenkt bekommen. Und dann kommt eine große Dankbarkeit auf für den Arzt, der das Aneurysma in einer mehrstündigen Operation ummantelt hat, und für meine Freundin, die mir zur Seite stand, und meine Familie, die mich unglaublich unterstützt hat.

Unwillkürlich denke ich ständig daran, dass ich sterben könnte, jederzeit. Manchmal ist die Angst größer, manchmal schiebe ich sie weg. Wenn ich morgens aufwache, macht sie sich noch nicht so stark bemerkbar. Was nach dem Tod kommt, darüber mache ich mir allerdings wenig Gedanken. Man liest viel, man hört viel, aber ich glaube eigentlich an gar nichts. Wenn es heißt, man trifft sich wieder, frage ich mich: Und wie sehen wir dann aus? Natürlich wäre es schön, wenn ich meiner Mutter wiederbegegnen würde und meinen Tanten und anderen Menschen. Aber ich kann es mir einfach nicht vorstellen. Ich weiß nicht, was danach kommt. Ich bewundere Menschen, die einen festen Glauben haben und wissen, wohin sie gehen. Wenn ich daran denke, habe ich vor allem Verlustängste, dass ich meine Familie verliere; es ist die Angst, dass ich dann völlig allein bin. Was mich tröstet, wenn ich morgens aufwache und so wunderbar geschlafen habe, dann denke ich: Von dieser Nacht hast du ja auch nichts gemerkt. Wenn du tot bist, schläfst du einfach, und es geht dir gut, du wachst nur einfach nicht wieder auf. Vielleicht ist es ja so ähnlich.

Dass es etwas wie eine Seele gibt, glaube ich. Das habe ich beim Tod meiner Tante erlebt. Wir kamen von einer Reise zurück, als man uns aus dem Krankenhaus anrief und sagte, es gehe ihr sehr schlecht. Es war, als hätte sie auf unsere Rückkehr gewartet. Wir saßen an ihrem Bett, sie war ganz friedlich, und dann war plötzlich ihr letzter Atemzug zu hören. Ich bin in Panik geraten und habe Hilfe geholt, anstatt in diesem Moment, in dem sie gegangen ist, ruhig zu bleiben. Sie hat dann noch einmal aufgeatmet, und das war wirklich das letzte Mal. Danach hatte ich für einige Stunden das Gefühl, als sei noch etwas im Raum, als sei ihre Seele noch da oder ihr Geist. Bei meiner Mutter hat das Gefühl, dass sie noch nicht weit weg ist, sehr lange angehalten. Einige Menschen haben mir sogar gesagt, ich solle sie loslassen, sonst werde sie mich holen. Es war für mich schrecklich, dass ich nicht bei ihr war, als sie starb, nachdem ich sie so lange gepflegt hatte. Als ich ins Krankenhaus kam, hatte man schon eine Decke über sie gebreitet, an ihrem Fuß hing ein Zettel, und ihr Unterkiefer war festgebunden. Ich habe sie angeschaut und hatte das Gefühl, das war nicht mehr der Mensch, der sie gewesen war. Auf andere Weise aber war sie mir noch zwei Jahre lang ganz nah.

Meine Mutter hat mich adoptiert und allein erzogen. Ich verdanke ihr eine schöne Kindheit. Das trägt dazu bei, dass ich mein Leben als gut empfinde mit allen Höhen und Tiefen. Was mir möglich war, habe ich dazu beigetragen und versucht, aus allem das Beste zu machen, für mich und für andere. Das gehört für mich unbedingt dazu, für andere da zu sein: Ich begleite sie gerne, ich helfe ihnen von Herzen gern. Vielleicht ist das meine Bestimmung? Mich selbst habe ich nie sehr wichtig genommen. Das hat sich nach der Operation noch verstärkt. Ich bin seitdem auch sehr harmoniebedürftig, und ich habe eine große innere Ruhe gewonnen. Es gibt nicht mehr viel, was mich aus der Fassung bringen kann. Schon immer habe ich Landschaften geliebt, bin gern mit dem Auto durch die Gegend gefahren und habe mir Blumen und Tiere angesehen. Jetzt genieße ich das alles noch mehr. Wenn ich jetzt erfahren würde, dass ich bald sterbe, würde ich am liebsten noch einige schöne kurze Reisen machen. Vor allem würde ich meine restliche Zeit mit meiner Familie und meinen Katzen verbringen. Etwas Besonderes stünde nicht mehr auf meinem Plan. Es ist ein Trugschluss, glaube ich, dass man am Ende seines Lebens noch etwas nachholen würde.

Manchmal frage ich mich, warum ich dieses Aneurysma bekommen habe. Ich glaube nämlich, dass jeder sein Schicksal hat, das für uns schwer zu deuten ist, und dass alles, was passiert, im Großen und Ganzen feststeht. Wir haben nicht viele Wahlmöglichkeiten. Auch ein Sinn des Lebens ist vorgegeben, und dem ordne ich mich unter.

Sinnhaftigkeit ist auf Erden gegeben

Walter Pfannkuche · Jahrgang 1957
Professor für Philosophie

Ich glaube nicht, dass nach dem Tod noch etwas kommt, jedenfalls nichts, was ich als ein Erleben der Person, die ich bin, verstehen könnte. Die naturwissenschaftlichen Gründe, die uns auf vielfache Weise nicht nur zeigen, dass, sondern auch wie unser Leben und Erleben an den Körper gebunden ist, lassen es als zu wagemutig erscheinen, an eine eigenständige Existenzmöglichkeit des Seelischen zu glauben. Das ist eine Einstellung, die einen mehrfachen Einfluss auf mein Leben hat:

Einerseits einen befreienden. Was wir auf Erden tun und lassen, muss sich durch seine Sinnhaftigkeit auf Erden rechtfertigen. Mit Lohn und Strafe in einer Hinterwelt dürfen und müssen wir nicht rechnen.

Andererseits einen beengenden. Dieses Leben in seiner uns unvorhersehbaren Ausdehnung ist die Zeit, in der wir alles in Erfahrung bringen und ins Werk setzen müssen, was uns wertvoll erscheint.

Und manchmal, zu selten, einen aufmerksamkeitssteigernden. Vieles von dem, was wir erfahren, erleben wir nur ein Mal. Die Erlebnisse sind oft kostbarer, als wir es bemerken.

Eine unendliche Traumwelt, bunt und schön

Carlotta Brunetti · Jahrgang 1949
Künstlerin

Als meine Schwägerin Marie gestorben ist, war ich bei ihr. Sie hatte Krebs, aber sie wollte ihren nahenden Tod lange Zeit nicht wahrhaben. Sie war eine lebensfrohe, schöne Frau von Mitte fünfzig, die immer sehr auf sich geachtet hat. Noch eine Woche vor ihrem Tod hat sie sich die Fußnägel lackieren lassen. Sie wollte nicht sterben. Aber an einem Sonntag, als ihre Kinder bei ihr waren, hat sie plötzlich gesagt: Macht das Fenster auf, ich will gehen. Zwei Tage später habe ich sie im Krankenhaus besucht, ich fühlte mich innerlich gedrängt, zu ihr zu fahren. Als ich kam, lag sie im Sterben. Ich habe ihre Hände und Füße massiert, die schon sehr kalt waren. Alles Leben zog sich aus ihrem Körper zurück. Ich weiß nicht, wie viel sie noch wahrgenommen hat. Aber noch immer hat sie geatmet. Dann wurde sie leiser und leiser, hörte schließlich auf zu schnaufen – und war tot.

Sie wurde in der Kapelle im Krankenhaus aufgebahrt. Ich habe mit einigem Abstand auf sie geschaut und gedacht: Sie ist nicht da. Da liegt nur ihr Körper, eine Leiche, ein Gegenstand ohne Seele. Und mir war klar, dass ich sie so ohne Seele nicht mehr sehen wollte.

Vier Tage lang musste ich immer wieder an sie denken. Mehr noch: Ihr sterbendes Gesicht schwebte ständig über mir. Bis ich samstags nach Hause gefahren war. In der folgenden Nacht habe ich von ihr geträumt: Wir feierten eine Gartenparty, und plötzlich trat meine Schwägerin aus dem Gebüsch, schön geschminkt und schick wie immer. Sie kam auf mich zu, bedankte sich bei mir und verabschiedete sich von mir. Sie müsse jetzt gehen, sagte sie. Die Marie ist da, sagte ich zu den anderen

Gästen. Aber niemand außer mir sah sie. Seit diesem Traum hat ihr Gesicht nicht mehr über mir geschwebt. Sie hatte sich endgültig verabschiedet. Was wollte dieser Traum mir sagen, habe ich mich gefragt. Drückt er eine Hoffnung aus? So wie meine anderen Träume, in denen ich den Tod gesehen habe? Als rote Sonne zum Beispiel in einem sehr blauen Himmel. Und ein anderes Mal in einer goldenen Wüstenlandschaft. Da zog er als Prozession an mir vorbei, mit einem Baldachin und Elefanten und Kamelen. Ich weiß nicht warum, aber beide Male wusste ich: Das ist der Tod. Und ich habe mich bei seinem Anblick warm und angenehm gefühlt.

Zuerst habe ich gedacht, ich könnte über den Tod meiner Schwägerin einfach so hinweggehen. Dass das nicht ging, habe ich gemerkt, als ich wenige Monate später für eine Ausstellung eine Arbeit über den Tod machen sollte. Lange habe ich darüber nachgedacht, was ich als Künstlerin zu diesem Thema sagen könnte. Dann habe ich einen großen Kasten gebaut, 2,80 mal 3,30 Meter, und ihn mit Salz befüllt. Darin liegt ein Foto von Autospuren und Fußspuren im Schnee. Von unten wird der Kasten beleuchtet, und in dem dunklen Bunker, in dem die Ausstellung stattfindet, leuchtet er aus sich heraus. Dahinter steckt folgende Überlegung: Unser Körper besteht aus Wasser und enthält Salz. Schnee ist gefrorenes Wasser, Salz ist wie Schnee und Eis kristallin. In bestimmter Form sind Salz und Schnee tödlich, aber sie sind auch Leben gebende Elemente. Umgeben ist das Ganze von Blei. Blei ist giftig, Blei schützt aber auch. So ist meine Arbeit auf mehreren Ebenen eine Gratwanderung zwischen Leben und Tod.

An der Wand hängt ein Text von mir, der mit den Sätzen beginnt:

»Der Tod ist ein ganz leichter Übergang, der aber eigene Anstrengung erfordert. Das Atmen steigt in die Kehle und wird zunehmend leiser. Der Tod entspannt den Körper ganz. Der eigentliche Übertritt geschieht beinahe unbemerkt. Der Tod ist unsere sicherste Instanz. Todsicher. Der Tod löst alle Probleme auf einfache und schnelle Art, aber nur für den Sterbenden. Der Tod ist ein so tiefer Übergang, dass niemand mehr zurückkehren kann.«

Während der Arbeit an diesem Objekt habe ich ständig über den Tod nachgedacht. Und über meine Schwägerin Marie. Sie ist einfach weggewelkt, wie eine Pflanze, die sich in ihr Innerstes, in ihre Knospe, zurückzieht. Das können wir noch beobachten. Aber danach? Da können wir nur noch spekulieren. Ich erhoffe mir ein Danach, auch wenn ich nicht sehr fromm bin. Wenn ich nur Materie wäre, wenn ich keine Hoffnung haben könnte, dass nach meinem Tod etwas kommt, würde mir das viel Lebensfreude nehmen und auch den Sinn des Lebens infrage stellen.

Ich weiß nicht, wie realistisch meine Überlegungen sind. Aber auf jeden Fall sind sie so alt wie die Menschheit. Schon die Neandertaler haben ihre Toten auf bestimmte Art begraben und damit ausgedrückt, dass sie an ein Danach glauben. Vielleicht hebt uns gerade das über das Animalische hinaus, dass wir an eine Zukunft über den Tod hinaus glauben, wie auch immer sie aussehen mag. Ich glaube nicht an den christlichen Himmel, das finde ich zu kurz gegriffen, zu körperlich und naiv gedacht. Aber ich kann mir dennoch vorstellen, dass mich etwas Großartiges erwartet, ein zweites unendliches Leben in einer Traumwelt, bunt und schön. Und das wird weitergehen bis in die Unendlichkeit, sonst wäre es nicht das Jenseits mit der Ewigkeit.

Alle Rätsel sollen dann gelöst sein, und jede Begrenztheit von Körper und Gehirn wird aufgehoben. Ich will durch das Universum reisen und die Sterne aus der Nähe betrachten und begeistert sehen, was alles geschieht. Ich möchte im Jenseits mit allen Sinnen intensiv wahrnehmen und unglaubliche Farben sehen können. Vielleicht sind sogar Eindrücke möglich, für die wir jetzt noch gar keine Sinne haben. Ich glaube nicht, dass wir im Jenseits einsam sind. Einsamkeit heißt ja, ohne inneren Gedankenaustausch und gottverlassen zu sein. Das Paradies dagegen erwartet uns nicht nach dem Tod. Es liegt in jedem selbst, genauso wie die Hölle; und beides liegt manchmal erschreckend nahe beieinander, sodass wir uns wie auf einer Gratwanderung dazwischen bewegen.

Ich bin christlich erzogen worden. Aber ich fürchte, der Gott, mit dem ich groß geworden bin, kümmert sich nicht um uns. Ob es tatsächlich einen Gott gibt, kann ich nur vermuten. Auf jeden Fall aber hätte er keine Religionszugehörigkeit, sondern wäre abstrakt und universal. In diese allumfassende Einheit möchte ich nach meinem Tod eingehen, möchte ein Teil davon sein, so wie ich hier ein Teil der Natur bin.

Vogelgezwitscher, der Geruch des Waldes, das ist es, was mein Leben lebenswert macht. In meinem Garten beobachte ich den Kreislauf des Lebens, das Werden und Vergehen, und ich erlebe, dass ich in diesen Kreislauf eingebunden bin. Wenn ich draußen bin und künstlerisch arbeite, fühle ich mich frei und glücklich. Dann könnte ich mich jahrhundertelang vergnügen und die Welt und das Leben genießen. Überhaupt hätte ich nichts dagegen, auch zweihundert Jahre alt zu werden, vorausgesetzt, ich bliebe geistig gesund und hätte nicht zu viele körperliche Gebrechen. Jugend findet im Kopf statt. Es gibt Menschen, die werden schon alt geboren. Und es gibt sehr alte Künstlerinnen, deren Kunst ganz jung ist.

Ich finde, dass man die Endlichkeit, das Sterben und den Tod thematisieren sollte, im Leben und in der Kunst. Nur so ist ein erfülltes Leben möglich – wenn man den Tod nüchtern betrachtet. Alles Verbrämte und Verkitschte ist mir ein Graus.

Meine Arbeiten beschäftigen sich mit der Vergänglichkeit. Sie selbst sind vergänglich, von ihnen bleibt zum Teil nicht mehr viel übrig: von der sienaroten Kalkfarbe auf den Stämmen von Ahorn wie bei »Forêt surprise«, von den Installationen mit Erde, Sand, Salz und Pflanzen wie bei »The Essence of Life« oder mit Holz, Steinen, einem Findling und 3500 Wildkrokussen wie bei »Hoffnung – Erinnerung«. Das alles ist eine Möglichkeit, die Vergänglichkeit zum Thema zu machen. Ich arbeite mit der Vergänglichkeit der Dinge und mit der eigenen Vergänglichkeit. Vielleicht gehört das mit zu meinen Aufgaben, dass ich das zeige und so Menschen helfe zu verstehen. Wenn man bewusst auf den Tod hin lebt, kann man kleines ebenso wie großes Glück schätzen. Es kommt plötzlich, und schon das ist ein Glück, wie eine Einsicht, die einem zufällt. Ich glaube aber nicht, dass sie einem zufällt, wenn man sich nie um bestimmte Standpunkte in seinem Leben bemüht, um Selbsterkenntnis in jeder Hinsicht, auch im negativen Sinn, es gibt ja einiges, was man falsch macht.

Meine Tätigkeit quält mich zwar auf der einen Seite, sie bereitet mir aber auch eine unglaubliche Freude, wenn ich weiß, mir ist etwas gelungen, was ich angefasst habe. Das ist ein tiefes Glück, das gibt dem Leben Sinn. Das ist der Vorteil künstlerischer Tätigkeit: Ständig überwindet man die vielen kleinen Abschiede, indem man aus innerem Antrieb heraus etwas schafft. Deshalb würde ich auch immer wieder eine künstlerische Tätigkeit wählen, sie hilft mir, die schwarzen Löcher, die depressiven Stunden in meinem Leben zu überwinden. Ich weiß, dass ich endlich bin, und ich arbeite verzweifelt gegen meine Endlichkeit an. Denn wenn ich arbeite, schöpfe ich. Dann komme ich vielleicht Gott ein Stückchen näher. Mehr als eine Annäherung kann es nicht sein, denn der Mensch, der sich anmaßt, wie Gott zu sein, ist in unserem Weltbild aus dem Paradies vertrieben worden.

Weil mein Leben so begrenzt ist, arbeite ich zwar schneller, um noch viel von mir zu geben. Aber auf das Universum hin betrachtet, ist das alles klein und nichtig.

In seinen Kindern lebt man weiter

Dirk Roßmann · Jahrgang 1946
Unternehmer

Ich habe keine Angst vor dem Tod, aber ich wäre schon noch ganz gerne ein paar Jahre auf dieser Welt. Ich liebe das Leben und erlebe jeden Tag bewusst und intensiv. Im Übrigen will ich noch einige Dinge regeln und Entscheidungen treffen, um ein gut bestelltes Haus zu hinterlassen. Ich glaube auch – ohne selbstgerecht wirken zu wollen –, dass mich die Menschen, mit denen ich lebe und arbeite, noch ganz gut gebrauchen können und dass mein Wirken auf Erden letztlich mehr Positives bewirkt, als Schaden anzurichten. Und deshalb würde ich es im eigenen Interesse, aber auch im Interesse anderer gerne noch fortsetzen.

Ich würde zum Beispiel auch gerne ein Buch schreiben über alle Begebenheiten und Begegnungen, die ich erlebt habe oder die mir widerfahren sind. Ich habe wirklich ganz verrückte Geschichten erlebt und könnte von Dingen berichten, die völlig überraschend sind. Aber dafür bräuchte ich viel Zeit, Muße und Nachdenklichkeit. Es ist im Moment wohl nicht zu schaffen.

Dennoch wünsche ich mir kein unendliches Leben. Die Unsterblichkeit muss schrecklich sein – das Leiden der Götter.

Irgendwann kommt für jeden Menschen der Tag, an dem er alles gedacht, gesagt oder getan hat, was er denken, sagen oder tun wollte. Ewiges Leben würde vermutlich alle unsere – auch meine – Vorstellungen vom Leben sprengen. Aber in seinen Kindern lebt man weiter.

Mein älterer Sohn hatte vor zwei Jahren einen schweren Verkehrsunfall und lag elf Tage im Koma. Es war ein verhängnisvolles Unglück, weil ein unbeleuchtetes Unfallfahrzeug nachts plötzlich quer auf der Autobahn stand. Ich war hilflos, wütend, verzweifelt und voller Angst, er könnte sterben. Es war ein grauenhaftes Wechselbad der Gefühle im Angesicht des Todes.

Dass es ein Jenseits gibt, glaube ich nicht. Aber ich bin fasziniert von dem Buch von Markolf H. Niemz »Lucy mit c – Mit Lichtgeschwindigkeit ins Jenseits«. Darin geht es um Nahtod-Erfahrungen. Es ist wirklich ein ganz eigenartiges Buch, das mich sprachlos macht. Aber grundsätzlich denke ich wenig über die Frage nach einem Jenseits nach. Ich habe schon mit 15 Jahren angefangen, Schopenhauer und Kant zu lesen. Und Kant sagt, dass alle Dimensionen, also auch Raum und Zeit, reine Formen der menschlichen Anschauung sind. Ob Raum und Zeit in den Dingen an sich existieren, können wir nicht wissen. Kant spricht in diesem Zusammenhang vom »transzendentalen Bewusstsein«. Auch die Unsterblichkeit der Seele oder die Unendlichkeit Gottes sind für ihn transzendente Ideen – rein spekulativ. Und das ist auch meine Meinung. Und wenn ich etwas nicht wissen kann, warum sollte ich darüber nachdenken? Ich kann aber nicht ausschließen, dass es eine Seele gibt.

Was hingegen hier auf Erden nach meinem Leben passiert, ist mir schon wichtig. Ich habe Kinder, ich hinterlasse eine große Firma, und ich habe die »Deutsche Stiftung Weltbevölkerung« gegründet. Ich bin mir meiner Verantwortung gegenüber meinen Nachkommen bewusst.

Und ich glaube auch absolut, dass mein Leben einen Sinn hat. Ich bin übrigens fest davon überzeugt, dass erfüllte Menschen, also Menschen, die gerne leben, die ihre Mitmenschen mögen, die sich verlieben, die Freude an ihrem Tun haben, sei es beruflich oder privat bei einem Tennismatch, einem Skat-Abend oder tausend anderen Dingen, sich die Sinnfrage nicht so oft stellen. Und umgekehrt glaube ich, dass Menschen, die keine Beziehungen zu ihren Gefühlen und zur Welt haben, die kontaktarm oder kontaktgestört sind, sich oft nach dem Sinn des Lebens fragen.

Man muss erkennen, dass das Leben ein Geschenk ist und nicht unendlich währt. Und um in Ruhe sterben zu können, muss man mit sich selbst im Reinen sein. Bewusstsein und Unterbewusstsein müssen miteinander korrespondieren. Man darf beispielsweise nicht unterbewusst ständig in dem Gefühl leben, dass das Leben erst noch richtig beginnt, obwohl einem das Bewusstsein signalisiert, dass es schon halb herum ist. Ich glaube, dass ältere Menschen nicht mehr so viel Angst vor dem Tod haben, wenn sie von der Zukunft nicht mehr so viel erwarten wie in der Jugend.

Viel von mir wird in meinen Söhnen und in Menschen, mit denen ich arbeite, auch weiterhin Bestand haben. Und so könnte jeder Mensch dazu beitragen, dass die Welt gerechter und liebevoller wird.

Erinnerung hält die Toten lebendig

Dagmar Scherf · Jahrgang 1942
Schriftstellerin

Von zentraler Bedeutung für mich und auch für meine literarische Arbeit ist das Gedenken an Tote, für die es keinen Ort der Erinnerung gibt. Die Toten haben ein Recht darauf, dass man sich an sie erinnert.

Zum Beispiel mein Vater: Zweiundfünfzig Jahre lang hatte er kein Grab. Das Todesdatum 21.3.1945, das auf einem Kriegerdenkmal steht, ist fiktiv. An diesem Tag hatte er die letzte Karte an die Mutter geschrieben. Seitdem galt er als vermisst. »Zivilverschleppt« lautet der offizielle Begriff auf dem Kriegerdenkmal. Aber das Wort »vermisst« hat sich mir seit Kindertagen eingeprägt – in seiner ganzen Doppeldeutigkeit.

Mein Vater, Jahrgang 1896, musste im Zweiten Weltkrieg nicht an die Front, sondern blieb Leiter eines Lyzeums in Danzig. In den letzten Monaten des Krieges, als die Schule nicht mehr existierte, betreute er den anwachsenden Flüchtlingsstrom. Am frühen Morgen des 23.1.1945 setzte er meine Mutter, meine Großmutter und uns drei Kinder in einen Zug, der uns nach Südwesten, also in Sicherheit, bringen sollte. An diesem frühen Morgen sahen wir ihn zum letzten Mal. Ich war damals zweieinhalb Jahre alt. Eine konkrete Erinnerung habe ich nicht an ihn. Am 28.3. marschierte die Rote Armee in Danzig ein. Danach verlieren sich die Spuren meines Vaters.

Zweiundfünfzig Jahre lang wussten wir nicht, wann und wo er gestorben ist, und ob er überhaupt begraben wurde. Es gab keinen Ort für die Trauer, für das Abschiednehmen, für das Gedenken. Vermisst, verschleppt, verschollen. Er war nicht tot, und er war nicht lebendig.

Zweiundfünfzig Jahre lang wussten wir nichts über seinen Tod. Oder wollten wir es nur nicht wissen? Die Mutter bekam zwischen den Sommern 1945 und 1946 verschiedene Todesnachrichten. Da sie sich widersprachen, klammerte sie sich an die Hoffnung, dass keine von ihnen zutraf. Die Briefe, in denen solche Nachrichten standen, vergrub sie in dem hintersten Winkel einer Wäschekommode. Uns Kindern erzählte sie wenig. Mir blieben nur die deutlich mit einem Fragezeichen und einem Vielleicht verbundenen Stichworte »russische Kriegsgefangenschaft«, »im Straßengraben erschossen« und der Ort »Graudenz in Polen« vage in Erinnerung.

Ein zweites Beispiel für mein Bedürfnis, der Toten zu gedenken, für die es keinen Ort der Erinnerung gibt, sind die sogenannten Hexen. Ende der 1970er-Jahre begann ich, mich mit dem Thema »Hexenverfolgung« zu befassen. Ich konzentrierte mich dabei auf die Historie der näheren Umgebung, vertiefte mich also in die Prozessakten der Hessen-Homburgischen Landgrafschaft. Darin stieß ich auf die Becker Anna, eine Frau, die 1653 hingerichtet worden war. Sie hatte damals in meinem jetzigen Wohnort gelebt. Anna kam mir sehr nah. Ich suchte nach ihr, wenn ich durch den Ort ging, überlegte, wo sie gewohnt haben könnte, wie weit der Wald damals reichte, in dem sie – so las ich in den Prozessakten – Holz holen ging.

Auch andere Opfer der Hexenverfolgung in der hiesigen Landgrafschaft – die Pfarrerswitwe Ottilia Preußing, die blutjunge 16-jährige Kunigunde zum Beispiel – wuchsen mir ans Herz. Ich begann, Stadtführungen auf ihren Spuren zu machen. Sie endeten auf dem damaligen Hinrichtungsplatz. Dort, wo zwischen schmucken Einfamilienhäusern nichts mehr an das grauenhafte Geschehen erinnert, wurde mir klar, warum mich das Thema Hexenverfolgung so intensiv in seinen Bann schlug: Es gab keine Grabstätten; die Asche der Hingerichteten war in alle Winde verstreut worden. Niemand sollte dieser Menschen gedenken, schon gar nicht mit Mitgefühl, Trauer und Wut. Genau das aber versuchte ich mit meinen Texten und auch mit diesen Führungen. Denen, die kein Grab haben, wollte ich eine symbolische Ruhestätte in meinem Gedenken an sie schenken. Und indem ich von ihnen erzählte, wollte ich auch das Gedenken anderer wachrufen. Durch hartnäckige Öffentlichkeitsarbeit erreichte ich schließlich, dass an dem Turm, in dem die Opfer damals gefangen saßen, eine Informationstafel angebracht, also ein konkreter Ort der Erinnerung geschaffen wurde.

Manchmal kam ich den Opfern während der Beschäftigung mit ihrem Schicksal so nahe, dass ich ihre Gegenwart spürte. Ich fühlte, wie unendlich gut es ihnen tat, aus den Prozessakten voller falscher Anschuldigungen herausgeholt zu werden und ihre Menschenwürde zurückzuerhalten.

Dass meine intensive Zuwendung zu diesen Opfern etwas mit dem Schicksal meines Vaters zu tun haben könnte, dass ich sie stellvertretend für meinen Vater begraben haben könnte, dämmerte mir erst sehr viel später.

1995 wuchs mein Bedürfnis, mehr darüber zu erfahren, wann, wo und wie mein Vater sein Leben ließ. In jener Zeit kam er mir wiederholt meist kurz vor dem Einschlafen sehr nahe. Ich sah ihn in einem Straßengraben liegen. Er war unendlich einsam, weil die Erinnerung an ihn in der Familie verdrängt wurde. Er vermittelte mir das nicht in Worten, aber ich spürte seine Gefühle sehr deutlich. Da war eine große Angst in ihm. Angst, vollends zu verschwinden, sich in Nichts aufzulösen, so als wäre er nie gewesen.

Also machte ich mich an die Arbeit. Ich wusste, dass sich die ehemaligen Danziger Schülerinnen meines Vaters immer noch regelmäßig trafen und Rundbriefe verschickten. Darum ließ ich in einem solchen Schreiben anfragen, ob eine von ihnen meinen Vater nach dem 21.3.1945 gesehen habe. Die Reaktionen waren überwältigend. Zunächst erfuhr ich zwar nichts über seinen weiteren Verbleib. Dafür aber umso mehr über meinen Vater als Menschen, als offenbar sehr beliebten Pädagogen. Anscheinend rief ich durch meine Anfrage auch unter den mittlerweile alten Frauen die Erinnerung wach. »Wenn immer ich mit einer der Schülerinnen Kontakt habe, ist auch die Person Ihres Vaters im Gespräch«, schrieb mir eine von ihnen, »so als hätte Ihre Initiative ihn dem Vergessen entrissen.« Und dann spielte sie darauf an, wie wichtig im jüdischen Glauben das Erinnern an die Toten sei, darum auch das Festhalten der Namen der Holocaust-Opfer auf Gedenktafeln. Der für mich schönste Satz in ihrem Brief lautet: »Man darf den geliebten Toten nicht der großen Unbestimmtheit anheimfallen lassen.« Genau das hatte ich, hatte meine Familie jahrzehntelang getan.

Mit der Hilfe seiner ehemaligen Schülerinnen gelang es mir, das Schicksal meines Vaters nach und nach zu rekonstruieren. Anfang 1997 wusste ich, dass er als Gefangener der Russen in einer großen Marschkolonne aus Zivilpersonen drei Tage lang von Danzig nach Graudenz unterwegs gewesen war. Zwei Schülerinnen hatten ebenfalls an diesem Marsch teilgenommen und ihn gesehen, eine von ihnen während der letzten Etappe zwischen Mewe und Graudenz. Er habe abseits gestanden, schrieb sie. Er sei sehr abgemagert gewesen und habe fieberkrank gewirkt. Sie bestätigte mir, dass die Gefangenen, die nicht mehr Schritt halten konnten, ohne Zögern erschossen wurden.

Meine ältere Schwester Karin hatte sich zunehmend von meinen Recherchen mitreißen lassen. Im Mai 1997 fuhren wir nach Danzig, um den Todesmarsch unseres Vaters so konkret wie möglich nachzuvollziehen. Ende Mai war es so weit. Wir hatten das Glück, in unserem Hotel gleich am ersten Tag Henry zu treffen – einen kundigen und auf solche Erinnerungsfahrten spezialisierten Fahrer. Mit seiner Hilfe gelang es uns, in das Haus eingelassen zu werden, in dem unsere Familie gelebt hatte. Zum Abschied durften wir einen großen Strauß Flieder von einem Busch pflücken, der schon in der Zeit, als wir dort wohnten, am Zaun wuchs.

Mit diesem Strauß machten wir uns auf den Weg nach Graudenz. Wir kannten die drei Etappenziele des Gefangenenmarsches, und Henry bemühte sich, alte Landstraßen zu fahren, die es auch 1945 schon gab. Er zeigte uns unterwegs eine Scheune, in der die Gefangenen vielleicht am Ende der ersten Etappe übernachtet hatten. Ich weiß nicht, wann der Entschluss reifte, irgendwo zwischen Mewe und Graudenz – also auf der dritten Etappe, während derer unser Vater vermutlich erschossen wurde – anzuhalten und den Fliederstrauß in den Straßengraben zu legen. Jedenfalls war uns klar: Wir suchen einen Ort, den wir mit dem Flieder schmücken, den wir zum Grab des Vaters machen wollten. Vor einem kleinen Gehöft mit uralten Holzhäusern, die vielleicht damals schon dort standen, wussten wir es beide gleichzeitig: Hier ist es richtig. Hier könnte es gewesen sein. Zunächst wollten wir den Fliederstrauß an die Böschung legen. Aber dann sah ich, dass der Grund des Grabens mit feuchtem Laub angefüllt war, und schlug vor, die Zweige dort hineinzustecken, damit sie vielleicht anwachsen könnten. Wir hockten dicht beisammen im Graben und pflanzten den Flieder. Meine Schwester stimmte »Dona nobis pacem« an. Ich pflückte je ein Blatt vom Flieder für uns beide. Bei der Weiterfahrt saßen wir still vor uns hinweinend Hand in Hand auf dem Rücksitz.

So haben wir unseren Vater begraben, damit er wieder

lebendig zu uns gehört und nicht mehr vermisst wird, in des Wortes doppelter Bedeutung. »Jetzt sind wir wieder eine Familie«, sagte Karin an diesem Abend.

Ich will neugierig bleiben

Johannes Hans A. Nikel · Jahrgang 1930
Bildhauer, Zeichner, Autor

Ich tue mich mit Glaubensdingen schwer. Etwas zu glauben bietet so gewaltig viele Möglichkeiten, und darin liegt ein schöner Reiz. Aber da im Glauben das Nicht-genau-Wissen zwingend enthalten ist, halte ich mich zurück, etwas so zu glauben. Selbst wenn ich manchmal versuche, etwas Vorgestelltes am Glauben festzumachen, bleibt es doch schließlich nur beim »vielleicht möglich«.

Vielleicht? Möglich? Das ist mir zu wenig. Dann schließe ich die Augen und versuche es mit Spüren, Nachspüren, damit, mich innerlich ganz leicht zu machen. Gedanken wegzulassen. Eine Antwort auf meine Frage zu erspüren. Doch was auch immer an möglichen Antworten, an Empfindungen direkten Kontakt zu meinen Gedanken aufnimmt – es tendiert und bleibt im Bereich der Wünsche. Bestenfalls. »Dass noch etwas kommt.« »Was es sein könnte, das da kommt.«

Ein Reich der gewagtesten Vorstellungen. Oft genug egoistisch durchtränkt mit getarnten Wünschen. Verheißungsvollen Vorstellungen von einem Zustand nie erlebten und völlig neuen Werdens und Seins. Das alles wahrscheinlich, um in mir keine Angst vor diesem absolut Unbekannten aufkommen zu lassen.

Wenn ich die Augen öffne, freue ich mich zunächst: Ich habe bemerkt und erfahren, welch reiches Reservoir an Phantasie im Menschen, auch in mir, steckt. Aber ich weiß auch: Es ist kein Wissen. Also weiß ich immer noch nicht, was nach dem Tod kommt. Und ob etwas kommt. Wenn ich Angst vor dem Tod hätte, könnte ich jetzt verzweifeln. Habe ich denn keine Angst vor ihm?

Wenn nach dem Tod noch etwas käme, was könnte ich mir dann vorstellen? Was kann ich darauf antworten? Dass ich nicht weiß, ob etwas nach dem Tod kommt, sagte ich schon. Wenn nichts kommt, bedarf es also keiner Antwort. Aber es könnte ja etwas kommen, auch wenn ich darüber, was da kommen könnte, keine Glaubensvorstellungen habe. Aber etwas habe ich ganz stark in mir: Ich bin neugierig!

Ich war mein ganzes Leben lang neugierig darauf, was dieses Leben alles für Einfälle zu bieten hat. Könnte das auch nach dem Tod so sein? Unglaublich, was dem Leben einfällt. Selten genug Erwartetes. Nicht immer Erwünschtes. Eher selten? Doch wunderbarerweise wandelte sich das zunächst Unerwünschte im Leben häufig plötzlich in Beglückendes. Oder es löste eine Kraft zur eigenen Verwandlung aus, die zuvor unvorstellbar schien.

Wird es für mich Möglichkeiten zu weiterer Entwicklung geben? Alle Chancen dazu habe ich hier nicht realisiert. Oder werde ich in einen Bereich gelangen, der mich als Teil(chen) in ein absolut Umfassenderes integriert? Wird es dort dafür neue Aufgaben geben? Und welche?

Nur zwei Fragen von vielen. Meine Neugier hält viele weitere bereit. War ich hier nur wie eine Raupe, die durch den Tod wie in einem Kokon verschwindet und später als Schmetterling wieder herauskommt? Könnte Seneca recht haben, der sagte: »Jener Tag, den du als letzten fürchtest, ist der Geburtstag für die Ewigkeit«? Aber was heißt Ewigkeit? Ist es die Sehnsucht nach einer Heimat, die wir im Leben hier nicht gefunden haben?

Ich habe mich mit Meister Eckhart beschäftigt, der das Einüben in die Gelassenheit empfohlen hat. (Von ihm stammt sogar dieser Begriff.) Doch was ist das für eine Aufgabe! Ich war sehr erstaunt zu lesen, dass auch Bert Brecht diese Maxime aufgenommen hat! »Wenn ihr das Sterben überwinden wollt, so überwindet ihr es, wenn ihr *einverstanden* seid mit dem Sterben. An die Dinge halte dich nicht, die Dinge können genommen werden, und dann ist da kein Einverständnis …«

Meister Eckharts Empfehlung zur Gelassenheit enthält die Empfehlung zum Loslassen. Zum Loslassen der Begierde nach materiellem Haben-Haben. Aber auch das Loslassen fester Vorstellungen über ein Jenseits. Öffne dich, sei frei für das, was auf dich zukommt. So interpretiere ich das. Das kann viel sein, aber auch wenig, sogar ein Nichts. (Mal ganz modern: Die Quantenphysik hat nachgewiesen, dass im sogenannten Nichts die Potenz für *alle* Möglichkeiten steckt.)

Solange ich neugierig bleibe, habe ich keine Angst vor dem Tod. (Vor dem Sterben, falls es qualvoll würde, schon.)

Ich will mich deshalb nicht mehr als nötig mit Jenseitigem quälen. Lieber hier auf der Erde die Verwirklichung aller für uns Lebewesen vorgegebenen Möglichkeiten versuchen, eine Verwirklichung, die also nicht auf einen für mich gnädigen Petrus am Tor zum Paradies spekuliert, sondern außer für mich selbst auch der Friedfertigkeit im Diesseits förderlich ist.

Ich bin und bleibe Teil eines Ganzen

Manfred Schedlowski · Jahrgang 1957
Professor für Medizinische Psychologie und Verhaltensimmunbiologie

Der Tod meiner Eltern, die beide innerhalb eines halben Jahres starben, war meine intensivste Erfahrung mit dem Sterben. Während meine Mutter an einem plötzlichen Herzinfarkt verstarb, wurde bei meinem Vater kurze Zeit später Krebs diagnostiziert; zwischen der Diagnose und seinem Tod lagen nur sechs Wochen. Da er alle Interventionen abgelehnt hatte, die das Sterben vielleicht um wenige Monate hinausgezögert hätten, und zu Hause bleiben wollte, haben meine Schwester und ich ihn begleitet. Mein Vater ist gestorben, wie er gelebt hat: gerade, aufrichtig und mit sich selbst im Reinen.

Dieser Sterbeprozess hat bei mir neben einer unendlichen Traurigkeit und der Hochachtung vor der Lebensleistung dieses tief mit dem christlichen Glauben verbundenen Mannes die Erkenntnis emotional verankert, dass nichts bleibt, wie es war. Die Begriffe Dankbarkeit und Demut, die mich seit meiner Jugend begleiten und die sich für mich immer fremd anfühlten, haben seit dem Tod meiner Eltern und den darauf folgenden Lebensereignissen eine nachhaltige Bedeutung für mich bekommen. Dankbarkeit für die eigene Gesundheit und die Gesundheit der Familienmitglieder, für die Fähigkeit, zu lieben und zu arbeiten und für viele andere schöne Dinge in meinem Leben sowie die Demut, dieses nicht als etwas Selbstverständliches und etwa als einzuforderndes Recht, sondern als großes Geschenk wahrzunehmen.

»Lieben und arbeiten können« – so oder ähnlich haben viele wichtige und berühmte Menschen aus unterschiedlichen Kulturen und Religionen in den letzten paar Tausend Jahren den

Sinn des Lebens schon zusammengefasst, und das bringt es auch für mich auf den Punkt. Ich denke nicht, dass ich eine übergeordnete Aufgabe im Sinne einer Berufung zu erfüllen habe. Wohl aber bemühe ich mich, meiner Verantwortung auf unterschiedlichen Ebenen gerecht zu werden: auf der privaten Ebene meinen Kindern ein guter Vater zu sein und sie auf ihrem Weg zu unterstützen und zu begleiten, mit meiner Partnerin eine glückliche Ehe zu führen, und beruflich hoffe ich, dass das, was ich als Lehrender vermittele, zumindest bei einigen Studierenden in ihrer späteren ärztlichen Praxis nachhaltig bestehen bleibt und meine wissenschaftlichen Arbeiten das Gebiet, auf dem ich arbeite, weiter voranbringen.

Ich versuche, zwei Einstellungen zu leben, damit es mir hoffentlich gelingt, am Ende zu sagen: Es war gut! Zum einen versuche ich, mir immer wieder bewusst zu machen, dass Leben eben genau dieses Lieben- und Arbeiten-Können ist und dass am wichtigsten die Liebe zu meinen Kindern und meiner Frau sowie die Dankbarkeit und Demut gegenüber dem Leben sind. Dies gelingt im Chaos des Alltags natürlich nur begrenzt, aber gerade in Phasen hoher beruflicher oder privater Anforderungen wirkt diese Einstellung beruhigend und klärend. Zum anderen hilft mir die durch den beruflichen Kontext bedingte regelmäßige Auseinandersetzung mit dem Thema Sterben und Tod, meine eigene Einstellung dazu zu reflektieren und zu überprüfen.

Ganz selbstbewusst würde ich zunächst behaupten, dass diese Einstellungen auf meiner bisherigen Lebenserfahrung in den letzten gut fünfzig Jahren gewachsen sind. Allerdings spielt hier sicherlich auch meine christliche Erziehung und Grundhaltung eine Rolle, obwohl ich meinen Vertrag mit dem Papst schon vor langer Zeit gekündigt habe.

Meine Vorstellungen darüber, wie es nach dem Tod weitergehen könnte, sind durch meine persönlichen wie auch beruflichen Erfahrungen in den letzten zwanzig, dreißig Jahren, wenn überhaupt, nur geringfügig beeinflusst worden. Ich glaube nicht, dass es ein Danach oder Jenseits gibt, wie es eine Vielzahl von Religionen beschreiben; dagegen sperrt sich meine rational-naturwissenschaftliche Sicht der Welt. Ich glaube aber, dass ich Teil eines von mir noch nicht zu fassenden Ganzen bin und nach meinem Tod wieder inaktiver Teil dieses Ganzen werde. Genauer spezifizieren kann ich das zurzeit nicht, fühle mich aber mit dieser noch recht groben Sichtweise momentan sehr wohl. Wenn diese Vorstellungen überhaupt einen Einfluss haben, dann den, dass ich zumindest versuche, das Leben mit den Möglichkeiten, die sich mir bieten, so intensiv wie möglich zu leben, da ich von meiner Endlichkeit überzeugt bin und, wie gesagt, nichts bleibt, wie es war.

Im beruflichen Kontext beschäftigt mich das Thema Sterben und Tod schon seit längerer Zeit: Ich bereite in meiner Lehrtätigkeit im Rahmen von Seminaren und Kursen zur Arzt-Patient-Kommunikation angehende Ärztinnen und Ärzte auf Gespräche mit schwer kranken und sterbenden Patienten und deren Angehörigen vor. Aus ethischen Gründen lassen sich diese Gespräche nur auf einer theoretischen Ebene einüben, jedoch wird hier auch das Thema vor dem persönlichen Hintergrund reflektiert, und Teile des Unterrichts werden von Mitarbeiterinnen und Mitarbeitern ambulanter oder stationärer Hospize gestaltet, deren Erfahrungen die Veranstaltungsinhalte prägen.

Der Umgang mit dem Thema Sterben und Tod in unserer Gesellschaft muss sich dringend ändern. Noch in der ersten Hälfte des letzten Jahrhunderts ist die Mehrzahl der Menschen im familiären Umkreis zu Hause gestorben, Sterben und Tod waren weit weniger tabuisiert als heute. Heute stirbt die Mehrzahl der Menschen in Krankenhäusern. Das hat Sterben und Tod aus dem natürlichen Alltag und dem Lebensgang der Menschen ausgelagert. Diese Entwicklung hat eine auch schon bei Kindern und Jugendlichen notwendige und angemessene Auseinandersetzung damit unmöglich gemacht. Sie ist meiner Meinung nach jedoch für viele Aspekte der Persönlichkeitsentwicklung und der Identitätsfindung essenziell.

Seit einigen Jahren setzt jedoch eine Entwicklung ein, das Sterben wieder aus den Krankenhäusern auszulagern. Auch wenn sie weniger von ethischen oder philosophischen Überlegungen getragen wird, sondern eher ökonomische und soziodemografische Gründe hat, wurde dadurch in unserer Gesellschaft das Thema Tod und Sterben wieder reaktiviert. Durch die wachsende Zahl der pflegebedürftigen älteren Patienten werden die Plätze in den Pflegeheimen weiter ausgebaut, aber das Sterben ist dort immer noch institutionalisiert. Und durch die öffentlichen gesundheitspolitischen Diskussionen und die Schaffung der Palliativmedizin sowie den Ausbau von Hozpizen wird das Thema Tod und Sterben von einer breiteren Öffentlichkeit wahrgenommen als noch vor etwa zehn Jahren. Sollte diese Entwicklung so weiter verlaufen, wird es sicherlich möglich sein, Sterben und Tod weiter zu enttabuisieren.

Trotz aller Zweifel glaube ich daran

Julian Drake · Jahrgang 1987
Student der Wirtschaftswissenschaften

Ich kann mich an Kleinigkeiten freuen, einer netten Geste, der Frage, wie es mir geht, wenn sie denn wirklich ernst gemeint ist, einer freundlichen Begegnung. Ich finde, das sind Erlebnisse, die vorhalten. Das geht mir schon seit meiner Kindheit so, mir fallen immer wieder kleine Szenen ein, etwa Rituale von zu Hause oder aus dem Kindergarten, zum Beispiel abends vorgelesen oder vorgesungen zu bekommen. Oder dass der Heilige Abend mit dem Klingeln einer bestimmten Glocke eingeleitet wird.

Es bedeutet mir viel, mit meiner Familie zusammen zu sein, mit meinen Eltern und meinem drei Jahre jüngeren Bruder. Der Zusammenhalt und das Zusammensein sind für uns alle sehr wichtig, und das gehört zu dem, was für mich das Leben lebenswert macht. Was für mich unbedingt noch dazugehört, ist die Musik; ich singe seit Langem im Knabenchor Hannover und spiele Gitarre – beides finde ich sehr bereichernd. Ich meine, das gehört zu dem, woran ich sehe, dass es mehr im Leben gibt, dass es nicht einfach nur irgendwie weitergeht und dass es nicht nur um das Überleben geht.

Mit meiner Familie würde ich auch die Zeit verbringen, wenn ich jetzt wüsste, dass ich nicht mehr lange leben würde. Ich würde mich auf das Schöne konzentrieren, auf das Gemeinsame mit anderen Menschen, die mir nahe sind. Ich glaube nicht, dass ich etwas ändern oder sogar umstürzen würde, dass ich etwa sagen würde: Jetzt muss ich unbedingt noch einen Fallschirmsprung machen oder um die Welt reisen oder nach New York fahren oder nach Afrika. Das müsste ja dann ein Lebensziel von mir sein. Aber das stand bisher nicht im Mittelpunkt, und dann rückt es sicher auch in dieser Situation nicht hinein. Ich glaube, um sterben zu können, kommt es auf Ausgeglichenheit an, darauf, auf das Leben zurückzublicken und zufrieden zu sein, also darauf, dass man sich von dem Gedanken gelöst hat, man hätte noch etwas machen müssen. Vielleicht ergibt sich das ja auch von selbst, vielleicht wird Irdisches ganz unwichtig, wenn es so weit ist. Außerdem glaube ich, dass es gut ist, wenn man wenigstens dort, wo es darauf ankommt, rechtschaffen und mit Anstand gelebt hat.

Ob ich Angst vorm Sterben habe, kann ich kaum beantworten, im Moment ist die Vorstellung für mich zu abstrakt, zu weit weg. Vor schrecklichen Begleitumständen, zum Beispiel vor Schmerzen bei einer Krankheit, kann man sich sicher ängstigen. Aber das sind, ehrlich gesagt, Befürchtungen, zu denen ich im Moment keinen Anlass habe, sodass ich mich nun auch nicht vor ihnen fürchte. Natürlich möchte ich noch lange leben. Mein Onkel ist sehr früh, mit 44 Jahren, gestorben, das kommt mir noch immer ganz unnatürlich vor. Vielleicht hätte ich zu ihm ein gutes Verhältnis gehabt. Beim Tod meiner Großeltern war ich auch traurig, aber ihr Tod kam nicht plötzlich, vor allem der Tod meiner Großmutter hat sich lange vorher angekündigt. Trotzdem, ich hätte meine Großeltern gerne noch länger bei mir gehabt.

Manchmal frage ich mich schon: Was kommt nach dem Tod? Nichts? Oder die unendliche Ruhe? Etwas Himmlisches? Vielleicht ist es ja doch so, wie man es sich im Christentum vorstellt, Sterben heißt: in den Himmel kommen. Man kann es nicht wissen, man liest nur manchmal von Nahtod-Erfahrungen. Aber wer weiß, was für ein Phänomen das ist. Vielleicht ist ja alles ganz anders.

Die Vorstellungen, die ich mir davon machen kann, sind ziemlich vage. Bei allem, was wir uns vorstellen, gehen wir ja doch von dem aus, was wir aus unserer Welt kennen und wissen. Und wenn ich daran anknüpfe, finde ich, dass die Vorstellung vom Jenseits etwa aus naturwissenschaftlicher Sicht erst einmal schwierig ist. Wie soll ein Übergang in das Jenseits konkret funktionieren? Aber auch in der Physik treten ja Dinge auf, die man sich nicht richtig erklären kann. So gibt es etwa die Urknalltheorie, die besagt, dass die Welt aus einem einzigen kleinen Punkt entstanden ist. Oder auch die Idee, dass Paralleluniversen existieren, übersteigt das menschliche Vorstellungsvermögen. Also, es gibt in den Naturwissenschaften vieles, was wir mit den jetzigen Modellen nicht erklären können. Aber wir wissen, dass es solche Phänomene gibt. Und wenn wir uns etwas nicht vollständig naturwissenschaftlich erklären können, werden eben philosophisch-theologische Überlegungen angeführt. Ich finde, dass es da Schnittstellen gibt zwischen den Wissenschaften. Manche Naturforscher sehen es ja als ihre Aufgabe an, das Werk Gottes und den Kosmos in seiner Komplexität möglichst weit zu erforschen und es den Menschen zu offenbaren. Ich glaube allerdings trotz aller Zweifel schon daran, dass es weitergeht, dass nach dem Tod noch etwas kommt. Aber es ist ja vielleicht auch so, dass ich mir das wünsche und deshalb daran glaube.

Und das, was nach dem Tod kommt, übersteigt das, was wir uns vorstellen können. Alles, was darüber erzählt wird, kommt aus unserer Welt. Vielleicht sind die überlieferten Beschreibungen des Paradieses auch so etwas wie eine Übersetzung in das Menschliche, vielleicht sind sie eher symbolisch zu verstehen. Es könnte so anders sein, dass wir es uns gar nicht vorstellen können. Jedenfalls assoziiere ich etwas Positives mit dem Jenseits oder dem Himmel. Und die Vorstellung, dass man jemanden wiedersieht, so wie man ihn auf Erden kannte, finde ich einfach schön. Ganz praktisch frage ich mich, wenn ich näher darüber nachdenke, ob man sich im Jenseits nicht auch ärgern kann. Denn wenn man in der Lage ist, das Schöne zu empfinden, heißt das ja, dass man Gefühle hat, dass man für emotionale Eindrücke empfänglich ist, ob positiv oder negativ. Aber das sind nun genau wieder die Standards, die man als Mensch anlegt, und damit liegt man möglicherweise nicht ganz richtig oder ganz falsch. Trotzdem möchte ich damit nicht sagen, dass es keinen Sinn ergibt, sich das Jenseits vorzustellen, ganz im Gegenteil. An etwas wie »In-die-Hölle-Kommen« glaube ich im Übrigen nicht, das widerspräche in meinen Augen dem Gnadengedanken.

Was ich interessant finde, ist, dass sich diese Bilder, wie es in einem Jenseits sein könnte, über die Zeiten nicht besonders verändert haben. Aber Tod und Sterben sind heute viel weniger präsent als früher. Ich denke, das liegt daran, dass das Zur-Ruhe-Kommen und Nachdenken im Alltag oft zurückbleiben, aber auch daran, dass sich der Umgang mit Religion und Glauben gewandelt hat. Wünschenswert finde ich, dass die Menschen bewusster leben und sich nicht einfach vom immer schneller werdenden Geschehen mitreißen lassen, sondern reflektieren, was sie tun. Wenn man mehr über sein Tun, über den Tod und über das mögliche Jenseits nachdächte, würde man manches eventuell anders machen. Man würde das Leben vielleicht mehr wertschätzen und es mehr als etwas Wertvolles, nicht als etwas Selbstverständliches erachten. Es ist schon so, dass das Thema im Alltag beiseitegeschoben wird. Wenn man sich mehr damit beschäftigte, würde man vielleicht mit größerer Ernsthaftigkeit leben. Das heißt ja nicht, dass man sich nicht, trotz allem, erst einmal auf das Leben selbst konzentrieren sollte.

Von jedem Menschen bleibt etwas erhalten

Ralf Gantzhorn · Jahrgang 1964
Geologe, Bergsteiger

Drei Monate habe ich am Fuß des Monte Sarmiento verbracht. Er liegt in Patagonien – dort habe ich die Landschaft gefunden, die mir innerlich entspricht. Sie ist so anrührend, dass mir das Herz aufgeht. Die Weite, die kristallklare Luft, es ist eine herbe, melancholische Intensität, es ist das Offene, es gibt keine Einengungen. Das Bergsteigen in Patagonien ist genau das Gegenteil des leistungs- und ergebnisorientierten Denkens in Europa: Die Berge machen alles gleich, wie du auch ausgerüstet bist, es gibt keine Garantie auf Erfolg. Zum Monte Sarmiento habe ich eine persönliche Beziehung aufgebaut. Ich habe sogar angefangen, mit ihm zu reden. Und er hat sich mir nur ganz selten gezeigt, er selbst lag immer in den Wolken.

Ich habe in den Bergen wundervolle Momente erlebt, der eindrucksvollste war ein Sonnenaufgang am Cerro Torre, das ist ein unglaublich schöner Berg! Ich habe gedacht: Jetzt könnte alles zu Ende sein, jetzt könnte dir ein Stein auf den Kopf fallen, denn das Schönste, das es auf diesem Planeten gibt, hast du gerade gesehen! Auf den Sonnenaufgang hatte ich zwei Wochen lang gewartet. In dieser Zeit war ich allein, ich hatte nie Angst, es war nur ein wohliges Gefühl von Einklang, innerem Frieden und Nachdenken.

Auf diesem Planeten sein zu dürfen und zu sehen, wie wunderschön er ist, das ist etwas nicht Wertbares. Dieser Planet ist einfach unglaublich faszinierend. Es ist eine Gnade, das zu sehen und zu genießen, es ist ein Geschenk. Ich kann durchaus verstehen, dass es Menschen gibt, die beim Anblick dieser Schönheit von Schöpfung reden und davon ausgehen, dass es einen Schöpfer gibt, einen Gott, der das alles geschaffen hat.

Auch wenn ich selbst nicht daran glaube, schon gar nicht an den kirchlichen Gott. Ich finde, das Leben ist so, wie es ist, grandios und phantastisch, da muss es nicht auch noch höhere Wesen geben.

Ich lebe gerne, und ich genieße gerne. Und zwar vor allem, weil ich – nicht jeden Tag, aber doch überwiegend – wunderbare Dinge sehe und mit Menschen zusammen sein darf, die mir Freude machen. Ich habe bisher ein intensives Leben führen dürfen, und manchmal denke ich, wenn es zu diesem Zeitpunkt endete, würde ich sagen: Nun gut, jetzt ist es vorbei, aber es war ein schönes Leben. Danke, dass ich das so genießen durfte – bis hierher, ich weiß ja nicht, was noch kommt.

Über die Frage, was danach kommen könnte, denke ich nicht oft nach. Eher darüber, wer ich bin, was ich auf dieser Welt möchte und was mich hier hält. Meinem Leben, den fünfzig bis hundert Jahren, die ich habe, möchte ich einen Sinn geben. Es geht letztendlich darum, ob du dich im Spiegel ansehen kannst: War das eine sinnvolle Zeit hier? Es gibt Grundsätze, die ich aufgestellt habe, und ich versuche, ihnen großenteils zu entsprechen. Dass das nicht immer so möglich ist, ist völlig klar. Doch ich kann zu dem stehen, was ich mache. Meine Erfahrungen haben zu einem eigenen philosophischen Gebäude geführt. Das ist ein ständig sich weiterentwickelnder Prozess geworden, über das Leben und den Sinn des Lebens nachzudenken und Fragen zu stellen. Es wird für mich nie endgültige Antworten geben. Die Antwort, die ich heute finde, ist nicht die gleiche, die ich in fünf Jahren gebe. Dann denke ich anders darüber, weil ich etwas gelesen oder erfahren oder mit Freunden gesprochen habe oder einschneidende Erlebnisse hatte. Zurzeit ist es für mich besonders wichtig, meinen Kindern eine lebenswerte Erde zu hinterlassen und sie ihnen zu zeigen. Lebenswert – das heißt für mich: mit einer Natur, die noch halbwegs intakt ist. In dieser Sache müsste ich mich, was ich aber nicht schaffe, auch in der Politik engagieren.

Wenn ich an den Tod denke: Mir ist bewusst, dass das Leben endlich ist. Es kann jeden Augenblick vorbei sein, und wenn es vorbei ist, ist es eben so. Die Konsequenz, die ich daraus ziehe, heißt, nichts aufzuschieben, was mir wichtig ist. Es gibt einiges, was ich noch machen möchte, schöne Sachen, die nichts zu tun haben mit Spaß-Haben, und dazu gehört der vierte Versuch, den Monte Sarmiento zu besteigen. Aber wenn es nicht mehr klappt – dann nicht. Ich habe Ideen und Träume, aber ich plane nicht weiter voraus als zwei, drei Jahre. Denn es gibt immer wieder etwas im Leben, das erfordert, sich ganz neu zu orientieren, und ich möchte mich dem nicht verschließen. Aber ich möchte zurückblicken können und zufrieden mit meinem Leben sein, mit dem, was ich gemacht und erreicht habe.

Ich möchte sehen, wie meine Kinder glücklich groß werden, wie sie selbstständig leben und Freude an diesem Leben haben. Ich würde gerne mit meiner Freundin so glücklich wie möglich alt werden und wünsche mir, dass wir uns aufeinander verlassen können. Ich gehöre nicht zu den Menschen, die sagen: Wenn das oder das kommt, bin ich glücklich. Oder: Wenn das oder das vorbei ist, werde ich mein Leben wieder genießen können. Ich muss selbstverständlich Kompromisse machen, mit meiner Familie und meinem Beruf. Ich kann nicht nur so leben, wie ich mir das vielleicht manchmal wünsche. Ich versuche das zu vereinbaren, was nicht immer einfach ist. Aber vielleicht macht ja auch gerade das mein Leben noch intensiver, weil es immer wieder ein Wechsel ist. Ich versuche, Vielfalt zu leben, meine Vorlieben zu ändern, nichts zu wiederholen, mich in verschiedene Dinge neu einzuarbeiten, Spannung aufzubauen. »Nimm Abschied und gesunde«, wie es in Hermann Hesses Gedicht »Stufen« heißt.

Gegen ein hohes Alter, je intensiver es im Leben sein wird, je mehr Träume sich verwirklichen lassen, hätte ich nichts einzuwenden. Ich möchte nur nicht in eine Lage kommen, in der ich jahrelang nur noch krauchen kann und versorgt werden muss. Ich habe das im Winter gemerkt, als ich längere Zeit krank war und mich nicht mehr so bewegen konnte, wie ich das von mir gewohnt bin. Es macht alles schwieriger. Wenn ich sterbe, wäre es mir kurz und schmerzlos am liebsten, und wenn ich wüsste, dass es auf mich zukommt, würde ich weitermachen wie bisher. Vor allem würde ich mir in den letzten Monaten Zeit nehmen für meine Familie und vielleicht noch mit ihr durch die Gegend fahren. Und der letzte Tag sollte ein schöner Tag sein, ich würde ausschlafen, gut frühstücken … Obwohl ich die Berge liebe, möchte ich verbrannt werden – und dann ab ins Meer!

Angst vorm Sterben habe ich nicht, wenn ich jetzt daran denke. Aber wenn ich in einer Situation stecken würde, von der ich annähme, sie könnte lebensbedrohlich sein, hätte ich selbstverständlich Angst. Dann würde ich wohl alles daransetzen, mein Sterben zu verhindern. Ich hatte Glück, ich habe keine engen Freunde verloren und auch keine Kletterpartner auf den Gebirgsexpeditionen. Es hat beim Bergsteigen auch nie einen großen Unfall gegeben, und es musste noch nie jemand aus der Wand geholt werden, als ich dabei war. Dafür bin ich dankbar. Meine Oma ist letztes Jahr gestorben und auch ein Freund von mir. Es war aber nicht so, dass ich zutiefst betroffen gewesen wäre und getrauert hätte. Das Leben geht doch insgesamt weiter. Ich bin kein depressiver Mensch, auch wenn mich Krisen schon heftig umgeworfen und mir die Freude am Leben genommen haben. Ich hatte Momente, in denen ich am liebsten alles hingeworfen hätte. Aber aus Tiefen und Tälern lernt man viel über sich selbst, und ich finde doch bald wieder zu meiner grundlegenden Einstellung, dass das Leben zu schön ist. Situationen, die mir erschreckend nahegingen, wären andere. Es würde mich aus der Bahn werfen, wenn eins meiner Kinder oder meine Freundin verunglückten.

Dass es ein Leben nach dem Tod gibt, daran glaube ich nicht. Nach dem Tod ist man einfach weg, dann ist alles vorbei. Ich glaube auch nicht an die Trennung von Körper und Seele. Das heißt nicht, dass die Erfahrung, die man im Leben gemacht hat, vollständig verschwunden ist, sondern ich glaube, etwas davon gibt man weiter, zum Beispiel an die Kinder. Aber von jedem bleibt etwas erhalten, das ist wie der Flügelschlag des Schmetterlings, der einen Tornado auslösen kann. Das Wirken jedes Menschen wird Konsequenzen haben.

Ich bin Naturwissenschaftler, ich kann an ein Jenseits nicht glauben. Ich muss wissen! Der Verstand sagt mir bestimmte Dinge, die ich nachvollziehen kann. Es gibt Naturgesetze, die gelten, und das, was sie besagen, halte ich für wahr. Aber Theorien sind auch kein festes Gebäude, eine Theorie gilt nur so lange, bis ihr Gegenteil bewiesen ist. Bis dahin arbeitet man mit Wahrscheinlichkeiten. Für mich ist die Wahrscheinlichkeit, dass es ein Jenseits gibt, sehr gering. Wenn jetzt jemand käme und mir sagte, alles sei anders, ich solle mir doch nur das und das ansehen, und wenn er mir das so beweisen könnte, dass es für meinen Verstand nachvollziehbar wäre, würde es für mich annehmbar. Dann würde ich sagen: Das ist richtig, es gibt ein Leben nach dem Tod. Oder auch, wenn ich es selbst erführe, aus welcher spirituellen Entwicklung auch immer, dass es das vielleicht doch gibt.

Das sind Glaubensfragen, aber was ich brauche, sind Beweise. Mein Verstand jedenfalls sagt mir, das gibt es nicht, sondern das ist eine Wunschvorstellung, dass man weiterlebt, weil man glaubt, dadurch hat das Leben oder die eigene Existenz einen höheren Sinn, und auch, weil man sich nicht damit anfreunden kann, dass es irgendwann aus ist. Denn man beschäftigt sich zu wenig mit dem Thema Tod, und durch dieses Ausweichen erhält es so etwas Schockhaftes. Und das ist ja nun mal ziemlich sicher, dass der Tod kommt.

Es gibt etwas anderes, eine andere Art des Sterbens, die ich bedrohlich finde, und die hat mit dem zu tun, was mit diesem Planeten geschieht. Mir kommen die Tränen, wenn ich an die Situation der Menschheit und der Natur denke und sehe, was alles zerstört wird und wie sich die Lebensbedingungen entwickeln – hin zu einer mir nicht lebenswert erscheinenden Welt, die weitgehend elektronisch ist. Die unmittelbare Begegnung mit der Natur ist ein ganz entscheidender Teil meines Lebens und meiner Erlebniswelt. Und wir sind nun Zeugen des größten Artensterbens seit der Kreidezeit. Auf der anderen Seite wird eine Jugend groß, die das gar nicht mehr so wahrnimmt. Das zu sehen macht mir Angst.

Zweites Kapitel

Alle – außer mir!

Über die alltägliche Gegenwart des Todes und die Schwierigkeit, das eigene Ende zu bedenken

Der Tod soll ein Tabu sein? Er begegnet uns doch täglich und begleitet uns überall! Die Fernsehnachrichten sind voll mit Informationen über Bombenanschläge und Unfälle, die Boulevardpresse macht Auflage mit den Details aktueller Amokläufe; und im Kriminalroman kann gar nicht raffiniert genug gemordet werden. Ob im Kino oder im Computerspiel, immer spielt der Tod eine große, wenn nicht die Hauptrolle.

Der Tod ist tatsächlich kein Tabu, solange er andere betrifft, die wir nicht oder nur sehr flüchtig kennen. Wenn das so ist, hat er Unterhaltungswert. Ob Flutkatastrophe, Flugzeugabsturz oder Massenmord, wir sehen und hören genau hin, neugierig, mitleidig, voller Abscheu, vor allem aber erleichtert darüber, dass wir selbst nichts damit zu tun haben. Denn im eigenen Leben hat der Tod nichts zu suchen.

Ars moriendi, die Kunst des Sterbens, so wurden im Spätmittelalter erbauliche Schriften genannt, die die Vorbereitung auf den Tod lehrten. Leben auf den Tod hin, davon sind wir heute weit entfernt. In unserer Gesellschaft gehört der Tod nicht zum täglichen Leben, andere sollen sich damit beschäftigen, Pfarrer, Ärzte oder Bestattungsunternehmer. Dass wir selbst davon betroffen sind, wollen wir am liebsten gar nicht wissen, schon gar nicht wollen wir darüber nachdenken. Der Tod der anderen und der eigene Tod – fast sieht es so aus, als handele es sich dabei nicht um dasselbe Phänomen. Und doch ist der Tod nicht nur ein Medienereignis, sondern er kommt unvermeidbar auf jeden zu, vielmehr jeder geht ihm Tag für Tag und Schritt für Schritt entgegen. Wir müssen ihn hinnehmen, er widerfährt uns. Wir wissen nicht, wie er kommt, und auch nicht, wann.

Immer wieder haben Menschen versucht, den Tod zu überlisten, zumindest in der Phantasie. Märchen erzählen, wie dem »Gevatter« ein Tag, ein Jahr, ein Leben abgerungen wird. In der heutigen Realität ist es nicht anders, nur die Methoden haben sich verändert: Fitnessprogramme und künstliche Hormone, Ernährungswissen und medizinischer Fortschritt sollen das Unausweichliche in den Hintergrund schieben. Visionen wie die, sich klonen oder einfrieren und später wieder auftauen zu lassen, scheinen den alten Feind der Menschheit besiegbar zu machen, wenn noch nicht heute, so doch in näherer Zukunft.

Aber ist der Tod wirklich ein Feind? Alte und Einsame begrüßen ihn nicht selten als einen Freund, genauso wie Kranke, denen Schmerzen oder körperliche Einschränkungen die Lebensfreude rauben, oder Menschen, deren Hoffnungen sich im Leben nicht erfüllt haben. Nicht jeden schreckt das Ende. Wer das Leben liebt, fürchtet weniger den Tod als die Tatsache, dass er dann nicht mehr teilhaben kann am Schönen in der Welt. »Es wird mir fehlen, das Leben«, schrieb die krebskranke Ruth Picardie und dokumentierte gerade in ihren Aufzeichnungen, wie sie das Leben auch in seiner letzten Phase von ganzem Herzen und mit allen Sinnen gelebt hat. Die meisten Menschen grenzen mit dem Tod das Sterben aus. Auch wenn wir nicht mit Gewissheit sagen können, was der Tod ist, sicher ist, dass das Sterben noch ein Teil des Lebens ist. Wir berauben uns der Erfahrungen dieser letzten, wichtigen Zeit aus Angst vor dem Ungewissen, das danach kommt.

Wenn wir das, was auf uns zukommt, anschauen könnten, wäre es vielleicht möglich, die Angst zu verlieren. Aber wie? »Einfach zu denken: ›Ich werde sterben‹, ist nicht wirklich die richtige Art, über den Tod nachzudenken«, schreibt der Buddhist Tsenzhab Serkong Rinpoche I. in seinem Buch über das Vermeiden von Leiden und Erlangen von Glück. Nachdenken, so heißt es bei ihm weiter, müssten wir über unsere Angst vor dem Tod, um sie dann zu überwinden. Wir können nicht wissen, wie es ist zu sterben, aber vielleicht gibt es in uns eine Kraft, genau das zu leben, was dann gefordert wird.

Die Seele kehrt in ihre Heimat zurück

Afra Banach · Jahrgang 1969
Diplom-Designerin

Wenn der Tod eingetreten ist und bis zu ihrer Beerdigung befinden sich Verstorbene in einem Übergangsstadium. Sie sind Mensch und doch nicht mehr Mensch. Diesem besonderen Zustand sollte auch ihre Kleidung entsprechen, und deshalb fertige ich seit über zehn Jahren Bestattungswäsche nach eigenen Entwürfen an. Das Thema beschäftigt mich, seit ich meine Diplomarbeit »Das Leichenhemd« im Studiengang Modedesign erarbeitet habe. Damals habe ich festgestellt, dass das Angebot an Bestattungswäsche stark standardisiert war und meist an die Festtagskleidung der 50er-Jahre erinnerte. Das fand ich für die heutige Gesellschaft unpassend, sodass ich begonnen habe, zeitgenössische, individuelle Totenhemden zu gestalten, die dem Zustand der Toten gerecht werden.

Viele Menschen sehen das genauso wie ich. Zu meinen Kunden gehören nicht nur Bestattungshäuser, sondern auch Männer und Frauen, die sich über ihren Tod Gedanken machen und vorsorgen wollen. Das geschieht immer öfter. Früher war es Brauch, das eigene Totenhemd schon zu Lebzeiten in den Schrank zu legen. In jüdischen Gemeinden haben sich sogar junge Eheleute gegenseitig das letzte Hemd zur Hochzeit geschenkt, um der Vergänglichkeit zu gedenken.

Ich verarbeite verschiedene weiße Stoffe und wähle klare, einfache Muster – Rosen, Sterne, Linien –, die meine Vorstellung vom Übergang symbolisieren. Liebe, Stille, Ewigkeit – die Seele verlässt die Toten und kehrt in ihre Heimat zurück.

Dass der Moment, in dem das geschieht, deutlich spürbar ist, habe ich am Sterbebett eines guten Freundes erfahren. Zusammen mit seiner Familie war ich in seinen letzten Stunden im Krankenhaus. Er lag in einem Dämmerschlaf, seine Atemzüge wurden immer langsamer. Ich hatte Angst vor dem Augenblick, in dem er sterben würde; ich stellte mir das schrecklich vor. Doch als sein Atem schließlich ganz ausblieb, da war es ein Moment wie jeder andere im Leben, nichts Spektakuläres oder Dramatisches: Eine Kaffeetasse fällt auf den Boden, ein Kind wird geboren, ein Mensch stirbt. All das gehört zum Leben, auch wenn der Tod oft schwierig und schmerzlich ist für die, die zurückbleiben.

Womit ich jedoch nicht gerechnet hatte, war das Erlebnis in dem Moment, in dem mein Freund starb. Ich stand am Kopfende seines Bettes und verspürte einen starken Energieschub. Ich hatte das Gefühl, dass ihn etwas verlässt und mich streift, bevor es weitergeht, irgendwohin nach oben.

Diese Erfahrung hat mich tief beeindruckt, nicht nur, weil sie mir gezeigt hat, dass die Seele den Körper verlässt. Mir ist in diesen Stunden auch klar geworden, wie unbedeutend vieles ist. Sein Geld und die Besitztümer, seine Leistungen und die Arbeit. Letztendlich war das Einzige, was von Bedeutung war, dass er ein Mensch war, dass er da lag und geatmet hat – einatmen, ausatmen. Diese Reduzierung auf das reine Menschsein hat mich nachhaltig in meiner Lebenseinstellung geprägt: Ich unterscheide, was wichtig und was unwichtig ist, und erinnere mich daran, wie vergänglich das Leben ist und dass es viel zu früh enden kann. Ich empfinde Dankbarkeit dafür, leben zu dürfen und gesund zu sein. Ich freue mich, wenn es mir gelingt, zufrieden und darüber hinaus auch glücklich zu sein. Wenn ich abends das Gefühl habe, tagsüber getan zu haben, was in meinen Kräften stand, dann fühle ich mich gut. Meine

Arbeit ist erledigt, ich habe mich um meine Familie gekümmert, und vielleicht habe ich auch noch ein bisschen gelesen, also für mich allein etwas Schönes gehabt. Wenn das möglich war, bin ich zufrieden. Es ist mir wichtig, mit Menschen zusammenzuleben, dass man sich gegenseitig unterstützt und hilft, einander zugewandt ist, immer in dem Bemühen, die Lebensschwierigkeiten zu meistern und Lösungen zu finden.

Ich achte darauf, täglich die kleinen Freuden zu genießen: Die Sonne scheint ins Fenster, die Schneeglöckchen brechen aus der Erde, all diese kleinen Ereignisse, die den Alltag so bereichern und die man so oft nicht wahrnimmt. Ich glaube, an dieser Lebensweise würde ich auch nicht viel ändern, wenn ich wüsste, dass ich bald sterben würde. Ich würde versuchen, meinen Alltag so weit wie möglich beizubehalten. Und wenn ich Zeit hätte, spazieren gehen.

Es ist sehr hilfreich, sich manchmal vorzustellen, wie man aus der Distanz sein Leben beurteilen würde. Ich selbst würde sicherlich manchmal lachen und sagen, jetzt rackert sie sich an dieser einen Stelle ab, obwohl es ganz klar ist, dass es da absolut nicht weitergehen kann. Oder jetzt zerbricht sie sich schon wieder den Kopf, anstatt einfach das Leben zu genießen, es ist ja so kurz.

Allerdings empfinde ich es nicht immer als angenehm, dass mir die Vergänglichkeit so bewusst ist, weil ich dadurch auch starke Verlustängste aufbaue. Die eigene Wohnung, das vertraute Umfeld aufgeben zu müssen, die persönlichen Gegenstände zurückzulassen und – am allerschlimmsten – sich von den Menschen, die man liebt, zu verabschieden, das finde ich bedrohlich. Ich habe oft Angst beim Gedanken an das Sterben. Ich finde es sehr schwierig, den körperlichen Verfall anzunehmen, und fürchte mich davor, Schmerzen zu erleiden und immer unselbstständiger und schwächer zu werden. Auch dass meine Angehörigen unter dieser Situation leiden könnten, macht mir Sorge. Vielleicht haben die Menschen, die nicht darüber nachdenken, es einfacher.

Auf der anderen Seite hilft es mir auch, mich gedanklich mit dem Tod zu beschäftigen, weil ich dadurch Ängste abbauen kann und das Unbekannte und Abstrakte etwas fassbarer wird. Durch meine Arbeit kommt es immer wieder spontan zu intensiven Gesprächen, manchmal mit fremden Menschen, manchmal mit Freunden, die mich darauf ansprechen. Das finde ich sehr schön. Daran sehe ich, was es auch bedeutet, sich mit dem Tod zu beschäftigen. Ich hole ihn nicht als etwas Schreckliches ins Leben, sondern das Gegenteil ist der Fall: Das Thema macht mein Leben lebendiger durch den Austausch mit Menschen, mit denen ich sonst nie in Kontakt gekommen wäre.

Vor dem Moment des Todes habe ich keine Angst. Ich bin schon einmal in einer Situation gewesen, in der ich mich sehr weit von meinem Körper entfernt hatte. Durch eine Operation hatte ich einen hohen Blutverlust erlitten. Wie in einem Traum bin ich durch einen hellen Tunnel gekommen. Ich sah viele farbige Lichter und hörte schöne Musik. Ich schwebte weiter nach oben dem Licht entgegen, ich wurde immer leichter. Es war ein angenehmer Zustand; so stelle ich mir den Übergang vom Leben zum Tod vor. Irgendwann war alles dunkel, und ich dachte: »Es ist Samstagmorgen und du bist gestorben«, danach wachte ich aus der Narkose auf.

Was nach dem Sterben kommt, darüber bin ich mir nicht im Klaren. Ich fühle mich nicht an eine bestimmte Religion gebunden, glaube aber an eine größere, universelle Macht. Es kann sein, dass man im Leben eine Aufgabe zu bewältigen hat. Wenn das Universum so aufgebaut ist, dass es immer zum Guten hinstrebt, durchläuft die Seele eines Menschen vielleicht mehrere Zyklen oder Menschenleben, bis sie einen Zustand erreicht hat, in dem sie vollkommen ist. Andererseits kann es auch sein, dass die Seele bis zu einem gewissen Grad unabhängig von den Erlebnissen in einem Leben ist.

Dass es einen Zustand vor und nach dem Leben gibt, dessen bin ich mir sicher. Ich glaube, dass die Seele nach dem Tod des Körpers wieder in die körperlose Existenz, in den seelenhaften Zustand zurückkehrt, aus dem sie gekommen ist. Das Gesetz der Energie besagt, dass Energie sich in ihrer Form nicht verändert, und ich denke, das, was die Seele des Menschen ausmacht, ist eine Art von Energie. Nach dem Tod des Körpers löst sie sich nicht auf, sondern geht in eine andere Daseinsform über. Das Erlebnis beim Sterben meines Freundes hat mich in diesem Gedanken bestärkt – dieses spontane Fühlen einer Energiewelle. Außerdem habe ich immer wieder in verschiedenen Dokumentationen über Unfälle und Katastrophen zum Beispiel von Hiroshima-Überlebenden erfahren, dass Menschen das Gefühl haben, ihren Körper zu verlassen. In einer lebensbedrohlichen Situation sehen sie sich über ihrem Körper oder unterscheiden ganz klar zwischen sich und ihrem Körper. Auch das ist für mich ein Indiz, dass ich nicht nur mein Körper bin, dass er nicht das Einzige ist, was meine Person ausmacht.

Ich wünsche mir und glaube, dass ich nach dem schmerzhaften Abschied, der vor dem Sterben stattfindet, auf der anderen Seite des Todes wieder nach Hause komme. Dass meine Seele wieder dahin zurückgeht oder sich in den Zustand wandelt, aus dem sie vorher gekommen ist.

In manchen, seltenen Momenten des Lebens, beim Anblick bestimmter Berglandschaften, bekomme ich eine Ahnung davon, wie dieses Gefühl sein kann. Wenn das geschieht, dann spüre ich meine Seelenheimat. Ich weiß, dorthin werde ich zurückkehren. Und in diesen Momenten fühle ich mich als das, was ich bin und sein werde – ein Teil der Unendlichkeit.

Uns erwartet unendliche Güte

George Alexander Albrecht · Jahrgang 1935
Dirigent, Hospizmitarbeiter

Der Glaube und die Musik – das sind die beiden großen Stränge, die sich seit meiner Kindheit durch mein Leben ziehen. Meine Mutter sang wie ein Engel. Mein Vater war Arzt, Mystiker und Psychologe, der auch wissenschaftlich über das Phänomen Mystik gearbeitet hat. Beide haben mich tief geprägt.

Zuerst stand die Musik im Mittelpunkt. Ich wurde als Geiger ausgebildet, konnte gut Klavier spielen, komponieren und singen. Im Dirigieren lag jedoch mein größtes Talent. Nun sind aber Dirigenten notorische Egoisten. Sie müssen sagen: So wird es gemacht und nicht anders! Sie haben scheinbar immer recht, stehen an besonderer Stelle erhöht im Rampenlicht. Und sie haben Macht über die Seelen der Menschen. Man stelle sich das vor: Da berührt einer mit der Spitze des Taktstocks die Herzen der Musiker und des Publikums, erschüttert sie sogar bis in die Tiefe und bringt sie zur Begeisterung, auch zu Wut und Zärtlichkeit. Da ist es schon schwer, kein Egozentriker zu werden und die Macht nicht für seine eigenen Zwecke auszunutzen.

Für mich gingen Musik und Glaube immer Hand in Hand. Ohne Glaube ist Musik für mich gar nicht denkbar: Töne und Rhythmen, das ist Technik, die man beherrschen muss. Mir ging es aber immer um das Seelische in der Musik. Und so bekam denn auch spätestens in der Mitte des Lebens der Glaube den gleichen Stellenwert wie die Musik; das führte gegen Ende meiner Tätigkeit als Chef der Staatskapelle Weimar zu der Erkenntnis: Du musst jetzt einmal Danke sagen. Und du musst deinen Glauben nicht nur spirituell ausüben, sondern indem du etwas tust angesichts des Leidens in dieser Welt. Ich habe mich als Hospizmitarbeiter ausbilden lassen und gehe seitdem jeden Tag an die Betten von Menschen, die niemanden haben, der sie bei ihrem Sterben begleitet.

Seit vielen Jahren ist Meister Eckhart mein Vorbild. Im Zentrum seiner Lehre steht die Reduktion des Ego, der Keimzelle des Bösen. Alle Unordnung auf dieser Welt, aller Hass, alle Kriege und Ungerechtigkeiten, alle Lieblosigkeit und Brutalität haben ihren Ursprung im Egoismus. Ihn zu überwinden, ist zunächst das wichtigste Ziel. Und um das zu erreichen, muss man das Lassen üben. Den Ehrgeiz lassen, die Karriere lassen, von Geld gar nicht zu reden. Am Ende, so habe ich mir gesagt, musst du alles lassen, deine menschlichen Bindungen, deine Interessen, deine Gesundheit und schließlich auch dein Leben. Es ist ein langer Weg bis zum Ende. Und man muss sich gut darauf vorbereiten. Das ist nicht egoistisch gemeint, in dem Sinne: Ich muss alles perfekt eingerichtet haben. Nein, sich vorzubereiten ist nur in Demut möglich, in der Nachfolge von Jesus Christus, der nur an andere dachte. Diese Nachfolge will ich ernst nehmen, bis hin zum immerwährenden Gebet, das ich übe. Sobald meine Aufmerksamkeit nicht von etwas anderem abgezogen ist, fange ich an zu beten, bei jeder kleinsten Tätigkeit, selbst wenn ich mit dem Hund spazieren gehe.

Jetzt gibt es nichts mehr, was ich erleben oder erledigen muss. Äußerlich habe ich Ordnung gemacht. In keiner Schublade liegt etwas Unerledigtes. Niemand wird mit meinem Nachlass Mühe haben, alle alten Tagebücher, Briefe und Kritiken – weg! Aller Ballast ist weg. Wenn ich in absehbarer Zeit sterben würde, gäbe es nur noch die Konzentration auf das Erlebnis des Sterbens und sonst gar nichts. Nur lauschen, beten und danken.

Als ich ein Junge war, habe ich Mozarts Briefe gelesen. Seine Mutter war in Paris gestorben, das wollte er seinem Vater schonend beibringen. Und da schreibt dieser junge Mann: »Der Tod ist der beste Freund des Menschen.« Das hat mich so beeindruckt, dass ich mir sagte, wenn dieser Mann das findet, muss es stimmen. Der Tod ist nichts Schreckliches und Grausames. Er ist der beste Freund des Menschen. Solange ich denken kann, bin ich diesem Gedanken nachgegangen und habe damit gelebt. Wir leben auf den Tod hin. Er ist das Leben wie die Geburt. Wir werden in dieses Leben hineingeboren. Das ist eine Art von Tod, und wir gehen in die Ewigkeit, das ist unsere eigentliche Geburt. Denn wir sind unsterblich, das weiß ich sicher.

Weil ich mich mein ganzes Leben mit dem Tod beschäftigt habe, fand ich es nur folgerichtig, dass ich mitten im Finale der 9. Sinfonie von Beethoven mein Nahtoderlebnis hatte. An der Stelle, an der sich die Musik löst und immer leichter wird, wo sie sich eigentlich schon von der Erde entfernt, an dieser Stelle heißt es: »... überm Sternenzelt muss ein lieber Vater wohnen« – und ich brach zusammen. Eine Lichtgestalt kam auf mich zu. »Ich kann nicht mehr«, sagte ich zu ihr. »Du musst auch nicht mehr!«, antwortete sie. Ich spürte eine seelische Präsenz, die mit nichts vergleichbar ist und die mich berührte und umhüllte.

Von da ab wurden alle Termine abgesagt, die Wiener Staatsoper mit Placido Domingo im »Parsifal«, die Neuinszenierung des »Lohengrin« in Leipzig und anderes. Man wird dann auch so bald nicht wieder eingeladen. Ich akzeptiere das. Ich bin hier in Weimar mit der Staatskapelle glücklich gewesen und bin es immer noch. Es kam keine Resignation oder Traurigkeit auf. Was mir geschehen war, habe ich als einen deutlichen Hinweis des Schicksals gesehen: Nun geht es dem Ende zu. Wenn man das akzeptiert, kann man zuversichtlich sein und sich seinem Gott bedingungslos hingeben: Was Du auch schickst, es ist gut.

Bei meiner Arbeit im Hospiz erlebe ich täglich, dass das Sterben in Phasen verläuft. Zuerst kommt die Leugnung: Ich habe keinen Krebs, die Ärzte irren sich. Dann folgt die Wut: Warum gerade ich? Warum nicht andere? Danach kommt Depression und Resignation, und das ist der erste Schritt zur Erkenntnis. Und schließlich, wenn alles gut geht, führt der Weg hin zum Einverständnis, in die letzte Phase. Es läuft hinaus auf das: Erkenne dich selbst. Diese Selbsterkenntnis ist eine wichtige Voraussetzung dafür, sterben zu können. Es ist beeindruckend zu sehen, dass Lügen bei den Sterbenden nicht mehr möglich sind. Ein Beispiel fällt mir ein: Es ist Visite, und die Ärztin sagt: »Kopf hoch, das wird schon, wir kriegen das!« Die Ärzte gehen hinaus, die Tür schließt sich, da sagt der Kranke: »Was soll die Lügerei? Das brauche ich nicht mehr.« Glasklar und ehrlich. Es ist wunderbar, diese Ehrlichkeit in den letzten Tagen zu erleben. Wer noch etwas auf dem Herzen hat, erzählt es mir, es sind oft schwere, auch schuldhafte Kriegserlebnisse, von denen ich höre. Wenn das Sterben beginnt, wird der Atem immer seltener. Bis man denkt, jetzt ist es vorbei, aber dann ist doch noch ein Atemzug zu hören, bis es schließlich der letzte war. Stunde um Stunde sitze ich in dieser Stille, und jedes Mal fällt mir auf: Das ist dieselbe Ruhe, die ein Neugeborenes ausstrahlt. Und wie Kinder das Wissen von der Ewigkeit der Seele mitbringen, ohne dass sie es sagen können, so bekommen die Sterbenden auf ihrer letzten Wegstrecke dieses Wissen wieder. Wir kommen damit auf die Welt, dann verliert es sich; es wird verschüttet und in der zweiten Lebenshälfte müssen wir daran arbeiten, es wiederzuerlangen.

Ein Patient sagte zu mir: »Ich bin Atheist, kommen Sie mir nicht mit Sprüchen!« »Das werden Sie bei mir nicht erleben, wir unterhalten uns einfach«, antwortete ich. In den letzten Tagen seines Lebens konnte er nicht mehr sprechen. Doch plötzlich sagte er: »Mit mir wird es nichts mehr. Das steht da oben geschrieben.« Ich habe nur gedacht: »Du bist mir ein schöner Atheist, wenn du von ›da oben‹ sprichst.« Ich denke auch an eine Frau, die sich im Bett aufrichtete, auf die weiße, nackte Wand ihr gegenüber schaute und erstaunt sagte: »Ja, was ist denn das?« Dann starb sie.

Das ist es, dieses ganz sichere Wissen. Es zeigt sich auf den weisen Gesichtern der Neugeborenen wie auf denen der Sterbenden. In ihrem letzten Moment legt sich eine Würde, eine Reife und Gültigkeit auf ihr Gesicht. Natürlich gibt es auch die Revoltierenden, die den Weg nicht schaffen, die sich verlassen fühlen und aufbegehren. Meine Pflicht ist es dann, in Gesprächen eine Freundschaft aufzubauen, ihnen zu zeigen, dass sie sich geleitet fühlen können. Ein Patient sagte zu mir: »Mein Leben war beschissen. Aber jetzt, ganz am Ende, habe ich einen Freund gefunden.«

Ich hätte es früher nie für möglich gehalten, dass ich einmal Tag für Tag an den Betten von Kranken und Sterbenden sitzen würde, dass ich Menschen beruhigen, ihnen Gewissheit geben, sie mit Wärme umhüllen kann. Das ist eine Entwicklung, für die ich sehr dankbar bin.

Und wie wird es im Jenseits weitergehen? Wir können nicht konkret darüber nachdenken. Erst wenn es an die Pforte geht, wissen wir mehr, wie Paulus im Korintherbrief sagt: »Jetzt schauen wir in einen Spiegel, dann aber von Angesicht zu Angesicht.« Ich wurde bei meinem Nahtoderlebnis zurückgerufen. Aber ich weiß aus den vielfältigen Berichten der Nahtodforschung, dass das Licht, von dem Jesus gesagt hat: »Ich bin das Licht der Welt«, dass dieses Licht nicht abstrakt ist, sondern personhaft. Nichts Rächendes ist darin, nichts Strafendes oder Hämisches. Sondern da ist eine unendliche Güte, die mich auffordert, mein Leben zu durchdenken und aufzuarbeiten. Was dort stattfindet, ist ein Selbstreinigungsprozess.

Ich bin der Meinung, die Hölle gibt es nicht. Die Hölle ist selbst gemacht aus unserem Egoismus und allem, was daraus folgt, den seelischen Fehlhaltungen, Verkrampfungen und Verkrustungen. Was wird denn aus denen, die angesichts des Lichtes halsstarrig bleiben und ihre Verbrechen nicht bereuen? Wir wissen es nicht. Ich glaube aber, solche Menschen werden wiedergeboren, zurück in das Gefängnis des Leibes. Es gibt ja weder in der Bibel noch in der Nahtodforschung Hinweise auf die Wiedergeburt. Aber einen Gegenbeweis gibt es ebenso wenig. Ich kann mir nicht vorstellen, dass Hitler oder Stalin im Ewigen Licht bleiben dürfen, während ich sicher bin, dass Mutter Teresa für immer Teil des Lichtes bleibt.

Mir bedeuten die Werke zweier Nahtodforscher viel: »Über den Tod und das Leben danach« von Elisabeth Kübler-Ross und »Leben nach dem Tod« von Raymond A. Moody. Dort wird nachgewiesen, dass jeder Sterbende von geliebten oder verehrten Wesen empfangen und geleitet wird, vorausgesetzt, er war im Diesseits zu Liebe und Verehrung fähig. Wer hier nichts liebt, findet auch dort nichts. Ihm erweist sich alles als sinnlos. Erst vom Gedanken des Jenseitigen, vom Bewusstsein des ewigen Lebens her, erhält das Leben seinen Sinn. Wer das verstanden hat, für den gibt es nichts Sinnloses mehr. Auch die Umwege und Irrtümer – alles hat letzten Endes Sinn.

Aber ich glaube, es ist noch tiefer zu bedenken. Gott schuf den Menschen nach seinem Bilde. Bei C.G. Jung heißt es »das kollektive Unbewusste«. Das bedeutet, alle Menschen sind aus derselben seelischen Substanz, und das ist die göttliche Urseele. Wir werden ausgeschickt in Zeit und Raum, und dann werden wir wieder zurückgeholt. Aber was der letzte Sinn unserer Existenz in Zeit und Raum ist, wissen wir nicht. Es tut gut, das zuzugeben. Wenn gefragt wird, warum es Naturkatastrophen, Leiden und Kriege gibt, dann müssen wir ebenfalls sagen: Wir wissen es nicht. Wir sind nicht Gott. Auch die größten Wissenschaftler kommen an eine Grenze des Wissens. Heisenberg und Einstein haben das zugegeben und gesagt, unser Wissen endet an dem Punkt, an dem die Ewigkeit beginnt.

Ich sehe das Eine, das allem zugrunde liegt. Die Adern auf meiner Hand gleichen den Blattadern oder dem Flussdelta. Die Gesetze des Fließens und des Atmens, die vier Elemente, die Pflanzen, Tiere und Menschen – die ganze Natur ist eins, alles ist aus einer Idee geschaffen. Und die seelische Substanz, das, was uns ausmacht, ist dasselbe wie Gott. Das gibt uns unsere Würde. Auch der Ärmste der Armen, auch der Schuldigste der Schuldigen hat ursprünglich diese Würde. Und dadurch bekommt unser Leben Sinn, dass wir nicht uns gehören, sondern Gott. Geschaffen aus ihm und für ihn.

Deshalb ist es unsere Aufgabe, dieses Wesentliche im anderen Menschen zu suchen und zu finden. Wenn ich Menschen begegne, sehe ich sofort diesen Kern. Er ist manchmal durch Masken und Entstellungen verborgen und schwer zu entdecken. Aber er steckt in jedem, auch im ärgsten Feind. Wenn man in der Lage ist, den liebenswerten Kern zu sehen, den Gotteskern, dann ist man ein Liebender, dann ist man geborgen und gerettet. Denn die Liebe ist das Wichtigste, sie ist die Uridee des Lebens.

Es wird eine große Ruhe herrschen

Irmgard Ehrenstein · Jahrgang 1940
Altenheimleiterin i.R.

Jeder Abschied könnte der letzte sein, deshalb muss man lernen, sich gut zu verabschieden. Aus meiner beruflichen Erfahrung weiß ich, dass manche Menschen nicht loslassen können, selbst in fortgeschrittener Demenz scheinen sie am Leben festzuhalten. Andere können nicht sterben, weil sie etwas Wichtiges nicht erledigt haben, zum Beispiel die Aussöhnung mit einem nahen Angehörigen.

Alles, was mir wichtig ist, muss hier und jetzt geschehen, zu meinem eigenen Wohlbefinden und zur Freude meiner Mitmenschen. Denn ich glaube nicht, dass es ein Leben nach dem Tod gibt. Es wird einfach nur eine große Ruhe herrschen, und alles Belastende und Beängstigende hat ein Ende. Die Sorgen haben nur die Hinterbliebenen. Durch meinen Beruf habe ich viel über das Sterben gelesen, zum Beispiel bei Elisabeth Kübler-Ross. Daher weiß ich, dass das Sterben ohne Schmerzen keine Schrecken mit sich bringt. Die entspannten Gesichter von Verstorbenen bestätigen das.

Vor etwa zehn Jahren starb eine Freundin an Krebs. Sie war 49 Jahre alt, als ihr Arzt die Diagnose stellte und ihr behutsam mitteilte, dass sie wahrscheinlich nur noch wenige Monate zu leben habe. Ich habe sehr bewundert, wie gefasst sie mit dieser Nachricht umging. Ich wäre froh, wenn ich in einer ähnlichen Situation auch so handeln könnte. Sie hat sich in vielen Gesprächen bewusst von ihrer Familie und ihren Freunden verabschiedet und über alles gesprochen, was sie bewegte. Da sie nicht mehr als Altenpflegerin arbeiten konnte, ist sie furchtlos an die Öffentlichkeit getreten und hat in zahlreichen Veranstaltungen für eine humane Altenpflege gekämpft. Neun Monate nach der Diagnose wurde sie fünfzig Jahre alt, und wir haben ein wunderbares Fest gefeiert. Alle Gäste wussten, wie es um sie stand, und waren glücklich, dass sie diesen Tag noch feiern konnte. Und sie konnte viel Liebe und Freude empfangen. Als sie mehr als ein Jahr später im Sterben lag, sagte sie mir: »Ich bin bereit zu gehen, aber es ist so schwer, zu sehen, wie meine Familie leidet.«

Wenn ich wüsste, dass ich bald sterbe, möchte ich in meiner verbleibenden Zeit so viel wie möglich den Kontakt zu meinen Angehörigen und Freunden pflegen. Und außerdem all das tun, was mir auch jetzt Freude bereitet: malen, meine Pflanzen pflegen und die Natur genießen, einem Kind helfen, seine Schwierigkeiten in Familie und Schule zu bewältigen, und mich nützlich machen, soweit es geht. Ansonsten glaube ich nicht, dass ich eine bestimmte Aufgabe zu erfüllen habe. Ich handle, wenn ich gebraucht werde, und freue mich, wenn ich Erfolg habe. Ich frage auch nicht nach dem Sinn des Lebens. Ich lebe. Allerdings versuche ich, mein Leben so sinnvoll wie möglich zu gestalten, das heißt mir selbst Freude zu bereiten, indem ich anderen Freude bringe und ihnen helfe, ihr Leben zu meistern. Dann kann ich am Ende auch sagen, es war gut so.

Als Hinterbliebene kann ich nach dem Tod eines geliebten Menschen nichts mehr mit ihm besprechen und klären. Dann kann ich nur noch sagen: »Hätte ich doch …« und: »Warum habe ich nicht …?« Und das belastet. Durch meine verstorbene Freundin habe ich erlebt, wie ein offener und ehrlicher Umgang mit dem Tod das Leben bereichert und Trauer entkrampft. Wenn das Thema Sterben und Tod nicht mehr tabuisiert wäre, müssten weniger Menschen allein und verlassen im Krankenhaus oder Pflegeheim sterben. Das sogenannte Abschieben ins Heim oder Krankenhaus geschieht ja nicht aus Bosheit, sondern weil die meisten Menschen heute Angst haben, mit dem

Tod ihres Angehörigen allein gelassen zu werden. Wer als Angehöriger die Hilfe eines Hospizvereins oder einer Pflegekraft im Heim erlebt hat, weiß, dass Sterben und Tod nicht bedrohlich sind. Erst wenn unsere Gesellschaft die Hilfe am Ende des Lebens für notwendig hält und bereit ist, mehr dafür zu tun, werden die schlimmen Nachrichten aus Pflegeheimen nachlassen. Solange dort nur kontrolliert wird, ob alle Arbeiten auch fein säuberlich dokumentiert wurden, und solange der Beruf der Altenpflege so wenig geachtet wird, solange bleibt auch das Thema Sterben und Tod unerträglich und muss tabuisiert werden.

Ich will dem Tod etwas Großes geben

Susanne Aernecke · Jahrgang 1962
Regisseurin, Autorin

Gibt es ein Jenseits? Ich weiß es nicht, so wie es keiner sicher weiß. Aber ich finde, es ist eine schöne Vorstellung. Ich kann mir vorstellen, dass das Bewusstsein, die Seele, das Sein oder wie immer man es nennen will, überlebt. Ich fände es großartig, wenn es nach dem Tod weiterginge.

Ich würde mir wünschen, dass das Jenseits so ist wie die seltenen magischen Momente, die man manchmal im Diesseits erlebt, die wie ein Übergang in eine andere Welt sind. Es sind mystische Momente, in denen die materielle Welt in den Hintergrund rückt. Vor Kurzem habe ich einen solchen Moment auf der kanarischen Insel La Palma erlebt. Es war im Karneval. Tausende von Menschen liefen durch die Straßen. Alle waren in Weiß gekleidet. Die ganze Stadt sah aus, als sei sie mit feinem weißen Puder überzuckert. Und ich habe getanzt, habe die ganze wunderschöne Nacht mit einem wildfremden Mann durchtanzt. Es war wie im Rausch, wie auf einer anderen Bewusstseinsebene. Vielleicht ist das Jenseits so.

Ich sehe es nicht als Paradies und nicht als Garten Eden, sondern ich denke: Das Jenseits ist das, was wir erträumen, das es ist. Hölderlin sagte ja auch schon: Der Mensch ist ein Gott, wenn er träumt, ein Bettler, wenn er nachdenkt.

So wie kleine Kinder ihre Phantasiewelten kreieren, haben Menschen schon immer Jenseitsvorstellungen entworfen, die sich in den verschiedenen Religionen niedergeschlagen haben. Und so hat jede Kultur ihr eigenes Jenseits, mit Himmel und Hölle oder auch etwas differenzierten »mittleren Etagen«.

Heute, in der Postmoderne, bezeichnen es die Esoteriker als eine feinstoffliche Welt, als ein Sein ohne Sinne, als reines Bewusstsein, als einen Ort, an dem sich Seelen weiterentwickeln. Das ist für mich überhaupt die große Frage: Sind wir hier auf der Erde, um uns weiterzuentwickeln? Und hat das eine Konsequenz oder Weiterführung im Jenseits? Oder müssen oder dürfen wir immer wieder auf die Erde zurück?

Meine Mutter und meine Großmutter, mit denen ich aufgewachsen bin, hatten große Vorbehalte gegenüber dem Christentum, auch die 1968-Lehrer-Generation, die zu meiner Schulzeit herrschte, hat das Thema gerne unter den Tisch gekehrt. Aber religiöse Fragen tauchen nun einmal auf, und wenn sie nicht beantwortet werden, entsteht ein Vakuum. Das habe ich überbrückt, indem ich mir die Antworten von anderen Kulturen geholt habe. Das fing schon mit 18 Jahren an, als ich meinen Vater, der Kapitän auf großen Frachtschiffen war, kennenlernte und öfter mit ihm mitfahren durfte.

Die Mannschaft bestand meist aus 20 bis 25 Menschen verschiedener Nationen, die alle ihre eigenen religiösen Vorstellungen hatten und diese auch ganz sichtbar lebten. Da war der Moslem, der frühmorgens an Deck ging, seinen Kompass herauszog und dann seinen Gebetsteppich gen Osten ausrollte. Der Zweite Offizier, der aus Indien kam, war überzeugt, so eng mit dem Meer verbunden zu sein, dass er immer wieder als Seemann reinkarniert würde. Oder der Indio, der am Bug des Schiffes stand und nach Untiefen Ausschau hielt, erzählte mir von seiner Ahnenwelt, als es den Amazonas hinabging.

Später, nachdem ich Dokumentarfilmerin geworden war und in abgeschiedene Gegenden der Welt reiste, um dort Menschen zu finden, die ihre ursprüngliche Kultur bewahrt haben, hatte ich oft das Gefühl, dass dort der Tod und das Jenseits viel mehr ins Leben integriert sind als bei uns. Bei archaisch lebenden Völkern ist es völlig normal, die Ahnen um Rat zu fragen, der Schamanismus beruht auf Reisen in die »Anderswelt«, und Totenkulte oder -rituale gehören zum Alltag. Wir haben solche Rituale nicht mehr, wir gehen vielleicht am Totensonntag oder an Allerheiligen auf den Friedhof und zünden Kerzen an, aber das sind nur noch leere Hüllen einer einstigen Spiritualität. Allerdings lassen sich die Antworten fremder Kulturen nur schwer auf die eigenen Grundfragen des Lebens übertragen: »Wo komme ich her, was tue ich hier und wo gehe ich hin?«

Erst als ich an einer sechsteiligen Filmreihe über christliche Orden für 3sat zum ersten Mal im eigenen Kulturkreis gearbeitet habe, merkte ich, dass auch wir Antworten haben, die nicht alle per se vom Tisch zu wischen sind.

Ich traf auf christliche Nonnen und Mönche, die mir – ganz entgegen ihrem angestaubten Image – nun wie spirituelle Vorbilder vorkamen, die es in unserer Gesellschaft ja sonst kaum gibt. Diese Menschen hatten sich für ein kontemplatives Leben entschieden und engagierten sich gleichzeitig für Menschen am Rande der Gesellschaft. Ihre tatsächlich gelebte christliche Nächstenliebe hat mich sehr beeindruckt und wieder ein bisschen mit meiner eigenen Kultur und Religion versöhnt. Ihr unerschütterlicher Glaube an Jesus Christus, der so heil oder heilig war, dass er als Gottes Sohn aus Liebe zur Menschheit am Kreuz gestorben ist, ergab für mich zum ersten Mal Sinn. Und insofern scheint mir die christliche Jenseits- oder Gottesvorstellung, die durch Liebe, Vergebung und einen immer wieder möglichen Neubeginn definiert ist, gar nicht mehr so übel.

Unsere säkulare Gesellschaft verdrängt nicht nur religiöse Fragen, sondern vor allem den Tod. Viele Menschen sind älter als fünfzig Jahre und haben noch nie jemanden sterben sehen. Der Tod ist etwas, das im Krankenhaus oder im Altenheim geschieht. Früher sind Opa und Oma zu Hause gestorben, und alle konnten sich verabschieden. Heute kennt man solche Szenen nur noch aus alten Filmen: das Schließen der Augenlider und das Öffnen des Fensters, damit die Seele hinausfliegen kann. In Griechenland habe ich in einem kleinen Dorf das stundenlange Klagen der Klageweiber erlebt, nachdem jemand gestorben war. Bei uns werden Tote ja noch nicht einmal mehr zu Hause aufgebahrt, wie das früher der Fall war, und Kindern will man den toten Opa im Haus ersparen. Wir sind dem Tod entfremdet, und wenn etwas fremd ist, hat man Angst davor. Der Tod ist etwas Unheimliches, etwas, wovor man sich fürchtet. Kaum jemand sieht ihn als Übergang oder Neuanfang.

Ich selbst bin dem Tod zum ersten Mal begegnet, als ich noch ein kleines Mädchen war. Ich erinnere mich noch genau daran: Ich war vielleicht vier oder fünf Jahre alt und ging spazieren. Ein Mann mit einem Schäferhund kam uns entgegen, und gleichzeitig kam von der anderen Seite eine Frau mit einem Dackel. Plötzlich fiel der Schäferhund den kleinen Hund an, es war nicht möglich einzugreifen. Er biss dem Dackel die Kehle durch. Diese gewaltsame Konfrontation mit dem Tod war für mich furchtbar, und ich habe noch oft davon geträumt.

Einige Jahre später habe ich den Tod ganz anders erlebt. Ich war 13 oder 14 Jahre alt und verbrachte die Ferien bei meiner Großmutter, die in Spanien lebte. Damals wurde ich Zeuge eines schweren Verkehrsunfalls, der genau neben mir passierte: Ein Mann wurde von seinem Motorrad auf die Straße geschleudert und blieb schwer verletzt liegen. Ich ging zu ihm, ich habe ihm meine weiße Sommerjacke unter den Kopf gelegt und bin bei ihm geblieben. Und dann habe ich gemerkt, wie er stirbt. Mir war ganz bewusst: Der stirbt jetzt. Es hatte fast etwas Friedliches, Ruhiges, es hat mich nicht erschreckt.

Wirklich schlimm war der Tod meiner Großmutter, zu der ich ein sehr inniges Verhältnis hatte. Sie war nach Deutschland zurückgekehrt, um sich zu verabschieden und um zu sterben. Ich konnte sie nicht bei mir zu Hause aufnehmen und habe in der Nähe ein Pflegeheim für sie gefunden. Sie hat dort nur noch wenige Wochen gelebt. Am Tag ihres Todes war ich bei ihr. Eine Schwester sagte zu mir, ich müsse mir keine Sorgen machen, heute würde nichts mehr passieren. Ich bin nach Hause gegangen, doch eine halbe Stunde später klingelte das Telefon. Sie war gestorben.

Ich habe mir jahrelang Vorwürfe gemacht, dass ich an diesem Tag nicht geblieben bin. Später wurde mir erzählt, es sei oft so, dass Menschen warteten, bis der geliebte Mensch gegangen sei, um dann allein zu sterben. Das hat mich getröstet.

Ich selbst möchte nicht allein sterben. Ich fände es toll, wenn meine Freunde und meine Familie bei mir wären und sich von mir verabschiedeten und wir uns vielleicht vorgaukelten, wir sehen uns in einem nächsten Leben oder im Jenseits wieder. Ob es nun wahr ist oder nicht, es ist eine schöne Vorstellung, die

Menschen wiederzusehen, die einem nahe sind, mit denen man gemeinsam etwas erlebt hat, mit denen einen etwas verbindet.

Auch wenn es schwierig ist, allgemeingültige Bilder vom Jenseits zu entwerfen, ist die individuelle Vorstellung davon wichtig. Schon Kinder sollten in der Schule angeregt werden, Bilder zu malen, wie sie sich die Ewigkeit vorstellen. Der Tod und das Jenseits sollten wieder zu etwas Selbstverständlichem werden, denn schließlich ist ja jeder ohne Ausnahme irgendwann davon betroffen. Es wäre gut, wenn auch die Kirche dieses Thema auf eine zeitgemäße Weise ins Gespräch bringen würde. Denn jeder, der eine positive Jenseitsvorstellung hat oder auch nur den Hauch einer Ahnung, was Ewigkeit ist, würde manche schwere Lebenssituationen wie Verluste, Trennungen oder schwere Krankheiten vielleicht etwas leichter nehmen können.

Ich finde es vor allem deshalb wichtig, sich mit dem Tod und dem Jenseits zu beschäftigen, weil es dazu führt, sich mehr mit seinem Leben auseinanderzusetzen. Das forderten ursprünglich alle Religionen. Ganz simpel: Wenn du hier ein gutes Leben führst, wird es dir auch im Jenseits gut gehen. Die Menschen sollten sich mit ihren Taten auseinandersetzen und wissen, dass sie nicht ohne Folgen bleiben werden. Solche Glaubenskonzepte, auch wenn sie fast fundamentalistisch wirken, gaben Sicherheit: Wenn du gut bist, kommst du in den Himmel, wenn du böse bist, kommst du in die Hölle. Das waren klare Anweisungen. Die Unsicherheit dagegen lässt viele Möglichkeiten zu, und es fällt den meisten Menschen sehr schwer, in Unsicherheit oder Unklarheit zu leben.

Ich selbst habe mich mit diesem »Ich weiß es nicht« angefreundet. Ich weiß nicht, ob meine Seele nach dem Tod weiterlebt. Aber falls es so ist, ist man im Jenseits auf alle Fälle besser aufgestellt, wenn man sich im Diesseits wenigstens ein paar Punkte verdient hat. Ich versuche so zu leben, als ob die Umstände meines Lebens Einfluss auf das Danach hätten, als ob das Leben eine Vorbereitung auf das Jenseits wäre.

Wir alle haben hier unterschiedliche Aufgaben zu erfüllen, die uns helfen zu wachsen. Dabei machen wir Fehler und geraten in Krisen. Aber je gestärkter wir daraus hervorgehen, desto furchtloser können wir später vielleicht dem Tod, dem Jenseits oder auch Gott ins Auge schauen.

Meine eigene Aufgabe sehe ich in dem, was ich mache. Ich bin eine Erklärerin, eine Brückenbauerin: Ich versuche, mit Filmen zwischen den verschiedenen Religionen oder Kulturen und den Menschen Brücken zu bauen, auf meine persönliche Art und Weise, ohne Wissenschaftlerin, Politikerin oder Diplomatin zu sein. Ich suche die Erklärungen im Leben bei den Menschen, weniger in Büchern. Und ich versuche, dafür eine allgemein verständliche Sprache und Bildsprache zu finden. Dadurch mache ich auch mir selbst das Leben bewusster, das um mich herum geschieht. Ich muss aufmerksam sein, weil ich das Erlebte ja in konzentrierter Form später weitergeben muss. Und dadurch entwickle ich mich selbst weiter.

Das Wort »entwickeln« verstehe ich wörtlich. Wir sind aufgrund unserer Erziehung und aufgrund von Kindheitsmustern oft in uns selbst verwickelt wie ein Knäuel. Das Leben gibt uns Möglichkeiten, uns zu entwickeln, also das Knäuel aufzuwickeln. Dabei versteht man mehr und mehr, wo Anfang und Ende sind und was dazwischen ist. Und am Ende des Fadens, wenn alles entwickelt ist, sieht man ein klares Bild oder eine Linie des Lebens. Ich sehe mein eigenes Leben manchmal wie ein Bild von Miró, bunt, mit vielen Veränderungen. Auf den ersten Blick ist gar nicht zu erkennen, was es eigentlich darstellen soll. Aber wenn man mit Abstand hinsieht, erkennt man, dass es tatsächlich ein Bild ist, abstrakt vielleicht, aber ein vollständiges Bild. So ist es möglicherweise, wenn man am Ende seines Lebens Abstand zu sich selbst hat und zurückschaut.

Ich glaube, dass der Tod auch etwas mit Geben zu tun hat. Und wenn ich gebe, will ich etwas Großes, etwas Schönes geben. Wenn ich ein erfülltes Leben geben kann in dem Augenblick, in dem der Tod an meine Tür klopft, kann ich etwas Großes geben. Und darum möchte ich ein erfülltes Leben haben.

Ich habe große Freude am Fremden und Unbekannten. Ich bin ein sehr neugieriger Mensch, und es gibt für mich immer wieder Anreize zu forschen, zu entdecken und mich zu entwickeln. Das Wichtigste ist jedoch, mit sich selbst und seinem Leben ins Reine zu kommen: zu erkennen, warum ich was gemacht habe, ob es nun falsch oder richtig war. Denn oft stellt sich viel später heraus, dass das Falsche das Richtige war und umgekehrt. Darauf kommt es an. Zu verstehen, warum ich bin, wie ich bin. Nur so kann ich alte Muster ablegen und irgendwann bei mir selbst ankommen und sagen: »Ich bin.« Es geht darum, unser Sein so zu entwickeln, dass es wieder übereinstimmt mit der Seele, mit der wir hierhergekommen sind. Wenn ich es nicht schaffe, die Knoten in meinem Leben zu lösen, nehme ich sie vielleicht mit und muss sie in einem nächsten Leben lösen. Kann sein … Wenn man im Leben sagen kann: »Ich bin« und nicht: »Ich besitze, ich brauche, ich erwarte, ich will«, wenn man beim »Ich bin« angekommen ist, kann man beruhigt hinübergehen, dann ist man gerüstet.

Noch aber finde ich das Leben wunderbar, fühle ich mich wohl als Reisende, als Noch-nicht-Angekommene, und würde gerne sehr alt werden und dabei gesund bleiben. Solange man sein Leben gestalten, ihm einen Sinn geben kann, ist es unglaublich schön zu leben. Und wenn's zu Ende ist, ist es eben zu Ende. Manchmal denke ich, man wird gelebt, und auch das Ende kommt, wann es kommen soll. Darauf habe ich wenig Einfluss. Ich kann höchstens dafür sorgen, dass ich einigermaßen gesund lebe und mir nicht zu viel Stress mache. Das Leben wird schon wissen, wann es vorbei sein soll.

Ohne den Tod ist alles beliebig

Gerold Eppler · Jahrgang 1960
Steinmetz, Kunstpädagoge

Wenn ich einen Koffer dafür packen würde, dann käme jedenfalls meine Bahncard fünfzig mit hinein, damit ich für die Rückreise nur den halben Preis zahlen muss.

Ich bin sehr gern in unserem Diesseits. Deshalb hätte ich gegen eine Rückkehr nichts einzuwenden. Ich bin zufrieden mit meinem Beruf, und ich bin glücklich mit meiner Familie. Deshalb möchte ich auch sehr alt werden. Wie alt genau, das hängt davon ab, in welcher Verfassung ich sein werde. Ich liebe mein Leben und würde es nicht ohne Weiteres aufgeben.

Ewig leben möchte ich allerdings auch nicht. Mein Sohn würde sich darüber freuen. Er ist zehn Jahre alt und hofft darauf, dass das Leben nie zu Ende geht. Aber für mich ist die Aussicht, ewig zu leben, keine Alternative. Alles würde sich dann relativieren. Deshalb blicke ich dem Tod auch mehr oder weniger gefasst ins Auge, und ich hoffe, dass das so bleibt. Natürlich freue ich mich nicht unbedingt auf das Ende, und der Gedanke daran ist durchaus auch mit gewissen Ängsten verbunden, wie häufig, wenn man etwas Unbekanntem gegenübersteht. Man hat schließlich noch keine überprüfbaren Erfahrungen vorzuweisen. Der Blick von außen führt ebenfalls nicht sehr weit; denn wenn man sich den eigenen Tod vorstellt, lebt man ja schließlich noch.

Vor dem Sterben habe ich dagegen weniger Angst. Es gibt heute in der Medizin wirksame Mittel zur Schmerzlinderung, sodass ich selbst bei einem schwierig verlaufenden Sterbeprozess kein Problem sehe. Ich wünsche mir vor allem, dass man respektvoll mit mir umgeht, wenn ich selbst in eine solche Situation gerate. Die Verfahrensweisen, die sich in einigen Krankenhäusern etabliert haben, sind natürlich problematisch. Aber ganz egal, wohin man kommt, es finden sich immer auch Menschen, die ihre Arbeit ernst nehmen und betroffene Menschen, ganz gleich in welcher Verfassung sie sind, ganzheitlich und respektvoll annehmen. Deshalb sehe ich dem Sterben eher gelassen entgegen. Natürlich wäre Kontrollverlust schlimm, aber er wäre für mich kein Grund, eine Verfügung auszufüllen, in der ich festlegen würde, dass deshalb mein Leben beendet werden solle.

Ebenso wenig würde ich bindende Verfügungen über meine Bestattung treffen. Auf den ersten Blick scheint es hilfreich zu sein, die eigenen Angehörigen von dem Prozess der Entscheidungsfindung zu entlasten. Auf der anderen Seite ist man selber tot und hat selbst wenig von der Veranstaltung. Da die Ausgestaltung der Feier denjenigen helfen soll, die weiterleben und die mit dem Verlust fertigwerden müssen, sollten sie auch die Entscheidungen treffen können. Vielleicht kommen die Familienangehörigen nicht damit zurecht, wenn man beispielsweise veranlasst, dass man kremiert wird oder seinen Körper der Anatomie vermacht. Das möchte ich ihnen nicht zumuten.

Umgekehrt wüsste ich durchaus, was ich für andere tun würde. Beim Tod der Menschen, die ich liebe, würde ich versuchen, möglichst viel selbst zu erledigen. Wenn meine Frau sterben würde oder mein Sohn, dann kann ich mir kaum vorstellen, sie jemand Fremdem zu überlassen, der möglicherweise mit ihnen hantiert wie mit einem Ding oder einer Sache. Wenn ich dazu in der Lage wäre, würde ich die Versorgung des Leichnams, weil sie sehr intim ist, nicht aus der Hand geben. Ich könnte mir sogar vorstellen, das Grab zu schaufeln.

Gewiss ist es hilfreich, sich immer mal wieder mit der Familie über alle Regelungen für das eigene Begräbnis oder Wünsche für das Grab zu unterhalten. Nur so lernt man die unterschiedlichen Vorstellungen kennen und kann sie berücksichtigen. Vielleicht leben die Kinder weit entfernt vom eigenen Lebensmittelpunkt oder müssen beruflich bedingt häufig umziehen. Weil wir davon ausgehen können, dass wir alle sehr alt werden, und wir davon ausgehen müssen, dass sich bis dahin unsere Lebensumstände noch mehrfach ändern, kann man meiner Meinung nach solche Entscheidungen schlecht langfristig und endgültig treffen. Ein Begräbnis muss passen, aber nicht nur für den, der gestorben ist, sondern auch für die, die zurückbleiben.

Einen Wunsch hätte ich dennoch, wenn es um mein Grab geht. Ein alter Freund sollte meinen Grabstein entwerfen. Wir haben zusammen unsere Ausbildung gemacht, und er ist ein hervorragender Steinmetzmeister, der jetzt im Baubereich arbeitet. Er hat immer noch sehr gute Ideen, und wenn ich sterbe, könnte er wieder einmal seine Kreativität ausleben. Ich wünsche mir von ihm etwas Pfiffiges. Die Standardgrabzeichen, die überall zu kaufen sind, kämen für mich nicht in Frage. Da würde ich lieber ganz auf eine Kennzeichnung der Grabstätte verzichten.

Obwohl ich mein Leben sehr liebe, ist der Tod mein ständiger Begleiter, und zwar auf ganz unterschiedlichen Ebenen. Ein sehr belastendes Erlebnis hatte ich in Südfrankreich an einem See. Ich sah, wie jemand schwimmen ging. Er durchquerte den See mit gleichmäßigen Zügen. Plötzlich winkte er heftig. Bis ich endlich verstanden hatte, dass er im Begriff war zu ertrinken, war es zu spät. Zwar bin ich noch ins Wasser gesprungen und habe nach ihm getaucht. Doch konnte ich ihn nicht mehr erreichen. Dieses Unglück ist mir sehr lange nachgegangen, und ich hatte starke Schuldgefühle. Ich hatte die Gelegenheit gehabt, einen Menschen vor dem Tod zu bewahren, und habe zu spät reagiert.

Während meiner Ausbildung zum Steinmetz bin ich auch einmal selbst in Lebensgefahr geraten. Bei Renovierungsarbeiten in einem alten Schloss sprang ich mit einem großen, schweren Hebeisen von einem Betonsockel. Dabei rammte ich das Eisen in die Erde und traf ein Stromkabel. Der Stromschlag hat mich richtig umgerissen. Damals erlebte ich das, was viele Menschen bei ähnlichen Ereignissen als Nahtoderfahrung beschreiben: das Gefühl, dass man den eigenen Körper verlässt; dass man die Situation aus der Vogelperspektive betrachtet; dass man von außen betrachtet, wie man reagiert. Ich hörte mich schreien, und es klang so fremd, als würde ich mich selbst in einem Film sehen. Ich dachte: Was machst du da, und warum klingt das so merkwürdig? Doch ich konnte absolut nichts dagegen tun. Ein Arbeitskollege kam mir glücklicherweise sofort zu Hilfe und hat mich geschüttelt.

Auch beruflich lande ich immer beim Thema Sterben und Tod. Es ist schon so auffällig, dass ich mich immer wieder mal frage, ob ich in der Konfrontation mit dem Thema irgendetwas abarbeiten muss. Im Krankenhaus habe ich als Krankenpflegehelfer auf der Inneren Station häufig mit Schwerkranken und Sterbenden zu tun gehabt. Als Steinmetz fertigte ich Grabsteine.

Meine Magisterarbeit hatte »Die Grabzeichen im 20. Jahrhundert« zum Thema. Und jetzt arbeite ich als wissenschaftlicher Mitarbeiter im Museum für Sepulkralkultur. Doch noch immer habe ich keine Ahnung, welcher Auftrag sich damit verbinden könnte.

Im Großen und Ganzen bin ich jedoch ein rationaler Mensch. Ich glaube nicht, dass nach dem Tod noch etwas kommt. Ich bin mir noch nicht einmal sicher, ob ich mir wünsche, dass es nach dem Tod weitergehen sollte. Natürlich möchte jeder, dass sich die schönen Erfahrungen fortsetzen. Doch wenn sich das Schöne und Erfreuliche fortsetzt, muss man auch damit rechnen, dass das Unangenehme fortbesteht. Und es gibt einige Personen, die ich auf keinen Fall mehr antreffen möchte – weder hier noch in einem Jenseits. Es ist wie bei vielen Dingen: Man wünscht sich eher das Angenehme; das Missliche wird ausgeblendet. Deshalb ist eine solche Auffassung ein Stück weit naiv – aber schön! Was ich sicher weiß, ist, dass sich das, was ich jetzt bin, nach dem Tod verändern wird. Selbst Steine lösen sich irgendwann auf und werden zu Mineralien, und daraus entsteht wieder etwas Neues. So ähnlich kann ich mir das bei mir vorstellen: Mein Körper löst sich auf, und dann entwickelt sich daraus irgendetwas anderes. Nichts Ergreifendes, sondern einfach etwas auf der biologischen, energetischen Ebene. Dass ein Geist, eine Seele oder sonst etwas Übernatürliches von mir übrig bleibt und dann weiter fortbesteht, glaube ich nicht.

Das ist aber keine Auffassung, die ich bei meiner Arbeit verbreite. Ich möchte es schon deshalb nicht, weil ich weiß, dass es andere Vorstellungen leichter machen, mit dem Faktum der eigenen Endlichkeit fertigzuwerden. Ich werde mit Sicherheit niemandem ausreden, dass es ein Leben nach dem Tod gibt, denn ich bin überzeugt, dass diese Vorstellung über sehr vieles hinwegtrösten kann. Nur fehlt mir einfach der Glaube daran.

Früher war das anders. Aber irgendwann gab es einen Bruch, und damit ging mir der Glaube verloren. Das heißt jedoch nicht, dass ich die Vorstellung von einer Weiterexistenz im Jenseits bei anderen nicht respektiere.

Im Gegenteil, obwohl ich nicht an ein Leben nach dem Tod glaube, versuche ich die Menschen in dieser Auffassung zu bestärken. Doch unabhängig davon, was sie nach dem Tod erwarten, sollen die Menschen, die hier ins Museum kommen, darüber nachdenken, wie sie jetzt leben und was das Leben für sie bedeutet. Bei praktischen Fragen versuche ich, die Menschen so zu beraten, dass sie zu den Formen finden, die ihnen entsprechen. Beispielsweise bei der Betreuung von Abschlussarbeiten: Wenn Diplomanden im Museum an einer Gestaltungsaufgabe sitzen, versuche ich nicht, meine Auffassung von einer guten Lösung durchzusetzen, sondern helfe ihnen dabei, ihr persönliches Anliegen herauszuarbeiten, das ja ein Stück weit den Ausschlag gegeben hat, sich mit diesem Thema zu beschäftigen. Gerade bei Verarbeitung von Verlusterfahrungen geht es nicht nur um Ästhetik. Es geht darum, etwas zu entwerfen, das hilfreich sein kann. Und dabei gibt es höchst unterschiedliche Lösungsansätze. Auch wenn Betroffene ins Museum kommen, um beispielsweise nach einem Grabstein zu suchen, nehme ich mir die Zeit, sie so lange durch unsere Ausstellung zu führen, bis sich ihre Vorstellungen konkretisieren. Erst dann schicke ich sie zu Menschen, die ihnen dabei helfen, die Ideen umzusetzen.

Nun wird in unserer Gesellschaft der Tod auf eine ganz merkwürdige Art verdrängt. Auf der persönlichen Ebene vermeidet man das Thema. Auf der medialen ist man von ihm fasziniert. Hier ist man gerne bereit, sich am Tod anderer zu ergötzen. Dieser Tod ist unterhaltsam und deshalb immer präsent. Was geflissentlich übersehen wird, ist die Tatsache, dass man selbst sterben muss. Die eigene Endlichkeit wird nicht reflektiert. Und weil die Bilder vom Tod die Menschen nicht auf der persönlichen Ebene erreichen, fühlen sie sich auch nicht veranlasst, darüber nachzudenken, was der Tod für sie persönlich bedeutet und wie sie ihr Leben sinnvoll gestalten könnten.

Was ich heute oft beobachte, ist ein fahrlässiger Umgang mit der eigenen Endlichkeit. Viele gehen davon aus, dass sie mehrfach leben werden. Andere hoffen, dass man irgendwann einmal ihr Bewusstsein auf einer Festplatte speichern wird und sie auf die Weise weiterexistieren werden. Wieder andere würden sich am liebsten einfrieren lassen in der Hoffnung, dass findige Mediziner sie zu einem späteren Zeitpunkt wieder zum Leben erwecken. Das alles sind Entwicklungen, die meiner Auffassung nach gut dazu angetan sind, die Lebenszeit zu vertun.

Wenn man die eigene Endlichkeit nicht begreift, begreift man auch nicht, wie kostbar das Leben ist. Negiert man den Tod, wird schnell vieles beliebig. Keine Beziehung hat mehr einen Wert, weil sich alles wiederholen lässt. Allein das ist Grund genug, sich mit Sterben und Tod zu beschäftigen. Dann gelangt man möglicherweise zu der Erkenntnis, dass das Leben ein äußerst kostbares Gut ist, das man so lange wie möglich bewahren sollte.

Nur sollte man sich von der Tatsache, dass jeder einmal sterben muss, nicht entmutigen lassen. Trotz der Strukturen, in die wir verstrickt sind, haben wir sehr viele Gestaltungsmöglichkeiten. Man muss nicht unbedingt etwas Großartiges bewegen. Manchmal reicht es aus, dass man nicht nur eigennützig handelt, sondern andere unterstützt, dass man Prozesse fördert, die etwas bewirken. Das alles hat weniger mit Glaubensauffassungen zu tun als mit einer vielleicht humanistischen Grundhaltung, die Menschen in den Mittelpunkt der Handlung stellt und versucht, sich auch am Wohl der anderen zu orientieren.

Danach versuche ich zu leben. Dann kann ich womöglich am Ende sagen, das Leben war gut. Schön wäre ein unspektakuläres Ende. Wie bei meinem Vater. An einem Sommerabend kurz nach seinem siebzigsten Geburtstag saßen er und meine Mutter nachmittags im Garten und haben eine Weile mit den Nachbarn geplaudert. In der Nacht wachte mein Vater auf und unterhielt sich kurz mit meiner Mutter. Über den Tag. Über die gemeinsam verbrachten Jahrzehnte. Ein knapper Rückblick, er war zufrieden. Drei Stunden später war er tot. So könnte ich mir auch meinen Abgang vorstellen. Ein ganz normaler Tag.

Sollte es demnächst so weit sein, müsste ich vorher noch eine Kleinigkeit erledigen. Ich fahre einen alten Volvo und würde gerne sicherstellen, dass mein Sohn ihn irgendwann einmal übernehmen kann. Das Fahrzeug müsste deshalb gut untergebracht und gewartet werden, damit mein Sohn, wenn er volljährig ist, ein Surfbrett aufs Dach packen und losziehen kann. Wenn dann die Familie auch noch wirtschaftlich abgesichert wäre, könnte ich mich guten Gewissens verabschieden. Das Einzige, was ich wirklich gerne auf die letzte Reise mitnehmen würde, wäre mein Ehering.

Wir sterben mit einem Lächeln

Ulrike Rüddel · Jahrgang 1981
Ärztin
Hendrik Rüddel · Jahrgang 1978
Arzt, Anästhesist

Hendrik: Wenn ich mir vorstelle, ich würde von einem Berg aus auf mein Leben schauen, sehe ich einen geraden, ziemlich steil ansteigenden Weg. Ich wusste schon früh, welchen Weg ich beruflich einschlagen wollte, und habe das dann auch im Studium und in meiner Arbeit versucht, so konsequent wie möglich umzusetzen. Jetzt bin ich gerade dreißig Jahre alt und frage mich: Wie bist du hierhin gekommen? Du hast den Job, den du früher spießig gefunden hast. Du gehst morgens zur Arbeit und kommst abends zurück, wenn du keinen Nachtdienst hast. Einmal im Monat kommt ein Brief, in dem steht, was dir das bringt. Du denkst, meine Güte, wie konnte das alles passieren. Und auch wenn man es sich früher nicht vorstellen konnte, es macht Spaß.

Ulrike: Mir fällt bei so einem Rückblick als Erstes der Satz ein: Wenn es ein Wetter gibt, dann scheint die Sonne, was bedeuten soll, ich bin auf der Sonnenseite des Lebens. Ich hatte eine glückliche Kindheit. Ich bin in Sachsen geboren, und meine Eltern haben viel Wert darauf gelegt, dass mein Bruder und ich Sprachen lernen und etwas von der Welt sehen, das, was sie nicht konnten. Das habe ich als sehr bereichernd empfunden. Weil sie beide Arbeit hatten, konnte ich das studieren, wozu ich Lust hatte. Jetzt habe ich mein Medizinstudium gerade zu Ende gebracht, was für mich ein Meilenstein ist. Ich glaube, dass es für jeden Menschen eine oder mehrere Aufgaben gibt, deretwegen er hier ist – und ich freue mich darauf, meine Lebensaufgabe zu entdecken. Diese Suche ist für mich einer der wichtigsten Gründe, warum ich gern lebe.

Hendrik: Für mich sind es ganz viele Kleinigkeiten, warum ich Spaß am Leben habe. Ich bin noch nicht satt! Ich will noch so viel sehen, so viel erleben. Zum Beispiel ist der FC Köln ein paar Tage, bevor ich auf die Welt gekommen bin, zum letzten Mal Meister geworden. Ich würde das gern einmal sehen, wenn die die Schale hochhalten. Andersherum habe ich mich mal gefragt: Was wäre für dich ein Grund, dir das Leben zu nehmen? Es gibt Millionen Gründe, darüber nachzudenken, aber keinen einzigen, es zu tun. Ich will immer wissen, was kommt, ich will immer wissen, wie es weitergeht. Sterben werde ich schon von alleine, darum muss ich mich nicht kümmern.

Ulrike: Unsterblich möchte ich aber auch nicht sein. Es ist gut, dass alles seine Zeit hat, dadurch wird es so kostbar. Früher wollte ich so alt werden wie meine Uroma. Sie ist mit 96 gestorben und war bis zuletzt gesund. Im Laufe der Jahre habe ich festgestellt, dass nicht alle Leute so gesund so alt werden und manche auch zu früh sterben. Heute wünsche ich mir, dass ich meine Enkel sehen kann. Aber wichtiger als die Jahreszahl ist der Zustand, in dem man alt wird. Ich glaube, jeder wünscht sich einen Tod, der nicht qualvoll ist. Wahrscheinlich ist man im Laufe des Alterns auch mit weniger Gesundheit zufrieden und hat trotzdem ein erfülltes Leben. Für mich wird sich das mit der Zeit von selbst beantworten.

Hendrik: Mir ist es gleichgültig, wie alt ich werde. Im Moment macht das Leben mir Spaß. Aber wenn es vorbei ist, dann ist es vorbei. Ich möchte auf keinen Fall unsterblich sein, das gehört dazu, wir werden geboren, wir sterben.

Ulrike: Eine gewisse Form von Unsterblichkeit gibt mir mein Glaube. Für mich ist das Leben hier auf der Erde ein irdisches Dasein. Der Gedanke, dass die Welt des Herrn weiter reicht als das Leben, das wir kennen, ist für mich ein Trost.

Hendrik: Ich glaube auch daran, dass ein Leben nach dem Tod kommt. Was mich aber zusätzlich fasziniert, ist, mich auf andere Weise unsterblich zu machen. Mich reizt der Gedanke, irgendetwas zu produzieren, zu entwickeln, zu erfinden, das mich zu einem Menschen macht, an den man sich erinnert. Das würde mich freuen, so eine Eitelkeit habe ich durchaus.

Ansonsten mache ich mir im Moment zwar Gedanken, aber wenig Sorgen um Sterben oder Siechtum. Ich komme aus einer Bauernfamilie. Bei uns werden alle alt und sterben in den Schuhen.

Ulrike: Aber stell dir vor, du hättest nur noch ein halbes Jahr. Was wäre dir dann wichtig?

Hendrik: Also in unserer Situation – wenn ich nur noch ein halbes Jahr hätte – müssten wir uns über ein Kind unterhalten. Ob wir den Willen haben zu sagen, ja, wir zeugen ein Kind, auch wenn es dann vielleicht ohne Vater aufwächst. Ich habe darauf im Moment keine Antwort. Aber das müssten wir zumindest überlegen.

Ulrike: Den Gedanken hatte ich auch, aber wenn ich nur noch ein halbes Jahr zu leben hätte, würde es auch für ein Kind nicht reichen. Wenn du in einem halben Jahr sterben würdest, und das würde definitiv feststehen – ja, ich glaube, ich hätte die Kraft, unser Kind allein großzuziehen. Wenn es die Möglichkeit gäbe, etwas von dir auf diese Art bei mir zu haben, dann würde ich das wollen, glaube ich.

Hendrik: Was ich nicht wollte, wäre, unter allen Umständen weiterzuleben. Also zum Beispiel mit einer dauerhaften, schweren Hirnschädigung. Oder mit einer Querschnittlähmung, bei der man nur noch den Kopf bewegen kann. Ich habe zwar keine Angst davor – wenn so etwas passiert, hat mir die ganze vorherige Angst auch nicht geholfen –, aber ich habe für mich definiert, dass ich das nicht will. Deshalb habe ich auch in meiner Patientenverfügung formuliert, dass ich bestimmte Behandlungen nicht möchte. Bei allem Glauben an medizinischen Fortschritt – bei manchen Dingen will ich mich nicht darauf verlassen, dass man sie irgendwann einmal heilen kann.

Ulrike: Wenn ich es mir aussuchen könnte, würde ich mir natürlich auch ein qualfreies Sterben wünschen. Aber ich denke, jeder trägt etwas in sich, seine Situation zu meistern, da bin ich, was mich betrifft, zuversichtlich.

Vor dem Tod habe ich keine Angst. Da bin ich vielleicht auch durch meine Eltern geprägt. Sterben ist ein Begriff, den ich auf eine Lebensphase ausweiten würde. Mein Vater hat immer gesagt, der Tod gehört zum Leben, und das Sterben ist die Zeit bis dahin. Wo das Sterben anfängt, ist eine philosophische Frage.

Hendrik: Ich hatte am Anfang meines Berufslebens insofern Angst vor dem Tod, als er Teil unserer Arbeit ist. Es dauert eine Weile, bis man den Tod nicht mehr als Gegner oder sogar Feind, eben als das sieht, was es zu bekämpfen gilt. Je besser man fachlich wird, desto mehr legt man auch ein bisschen die Angst davor ab, dass die eigenen Fehler sofort bedeuten, dass ein anderer Mensch stirbt. Obwohl das natürlich passieren kann. Man hört irgendwann sogar auf, den Tod als Gegner zu sehen. Man gibt sein Bestes und kann oft nachhaltig helfen. Und manchmal kann man es nicht.

Ulrike: Bei meiner Arbeit im Hospiz fällt mir immer wieder auf, dass die Sterbenden irgendwann merken, dass es zu Ende geht. Dann geht von ihnen eine beruhigende Gewissheit aus. Wenn das wirklich so ist, dass man das selber merkt, wäre es schön, im Einklang mit sich selbst zu sein. Alles andere spielt dann keine große Rolle. Ich würde mir wünschen, dass ich

Frieden mit mir habe und mir nicht selbst den Kampf ansage und unfreiwillig gehe.

Hendrik: Das fällt mir jedes Mal auf: Wenn Menschen sterben, also nicht durch einen Unfall, sondern einfach sterben im Krankenhaus: Sie lächeln fast alle. Wenn sich das Gesicht entspannt, legt sich ein ganz mildes Lächeln auf das Gesicht.

Ulrike: Ganz pragmatisch hat mal jemand zu mir gesagt, das liegt an der Schwerkraft. Aber ich fand den Gedanken schöner, dass sie lächeln, weil ich das selbst beobachte und sehr passend finde.

Hendrik: Das passt auch gut zu meinem Glauben, dass es den Leuten nach dem Tod besser geht. Warum sollen sie dann nicht auch lächeln? Das ist immer noch eine wichtige Erfahrung für mich, wenn ich erlebe, wie jemand stirbt. Es gibt natürlich auch Schlimmes, Unfallopfer zum Beispiel, die ich als Notarzt sehe. Wahrscheinlich liegt es an meinem rheinischen Optimismus, dass ich dann denke: Dann war es wenigstens kurz.

Ulrike: Und wie ist es bei Menschen, die dir nahestehen?

Hendrik: Meine Großmutter mütterlicherseits ist im November 2007 gestorben nach einer mehrmonatigen sehr schweren Krankheit. Ihr Tod war tatsächlich eine Erlösung. Das wurde von allen Beteiligten so wahrgenommen, und ich glaube, auch von ihr selbst. Sie lag nach einer Serie von schweren Schlaganfällen ohne Bewusstsein im Krankenhaus. Meine Familie – also meine Eltern und wir drei Geschwister – hat damals sehr verstreut gelebt, aber wir haben uns bei ihr getroffen und haben zusammen Stunden in ihrem Zimmer verbracht. Ich habe gelesen oder mich einfach auf das andere Bett in ihrem Zimmer gelegt und geschlafen. Irgendwann haben wir beschlossen, kurz zum Abendessen nach Hause zu gehen. Und ich könnte schwören, man hätte hören können, wie meine

Großmutter sagte, jetzt lasst ihr mich mal alle einen Augenblick in Ruhe, ich hab' hier noch was zu erledigen. Als wir nach einer Stunde zurückkamen, war sie tot. Es gab vorher kein Anzeichen dafür, dass das unmittelbar bevorstand. Meine Mutter hat das schwer getroffen. Sie hat sich Vorwürfe gemacht, weil sie nicht dabei war. Aber ich bin mir sicher, wenn sich die Oma das hätte aussuchen können, dass sie gesagt hätte, das mache ich alleine.

Ulrike: Persönlich hat mich der Tod meines Vaters am meisten berührt. Er war 52 Jahre alt, als er beim Radfahren an einem Sonntag gestorben ist. Er stand mitten im Leben, er war berufstätig, und wir hatten noch viel vor, zusammen und auch er für sich allein. Bis heute fällt es mir manchmal schwer, seinen Tod zu akzeptieren. Aber inzwischen sage ich mir, immerhin haben wir 24 Jahre miteinander verbracht. Und auch wenn er mir heute noch in manchen Lebenslagen fehlt, denke ich, er wäre nicht gegangen, wenn ich das nicht auch alleine bewältigen würde. Damit spreche ich mir manchmal Mut zu.

Ich denke, diese Erfahrung hat sehr dazu beigetragen, dass ich angefangen habe, im Hospiz zu arbeiten. Schon der Vorbereitungskurs war eine wunderbare Selbsterfahrung. Ich habe viel über Tod und Sterben nachgedacht: Wo stehe ich, und wie reagiere ich auf meine Umwelt in solchen Situationen, wie lasse ich den anderen gelten? Alle diese Fragen werden angesprochen. Das kann ich nur jedem empfehlen, der sich dafür interessiert. Es klingt vielleicht ungewöhnlich, aber es ist bereichernd, am Sterben anderer Menschen, an ihren Gefühlen und Gedanken teilzuhaben. Wenn sie sich offenbaren, ist das ein Geschenk, das einem die Bedeutung des eigenen Lebens, die Wertschätzung des eigenen Daseins vor Augen führt.

Ich wäre selbst froh, im Sterben nicht allein zu sein. Und dann wünsche ich mir natürlich, dass es nicht zu Ende ist, wenn die Urne in die Erde gelassen wird. Ich glaube es, aber das ist nicht Wissen. Glaube ist Zuversicht.

Hendrik: Das, was du zuletzt gesagt hast, ist bei mir genauso. Aber eigentlich ist es keine Befürchtung. Wenn wirklich alles vorbei sein sollte, dann ist halt alles vorbei, dann habe ich mein Leben lang an etwas geglaubt, was nicht stimmt. Aber dann krieg' ich es auch nicht mehr mit. Das Wort Befürchtung kommt von Furcht. Ich habe keine Furcht.

Ulrike: Da fällt mir jemand ein, der mit im Hospiz-Kurs war. Er hatte lange Zeit nach einem Schlaganfall im Koma gelegen. Er erzählte uns, dass er sich wünscht, eine Sonnenbrille bei sich zu haben, wenn es ans Sterben geht. Er war schon mal nah davor, und das sei so hell gewesen. So wie es viele Menschen beschreiben, die das erlebt haben. Ich musste lachen, aber es ist so anschaulich.

Hendrik: Und was glaubst du, was dich erwartet?

Ulrike: Ich habe das deutliche Gefühl, dass ich fliegen kann. Keine Ahnung, woher das kommt. Dass ich nicht mehr auf meine Füße angewiesen bin, sondern mich viel unabhängiger bewegen kann. Ich habe überhaupt keine Vorstellung, in welcher Form des Seins man sein wird ist, ob man ein Licht ist oder an einen Körper gebunden. Ich glaube auf alle Fälle, dass es gut ist und dass es sich gut anfühlt, was mich erwartet. Für mich ist Gott im Himmel. Das ist eine Vorstellung, die ich seit meiner Kindheit habe. Und ich glaube auch, dass alle, die schon tot sind, da oben sind, auch wenn ich weiß, dass über diesem Blau der Weltraum kommt. Aber in irgendeiner Schicht dazwischen sind sie alle, zumindest möchte ich das glauben, weil ich immer in den Himmel schaue, wenn ich an die denke, die schon gegangen sind. Und wenn ich tot bin, werde ich sie wiedersehen.

Hendrik: Das glaube ich auch. Als Kind habe ich ein naives

Glaubensverständnis gehabt, so wie es vielleicht im Religionsunterricht vermittelt wurde: Der liebe Gott im Himmel und wir auf der Erde. Irgendwann beißt sich das mit der naturwissenschaftlichen Erkenntnis des Weltraums, aber das kann man im Lauf seiner persönlichen Entwicklung abstrahieren. Was ich glaube, ist immer noch »da oben« angesiedelt – über den Dingen stehend, aber nicht dinglich. Kürzlich kam mir im Gespräch der Gedanke, dass ich dann diejenigen meiner Vorväter, die ich nicht erlebt habe, treffe. Das gefällt mir.

Ulrike: Stell dir mal vor, man sieht Menschen wieder, die man nicht mochte! Eigentlich blendet man das aus in seiner Assoziation.

Hendrik: Also, ich nicht, das gehört auch mit in meine Glaubensvorstellung, dass man solche Kleinigkeiten einfach hier auf der Erde lässt. Was uns hier unten beschäftigt, ist doch dann unwichtig. Die Vorstellung gibt einem eine gewisse Lässigkeit.

Ulrike: Was denkst du über Strafe und Hölle?

Hendrik: Komischerweise blende ich das völlig aus. Sie sind ja christlich, diese Strafmythologien, diese Androhungen: Wenn du ein schlechter Mensch warst, kommst du in die Hölle. Mag sein. Damit befasse ich mich ehrlich gesagt nicht.

Ulrike: Das Bild, das der Glaube vermittelt, ist ja, dass Menschen auch auf Abwege kommen und Fehler machen. Ich habe das immer so verstanden, dass Gott, auch wenn man Fehler macht und dafür bestraft werden müsste, all denen zugewandt ist, die wieder zu ihm kommen. Und das ist es, was ich hoffe und was mich bis zu meinem letzten Tag begleitet. Vielleicht war ich nicht der beste Christ, aber trotzdem würde er mich nicht abweisen. Sonst könnte ich nicht ruhig sterben.

Hendrik: Das kommt dazu, dass wir beide davon ausgehen, dass Gott gütig ist und allumfassend. Und dass es ganz gleich ist, wie man ihn nennt, oder dass du evangelisch bist und ich katholisch bin. Auf jeden Fall finde ich es naiv, jemanden mit Strafandrohungen zu einem besseren Menschen machen zu wollen. Das klappt auf der Erde schon nicht, sonst gäbe es keine Gewaltverbrecher. Und wenn jemand wirklich meint, sich komplett danebenbenehmen zu müssen, dann wird er das tun, auch wenn er an die Hölle glaubt.

Ulrike: Es gibt ja auch Menschen, die durch den Tod gehen, also sich zum Beispiel Bomben um den Leib schnallen, um zu Gott zu gelangen. Wenn sie andere Menschen töten, meinen sie, damit etwas Gutes zu tun. Andere würden sagen, dafür kommst du in die Hölle.

Hendrik: Ich gehe mal etwas rheinisch, etwas schnoddrig davon aus, dass so ein Attentäter sich ordentlich eine abholt: Also das war jetzt nicht optimal, was du gemacht hast, und jetzt komm rein und lass den Mist. Ich denke schon, dass man mit seinen Handlungen konfrontiert wird. Aber nicht im Sinne von Hölle und Fegefeuer, sondern mehr bilanzierend.

Ulrike: So gesehen ist das Leben eine Prüfung: Auf jedes Tal folgt wieder ein Berg, den man erklimmen muss. Aber wenn man da oben steht, sieht man, dass es einen zu einem besseren Menschen gemacht hat. Und dass auch schwere Prüfungen einen bereichern oder wachsen lassen. Das ist auch Leben.

Vielleicht gibt es ein Oberjenseits

Inge Tacken · Jahrgang 1969
Krankenschwester

Als Kind habe ich gesagt: Wenn ich einmal sterbe, möchte ich in meinem Sarg ein Funkgerät haben, etwas zu essen und zu trinken und eine Sauerstoffflasche. Damit ich mich, falls ich aus Versehen lebendig beerdigt werde, noch ausbuddeln kann. Als Kind war mir auch klar, dass ich im Jenseits fliegen kann. Und ich habe mir ausgemalt, mit Gott auf einer Wolke zu sitzen und mit ihm zu reden. Heute stelle ich mir vor, nicht nur mit ihm, sondern auch mit denen zu sprechen, die mir hier abhandengekommen, schon gestorben sind. Und ich würde kein Funkgerät mitnehmen, sondern eine gute Flasche Rotwein und zwei Gläser, weil ich den Wein nicht alleine trinken möchte. Und zwei gemütliche Stühle würde ich einpacken, damit wir gut säßen, wenn wir ins Gespräch kämen.

Gott ist für mich eine Wesenheit, die über uns ist. Aber noch immer ist er auch mein persönlicher Gott, mein Kumpel, mit dem ich rede und manchmal schimpfen muss. Dem kann ich sagen: Meine Güte, muss das jetzt sein? Warum tust du das? Wenn es sein muss, nehme ich alle Möglichkeiten wahr, mit ihm in Kontakt zu kommen. Als mein behinderter Sohn Lars mit acht Jahren an der Halswirbelsäule operiert worden ist, bin ich zu jedem auf den Friedhof gegangen, den ich gekannt hatte, und habe gesagt: Lass das Kind bitte bei mir, aber wenn er nicht hierbleiben darf, dann pass da oben auf ihn auf! Und ich kenne auf dem Friedhof viele Leute! Ich bin aber nur zu den netten gegangen.

Ich stelle mir das Jenseits schön vor. Ich werde weiterhin ich bleiben, ich werde nur körperlos sein. Alle werden da sein, die schon gestorben sind – meine Freundin Dorothee, Uroma Öllchen, Uropa Anton und noch andere Freunde und Verwandte. Die, die dann noch leben, werden später nachkommen. Wir werden nicht wie in einem Haus zusammenwohnen, sondern rein gedanklich Kontakt haben. Das ist wie Beamen, nur schöner. Auch wenn die Verständigung auf der gedanklichen Ebene läuft, wird es noch sinnliche Erfahrungen und Wahrnehmungen geben. Das ist mir im Diesseits sehr wichtig, und ich möchte, dass es im Jenseits so bleibt. Dann könnte ich auch Hilferufe von der Erde hören und meinen Kindern beistehen, wenn sie mich brauchen. Ganz ähnlich, wie es jetzt auch ist: Wenn die drei in der Schule sitzen, können sie sicher sein, dass ich verlässlich für sie da bin. Vielleicht taucht dieses Gefühl aus dem Jenseits als Gedankenblitz auf: Sie ist mir jetzt ganz nah. So wie ich manchmal das Gefühl habe, dass Verstorbene plötzlich neben mir sind und ich sie ein wenig spüre – wie durch einen Hauch. Ich weiß nicht, ob man sich im Jenseits unendlich lange aufhält. Aber vielleicht gibt es ja nach dem Jenseits noch eine Stufe, vielleicht ein Oberjenseits, vielleicht gibt es so etwas wie Himmel und Hölle oder etwas ganz anderes. Das werde ich dann ja sehen.

Durch meinen Beruf als Krankenschwester, aber auch in anderen Bereichen habe ich den Tod schon von vielen Seiten kennengelernt: als Erlöser, als Freund und als Feind. Manchmal hätte ich ihn am liebsten umgebracht. Auf einer Intensivstation, meinem früheren Arbeitsplatz, geht es meistens darum, Leben zu retten. Wenn da ein junger Mensch mit einem Herzinfarkt oder nach einem Unfall eingeliefert wird und man ihn oder sie reanimieren muss, handelt man professionell und automatisch. Da bekämpfen wir den Tod und versuchen, ihn wegzuschieben. Das gelingt leider nicht immer.

Wenn Freunde sterben oder jemand aus der Familie stirbt, ist das anders. Mein Großvater ist mit 86 Jahren gestorben. Ich wusste genau: An diesem Abend ist es so weit. Er hat sich verabschiedet, und ich konnte sagen: Es ist gut so, Opa, du darfst gehen. Bei meiner Freundin habe ich darum gebeten, dass sie erlöst wird. In der Nacht ihres Todes bin ich aufgewacht, ebenso wie eine andere Freundin, ihre Tochter und ihre Schwester. Ich hatte das Gefühl: Sie fliegt mit dem Wind! So hat sie sich noch verabschiedet, bevor sie gestorben ist.

Alle meine Erfahrungen bestärken mich darin, dass es nach dem Tod noch etwas gibt. Was das genau ist, weiß ich nicht. Ich kann nicht sagen, ob es eine andere Dimension ist oder eine unendliche Ruhe. Eigentlich bin ich als Krankenschwester auf die Schulmedizin eingestellt. Ich war schon oft dabei, wenn Menschen gestorben sind. Diese Menschen umgibt eine besondere Aura. Man bekommt ein Gespür dafür, wann ein Mensch, nennen wir es so, gehen will oder kann. Es ist eine Art besonderer Ruhe und Zufriedenheit, die sich auch auf einen selbst überträgt, wenn man es zulässt. Manche Menschen haben kurz vorher Angst vor dem Sterben. Doch dann merkt man plötzlich, wie alles von ihnen abfällt, wie sie ruhig werden, und dass es gut so ist. Diese Erfahrung bestätigt sich immer wieder. Wenn zum Beispiel Patienten nach einem Unfall sterben, ist es so, als seien sie noch nicht fertig mit der Situation. Zuerst ist nur ihr Schrecken spürbar. Aber irgendwann löst sich der Schrecken auf, und meistens sind sie dann ganz entspannt.

Als mein Sohn Lars operiert worden ist, hatte ich ein Schlüsselerlebnis. Zusammen mit meinem Mann war ich im Krankenhaus, und während mein Mann bei unserem Sohn war, habe ich in einem anderen Zimmer geschlafen. Plötzlich bin ich aus dem Schlaf hochgeschreckt und wusste, ich muss zu Lars! Ich bin sofort zur Intensivstation gelaufen und fand ihn dort mit Schnappatmung vor. Er hatte sich vollkommen erschöpft. Lars musste beatmet werden. Später erzählte er mir, er sei aus seinem Körper herausgeschwebt, und mir wurde bewusst, dass er eine Nahtoderfahrung hatte. Er hatte diesen ganz tiefen Frieden. Seitdem haben wir beide keine Angst mehr vorm Tod und sind emotional noch stärker miteinander verbunden als vorher.

Mir ist es wichtig, alles vor meinem Tod zu regeln, wie und wo meine Kinder weiterleben. Ein besonderes Augenmerk gilt da Lars, er ist kleinwüchsig, sitzt im Rollstuhl, und er muss ständig betreut werden. Wenn alles geregelt wäre, könnte ich mich in Ruhe verabschieden. Ich hoffe, dieser Zeitpunkt ist noch weit entfernt, da ich sehr gerne und intensiv lebe. Wenn ich aber wüsste, dass ich bald sterben müsste, möchte ich gerne noch einmal ans Meer fahren. Ich liebe das Wasser und die Ferne, und ich liebe Sonnenuntergänge über dem Meer. Ich würde jede Sekunde genießen, und wenn es geht, gar nicht mehr schlafen.

Am liebsten würde ich bei mir zu Hause auf der Terrasse sterben, natürlich nur, wenn es mir und meiner Familie nicht zu schwer würde. Davon werde ich es abhängig machen und es mir in Ruhe überlegen.

Man hat auch im Sterbeprozess immer Möglichkeiten, neu zu entscheiden. So haben wir es hier bei allen Menschen versucht, die in unserer Nähe gestorben sind. Täglich haben wir überprüft, ob getroffene Entscheidungen so noch aufrechterhalten werden können oder nicht. Sei es der Ort, an dem die Betroffenen waren, oder seien es die Behandlungen. Wir haben immer wieder mit den Sterbenden und den Angehörigen zusammen überlegt: Passt das so, oder passt das nicht?

So hätte ich es, wenn es möglich wäre, auch gern. Deshalb werde ich keine Patientenverfügung, sondern eine Vorsorgevollmacht schreiben. Schließlich bin ich noch nicht gestorben, und ich weiß nicht, was ich am Ende meines Lebens will. Ganz sicher möchte ich nicht dauerhaft beatmet werden, aber darauf wird meine Familie schon achten. Wenn ich jedoch zum Beispiel einen schweren Unfall hätte, möchte ich natürlich, wenn es sein muss, drei Tage beatmet werden. Und bevor ich starke Schmerzen hätte, würde ich am Ende meines Lebens lieber genug Schmerzmittel bekommen, auch wenn ich davon abhängig werden würde.

Ich hoffe jedoch, dass es bis dahin noch lange dauert. Ich möchte noch Oma werden. Und ich möchte als steinalte Tatteroma mit meinen Freundinnen im Altenheim sitzen und die Schwestern nerven. Darüber können dann noch meine Nachkommen erzählen, und das sollen sie bei meiner Beerdigung auch tun. Alle, die kommen, sollen sich freuen, dass sie mich gekannt haben. Statt zu weinen, sollen sie sich an all die verrückten Sachen erinnern, die ich im Leben gemacht habe.

Aber bis dahin habe ich noch viel zu tun. Neben meinen Aufgaben in der Familie und dem normalen Job bin ich Mitglied im Klinischen Ethikkomitee. Derzeit arbeiten wir daran, eine geordnete Abschieds- und Sterbekultur einzuführen. Nicht nur in unserer Gesellschaft, in der alle jung, schön und gesund sein müssen, sogar in den Krankenhäusern ist Sterben ein schwieriges Thema! Für viele Ärzte und für das Pflegepersonal ist es ein Versagen, wenn jemand stirbt. Sie haben ihr Ziel, Leben zu erhalten, nicht erreicht, und das traurige Ergebnis muss sozusagen versteckt werden: Wenn im Krankenhaus ein Patient in seinem Zimmer stirbt, wird eine Decke über ihn gelegt. Jemand schaut auf dem Flur nach, ob alles frei ist, dann geht man mit dem Bett schnell zum Aufzug und fährt in den Keller und gibt den Verstorben dort ab. Und oft fehlt auch ein schön gestalteter Raum, in dem sich die Angehörigen von ihrem Verstorbenen verabschieden können.

Wir denken gerade darüber nach, wie das geändert werden kann. Das fängt damit an, dass man das Bett eines Verstorbenen kennzeichnet, indem man zum Beispiel eine Rose darauflegt. Wir beschäftigen uns auch mit der Frage, ob Sterbende aus einem Zimmer mit mehreren Betten geschoben werden müssen. Warum kann man es den Patienten nicht zumuten zu erleben, wie jemand stirbt? Wenn zwei alte Menschen wochenlang nebeneinander gelegen haben, ist der leere Platz, an dem das Bett gestanden hat, vielleicht schwerer zu ertragen, als die letzten Minuten gemeinsam zu verbringen. Da muss sich noch vieles ändern, und wir fangen gerade erst damit an.

Ich finde, das Leben ist aber zu spannend, um nur über den Tod zu reden und darüber nachzudenken, wie es enden wird. Ich versuche, jeden Tag bewusst zu leben, aus jeder Minute das Beste zu machen, jetzt und hier zu leben und das Leben als Geschenk zu sehen. Ich habe zu oft gesehen, wie schnell es vorbei sein kann. Ich möchte später nicht zurückblicken und denken, was ich alles nicht erreicht oder geschafft habe. Leben ist mehr als Ackern und Schuften, Leben muss man genießen – man muss sich Zeit für das Leben nehmen.

Tod ist einfach nur Sein

Fritz Roth · Jahrgang 1949
Bestatter und Trauerbegleiter

Ich bin mir sicher, dass nach dem Tod noch etwas kommt. Solange ich lebe, bin ich an meinen Körper und Orte gebunden. Wenn ich tot bin, bin ich nicht mehr gebunden, aber ich »bin«

immer noch. Wir Katholiken haben unsere Bilder mitbekommen. Bilder geben uns Orientierung und helfen, uns Dinge vorzustellen. Ich habe das Gefühl, mich mit zunehmendem Alter immer mehr von den herkömmlichen Bildern lösen zu können. Was kommt? Das weiß ich nicht, ich muss es auch nicht wissen. Leben ist da sein, Tod ist einfach nur sein.

Das im Tode ruhende Gesicht vermittelt mir jedes Mal auf eine ganz einfache und klare Weise, dass wir glauben dürfen. Glauben bedeutet vertrauen. Vertrauen darauf, dass noch etwas kommt. Das im Tode ruhende Gesicht spiegelt mir das wider. Es sieht ganz anders aus als das Gesicht eines lebendigen Menschen. Darin fehlt, was den Menschen beseelt hat. Zurück bleibt, was vergänglich ist. Das Unvergängliche hat den Körper verlassen.

Meine Einstellung gibt mir eine Perspektive für mein Leben. Sie gibt mir Gelassenheit, lässt mich vieles bewusster erleben und motiviert mich, hier auf Erden meine Talente einzusetzen, und zwar heute noch. In meinem Beruf erfahre ich vor allem, dass das Leben ein Geschenk ist. Das ist für mich das Wesentliche. Wir haben kein Anrecht auf morgen. Wir bekommen jeden Tag das Leben geschenkt. Jeder hat das Talent, die Welt heute zum Blühen zu bringen. Diese Begabungen sollten wir nutzen und uns nicht zu sehr auf Papa Staat oder sonstige Obrigkeiten verlassen. Ob wir leben oder sterben, wir sind aufgehoben in einer Ordnung, die jedem Leben einen Sinn gibt.

Jeder Mensch ist einzigartig und kann dazu beitragen, die Welt mit ihren Chancen und Möglichkeiten zu entdecken, zu fördern und sein Wissen und seine Erfahrungen an die nächste Generation weiterzugeben. Noch wichtiger erscheint mir allerdings, die Welt in all ihren Facetten zu spüren: »Du mußt das Leben nicht verstehen«, heißt es bei Rainer Maria Rilke, »dann wird es werden wie ein Fest.«

Mein Talent und damit meine Aufgabe im Leben ist es, Menschen in Krisensituationen eine Perspektive zu geben. Ich mache Menschen Mut, ihre Trauer zuzulassen, und helfe ihnen, eine neue Lebensperspektive zu finden. Der Tod lehrt uns, dass das Leben begrenzt ist. Wer es schafft, an dieser Stelle hinzuschauen, kann elementare Erfahrungen machen. Dabei helfe ich. Ich möchte, dass die Menschen begreifen, wie toll es ist, leben zu dürfen.

Man muss einfach nur staunen, um am Ende des Lebens sagen zu können, es war gut. Staunen – und nicht versuchen, alles zu ergründen. Leben ist eine einmalige Chance. Seine Begrenztheit macht jeden Tag zum Geschenk. Wenn man seine Talente nutzt, dann kann auch jeder Tag der letzte sein, und dann war es gut.

Mein Leben soll enden, damit es sich verwandeln kann

Carola Otterstedt · Jahrgang 1962
Autorin, Verhaltensforscherin

Ich war sehr früh, als Kind bereits, mit der Endlichkeit des Lebens konfrontiert, und trotzdem war mein Blick nie so sehr auf das Jenseits, sondern vielmehr auf das Diesseits gerichtet. Ich habe das Jenseits nie als Abgrund oder als etwas Schlimmes empfunden. Aber ich habe das Leben als eine lohnenswerte Herausforderung angesehen, in der es viel zu entdecken gibt. Die Ängste der Erwachsenen gegenüber dem Sterben und dem Tod oder auch traditionelle Jenseitsvorstellungen, die von den verschiedenen Religionen geprägt wurden, waren und sind für mein Leben wenig bestimmend. Im Leben ist für mich der Weg wichtig, auch und gerade weil ich weiß, dass am Ende ein Übergang geschehen wird.

Wenn ich jetzt zurückblicke, sehe ich ein unendlich reiches und zufriedenes Leben, das aber gut noch um einige Erfahrungen bereichert werden darf. Ich hocke auf einer Blumenwiese und freue mich auf zukünftige Überraschungen. Weil ich gesundheitlich eingeschränkt bin, liege ich allerdings auch öfter auf der Wiese und nehme – verdeckt durch die hohen Gräser – manche schönen, manche problematischen Dinge nicht so wahr wie andere Menschen. Das hat Nachteile, aber auch Vorteile, denn nicht alles im täglichen Leben scheint so wichtig, wenn die Körperkraft begrenzt ist. Das schenkt mir Gelassenheit und gleicht meine unbändige Neugierde und mein Temperament ein wenig aus.

Ich lebe gerne – aber nicht unter allen Umständen gerne weiter. Durch eine Muskelschwäche und chronische Schmerzen erlebe ich unmittelbar, dass die Lebensqualität nur bedingt durch eine positive Lebenseinstellung gewährleistet ist. Meine spezielle Gesundheit führt mich immer wieder körperlich an die Grenze des Lebens, durch diese kritischen Situationen und lange Genesungszeiten bekomme ich aber auch Gelegenheit, mich auf das Wesentliche zu besinnen. Eine sehr hilfreiche Basis ist mein Glaube, der mir eine tiefe Geborgenheit bietet, die auch in Krisenzeiten Bestand hat. Der Glaube ist stark verbunden mit der Liturgie der katholischen Kirche. Ich habe sie während meiner beruflichen Aufenthalte in Afrika und Asien als lebendig praktizierende Weltkirche kennengelernt. Überall auf der Welt kann man sich durch die gemeinsam gefeierte Messe sofort zu Hause fühlen, findet Menschen, mit denen man den Sonntag gemeinsam verbringen kann. Der Glaube ist aber auch geprägt durch die Begegnungen mit anderen Weltreligionen, etwa dem Taoismus, und durch die Ökumene. Gerne leben bedeutet für mich, Menschen der eigenen Kultur, anderer Kulturen und Religionen zu begegnen.

Die Begegnungen mit Menschen, Tieren und der Natur, die mich nachhaltig beeindrucken, haben Einfluss auf meine Gedanken. Eigene Erfahrungen zu machen ist für mich die Grundlage eigener Gedanken, und es begeistert mich, diese auch in Büchern wiederzuentdecken, etwa in der Bibel, bei Laotse, Dschuanga Dsi, Liädsi Â, Hermann Hesse und vielen anderen.

Ich finde es schön, dass alles schon einmal von Menschen gedacht wurde! Das gibt eine Ahnung davon, dass alles fortwährend über Generationen und Kulturen hinweg weitergetragen wird.

Schon in meiner Schulzeit habe ich angefangen, als Kranken- und Sterbebegleiterin tätig zu sein. Und nach meiner Promotion zum Thema »Gruß- und Abschiedsverhalten in den verschiedenen Kulturen« bin ich für eine niederländische Entwicklungshilfeorganisation nach Asien und Afrika gereist. Dort ging es darum, die Fördermöglichkeiten in der Unterstützung HIV-Betroffener zu beurteilen. Der direkte Kontakt zu den Betroffenen ist für mich eine der schönsten Seiten in meiner beruflichen Tätigkeit. Aus diesen Begegnungen habe ich immer sehr wertvolle Erinnerungen mitgenommen.

Kreativität und fachübergreifendes Denken prägen mein Leben. Parallel zum geisteswissenschaftlichen Studium habe ich Opernregie und Verhaltensforschung studiert. Ich wäre wohl auf der Bühne für modernes Musiktheater geblieben, wenn meine Muskelschwäche nicht weiter vorangeschritten wäre. Aus meiner Erfahrung in der Kranken- und Sterbebegleitung entstand Anfang der 1990er-Jahre das Interesse an den

Grundlagen und Methoden der tiergestützten Therapie. Die Themen Kommunikation zwischen Mensch und Tier und die Mensch-Tier-Beziehung sind inzwischen das zentrale Thema meines beruflichen Lebens geworden. Musik und Gesang haben einen intensiven nebenberuflichen und privaten Raum erhalten.

Ich liebe das Leben, weil ich sehr früh erlebt habe, dass für mich nicht das Wichtigste ist, an Dingen festzuhalten. Ich kann Dinge, wenn nötig, verabschieden und weitergeben. Das Sich-Verabschieden ist für mich eine wesentliche Voraussetzung dafür, dass ich mich für einen neuen Weg öffnen kann. Das fällt mir nicht immer leicht. Aber das Leben lieben heißt für mich zu erfahren, dass das Leben dann für mich gut ist, wenn ich meinem Bauchgefühl folge. Ich bin in eine Reihe von gefährlichen Situationen geraten: Bombendrohung, Rebellenüberfall im Dschungel, Autounfälle, Bedrohungen durch Waffen und anderes. Vielleicht erschien mein intuitives Verhalten manchmal lächerlich (etwa schnell weglaufen, Schutz suchen). Wichtig scheint mir: Besser sich lächerlich machen, als verletzt oder tot sein. Ich lebe gerne, und das möglichst, ohne in Schwierigkeiten zu geraten. Lebensqualität hat für mich unbedingt etwas mit friedlichem Leben zu tun, und ich bin dankbar, in einem Land zu leben, in dem ich vor Überfällen oder Krieg geschützt bin.

Erfahrungen, die die Intuition speisen, habe ich reichlich gemacht, und die Lust, etwas aus diesem Leben heraus zu schaffen, habe ich sowieso. Diese Schaffensfreude und die Möglichkeit, sich im Notfall auf das Wesentliche zu reduzieren, sind sicherlich auch der Reichtum in meinem Leben. Wenn ich, mit der Erfahrung von heute, mein Leben noch einmal neu gestalten könnte, würde ich meinen Weg wieder zu erspüren versuchen und alternativ jene Wege ausprobieren, die ich bisher –

aus Gründen der mangelnden Erfahrung, der begrenzten Zeit und der begrenzten Kraft – noch nicht gehen konnte. An sich würde ich ein sehr ähnliches Leben genießen wie bisher, mit all den kreativen Gestaltungsmöglichkeiten.

Ob Leben an sich Sinn hat – ich finde: ja! Wer wie ich Freude an Kreativität und Veränderung hat, kann sicher nicht anders, als diesen Sinn des Lebens immer wieder neu zu entdecken. Für mich hat Leben Sinn, weil ich in diesem Strom ständiger Veränderungen, von Wechsel und Bewegtheit immer neue Impulse erhalte. Und daraus schöpfe ich Ideen und Anregungen, die ich in etwas Sinnvolles umsetzen kann. Ich sehe das Leben nicht als lästige Aufgabe, die ich erfüllen muss, sondern als einen riesigen Pool an Möglichkeiten, die ich nur anzunehmen brauche.

Die größte Herausforderung im Leben ist für mich, dass ich aufgrund der Begrenztheit des Lebens, meiner individuellen körperlichen, seelischen und geistigen Kraft, immer wieder aus diesem riesigen Pool eine Auswahl treffen muss. Leider werde ich in diesem Leben nicht mehr alle diese Möglichkeiten umsetzen können.

Ich glaube, dass das Leben ein kostbares Geschenk ist, mit dem wir sorgsam und liebevoll umgehen sollten. Das Geschenk wäre aber wertlos und vergeudet, wenn wir es nur hegten und pflegten, statt es zu gebrauchen. Wer Angst davor hat, dass dieses Geschenk am Ende aufgebraucht ist, ahnt vielleicht noch nicht, dass nach dem Leben nicht nichts auf uns wartet. Wie gerne ich auch lebe: Mein Leben soll enden, damit es sich weiterverwandeln kann. Den Zeitpunkt des Lebensendes werde ich insofern mitbestimmen, als ich in dem Moment des Sterbens »Ja« zum Sterben sagen werde. Für ruhige Umstände des Sterbens bete ich. Und ich hoffe, dass meine Patientenverfügung respektiert wird. Aufgrund meiner Erfahrung in der Sterbebegleitung, vor allem aber aufgrund persönlicher Erfahrungen mit meiner speziellen Gesundheit ist das Thema Sterben für mich nicht mit Ängsten verbunden. Die Angst vor dem Tod ist für viele Menschen ja vor allem die Angst vor dem Sterben. Diese Ängste habe ich nicht, aber sehr wohl die Furcht, mich vielleicht in die Strukturen von Krankenhäusern und medizinischer Behandlung begeben zu müssen. Somit ist es eher eine Furcht vor dem gegenwärtigen Umgang mit Patienten und ihren Angehörigen in unseren Kliniken.

Das Sterben ist für mich ein Übergang in eine andere Welt. Die Vorstellung davon ist notwendigerweise stark geprägt von meinen Erfahrungen im Leben. Sie stellt sich für mich als tröstlich dar, getragen von Geborgenheit und Fürsorge. Ich kann mir vorstellen, dass die Veränderungen und der Übergang in den Tod – wie die Übergänge im Leben – aber auch Mühen mit sich bringen kann, zum Beispiel Verwirrung und Ängste vor dem Unbekannten. Ich habe das Gefühl, dass das Sterben Erlösung von körperlichen Beeinträchtigungen sein wird. Dass danach uns nicht das Nichts erwartet, vielmehr eine gute weitere Begleitung. Persönliche Lebenserfahrungen sind für mich hilfreich, vor allem aber auch die Erfahrung mit Sterbenden, die mir klar zeigen konnten, dass sie in der unmittelbaren Zeit vor dem Sterben von bereits verstorbenen Personen, die ihnen vertraut waren, begleitet wurden.

Ich habe keine Erfahrungen mit dem Sterben, aber ich kann Berichte von Menschen mit Nahtoderlebnissen nachvollziehen, die davon erzählen, dass Erlösung von Beschwerden, geistige Einsichten und auch nochmaliges Erleben schwieriger Lebenssituationen zentrale Themen in diesem Übergang sein können. Die konkreten und oft sehr genauen Erinnerungen an Begebenheiten, an Geschehnisse, Orte und Menschen aus einer anderen Zeit lassen mich ahnen, dass wir als Menschen durchaus Erfahrungen aus früheren Generationen in uns tragen. Viele Menschen haben mir während meiner Zeit als Dozentin für Pflegeberufe erzählt, dass sie Nahtoderlebnisse hatten und Erfahrungen aus einem vorherigen Leben besitzen, aber sich in unserer westlichen Kultur nur selten trauen, diese mitzuteilen. Es wäre sicherlich sehr hilfreich, wenn wir uns in Zukunft mehr für diese Themen öffnen könnten, ohne gleich in die eine oder andere lebensphilosophische Ecke gestellt zu werden. Ich sehe hier ungenutzt lebenspraktische Erfahrungen in den persönlichen Archiven vieler Menschen liegen. Ein Dialog über diese Erfahrungen ist aber noch schwierig, dafür scheinen uns manchmal einfach die geeigneten Worte zu fehlen. Ein von der Gesellschaft gestalteter Raum für den Austausch von Grenzerfahrungen könnte den Menschen aber Zuversicht für ihr Leben und ihr Sterben geben.

Wenn ich wüsste, ich müsste bald sterben, wäre ich vorbereitet. Ich würde meinen Alltag wie bisher leben und die berufliche Übergabe an andere vorbereiten. Vor allem würde ich mir viel Zeit nehmen, um mit Freunden und Familie bei Kaminfeuer und Tee über unsere Erinnerungen und über ihre Zukunft zu sprechen. Und wenn ich wüsste, ich hätte viel Zeit und Kraft im Leben und einen Partner an meiner Seite, gäbe es einige Orte, die ich wiedersehen oder zu denen ich erstmalig reisen wollte: Menschen, Häuser, Straßen, Plätze in Deutschland, im Kongo, in Shanghai, Hongkong, Uganda, in der Südsee, auf Neuseeland und viele andere mehr. Und der letzte Tag vor meinem Tod? Wer weiß schon, wann es der letzte Tag in seinem Leben ist? Wir wissen aber wohl: Jetzt ist der Moment des Sterbens!

Aber ich habe noch kurzfristige konkrete Ziele, zum Beispiel möchte ich die von mir initiierte Stiftung zur nachhaltigen Förderung der Mensch-Tier-Beziehung noch weiter ausbauen. Ich hoffe auch, mit meinen Freunden und mit meiner Familie noch viele schöne Momente zu erleben. Vor allem bin ich sehr gespannt darauf, welchen Menschen und Erfahrungen ich noch begegnen werde. Neben dem Bedürfnis, immer auch wieder mal zur Ruhe zu kommen, bleibt die Entdeckerlust am Leben: mit Mensch, Tier und Natur.

Ich könnte mir vorstellen, dass es nicht schadet, nach bestem Gewissen so zu leben, dass kein anderes Lebewesen durch mein Verhalten leiden muss. Das ist gar nicht so schwer. Man muss nicht erst Buddhist werden, um sorgsam darauf zu achten, wohin man zum Beispiel beim Gehen tritt. Auch wenn wir nicht wissen, was nach dem Tod geschieht, hätte dieses Verhalten zumindest schon einmal einige Vorteile für das Leben im Diesseits.

Ich versuche – auch durch die Erfahrungen mit meiner speziellen Gesundheit –, mit Beziehungen zu anderen Menschen bewusst umzugehen, ich lasse Unklares oder Problembelastetes nicht lange anstehen. Wenn es mir akut schlechter geht, habe ich das Bedürfnis nach Ruhe und nach nur kurzzeitigen Kontakten zu Menschen, die mit der Situation gut und entspannt umgehen können. Mittlerweile hat mein privates Umfeld schon öfter Situationen erlebt, in denen wir konkret Abschied genommen haben, sodass für uns alle eher die besondere Herausforderung ist, sich offenzuhalten, dass der Weg sowohl in den Tod als auch wieder zurück in das Leben gehen kann.

Es ist mir ein großes Bedürfnis, dass mit meinem toten Körper sorgsam und respektvoll umgegangen wird. Wünschen würde ich mir das Aufbahren und die Möglichkeit, in Ruhe daheim oder im Hospiz voneinander Abschied zu nehmen. Ein Bild, das mit meinem Leben gut harmonieren würde, wäre für mich das Ausstreuen der Asche in der Natur. Vielleicht erlebe ich noch die Neugestaltung deutscher Beerdigungsregeln? Aber auch in diesem Punkt sollen letztlich die Hinterbliebenen bestimmen, welcher Weg für ihre Trauer der richtige ist. Meine Gedanken zur Trauerfeier habe ich bereits aufgeschrieben. Es soll ein unter anderem sehr farbenfrohes, kreatives Fest mit gemeinsamen Gestaltungselementen – Texten und Gebeten – der Trauergemeinde und mit eigenen Kompositionen werden. Meine Gedanken sollen allerdings nur Anregung und Hilfe sein. Mir ist sehr wichtig, dass die Hinterbliebenen für sich entscheiden, wie sie die Feierlichkeiten gestalten wollen, sie sollen ja ein hilfreicher Rahmen für ihre Trauer sein. Auch das, was auf der Trauerfeier gesagt wird, ist die Sache derjenigen, die sich in dieser Situation äußern möchten. Ich hoffe, dass die Trauernden sich miteinander wohlfühlen, dass sie sich gegenseitig Kraft geben und sich vielleicht auch einfach darüber freuen können, was für ein wunderbares Leben ich leben durfte.

Ich möchte im Himmel ein Fest feiern

Georg Schwikart · Jahrgang 1964
Publizist

Einen Grabstein habe ich schon. Er steht in meinem Büro neben dem Schreibtisch. Ursprünglich hat er auf dem Grab meines Vaters gestanden, der gestorben ist, als ich gerade erst zwei Jahre alt war. Beim Tod meiner Mutter vor einigen Jahren haben wir einen neuen Stein für beide gekauft, und eine meiner Schwestern hat gemeint: »Vaters Grabstein ist jetzt überflüssig, den werfen wir weg.« Ich war entsetzt! Vaters Grabstein wegwerfen, an dem ich als Kind so oft gesessen hatte? Das kann sie doch nicht machen! »Wenn dir so viel an ihm liegt, dann nimm ihn mit!«, sagte meine Schwester. Dann stand er erst einmal lange herum. Und ich habe überlegt, was macht man mit so einem Grabstein? Schließlich habe ich ihn zum Steinmetz gebracht und ihm einen Auftrag gegeben: »Machen Sie ›Franz‹ raus, schreiben Sie ›Georg‹ rein. Der Nachname bleibt. Und ändern Sie die Daten. Schreiben Sie ›1964 bis …‹« Der Steinmetz notierte sich alles und fragte: »Wann ist der Mann gestorben?« »Noch gar nicht«, habe ich ihm erklärt, »der Mann bin ich selbst!« Als er daraufhin völlig verblüfft guckte, habe ich ihm schnell gesagt: »Ich bin aber nicht suizidgefährdet!« »Wär' mir auch egal«, meinte er daraufhin, »macht hundertfünfzig Euro.«

Seitdem arbeite ich neben meinem Grabstein, und das beruhigt mich oft. Immer wenn ich mich wegen irgendetwas aufrege, ob Ehe, Kinder, Beruf oder Kirche, schaue ich ihn mir an und sage zu mir: »Georg, du bist doch nur Gast auf Erden. Du lebst hier eine Zeit lang und machst dich so verrückt, als würde es ewig dauern. Wenn es so wäre, müsstest du alle Dinge regeln. Aber du bist nur zu Besuch, bis auf dem Grabstein eine zweite Zahl eingesetzt wird.« Also, ich finde dieses Sterblichsein gar nicht schlecht – irgendwann ist es gut mit allem! Mach dich nicht verrückt!

Mit dem Sterben ist es etwas anders. Ich würde gern spontan sagen, nein, ich habe keine Angst davor. Aber diese völlige Ungewissheit über das, was da kommt, das ist schon manchmal destabilisierend, das macht schon ein bisschen Angst. Meine lange Beschäftigung mit dem Tod und mein christlicher Glaube, auch wenn er nicht immer fest ist, helfen mir jedoch, mit dieser Angst fertigzuwerden.

Mehr als zehn Jahre lang habe ich als Trauerredner Menschen bestattet. Bei jeder Begegnung mit dem Tod habe ich besonders gespürt, dass ich lebe. Das unterscheidet uns, der Verstorbene ist tot – ich lebe. Das spüre ich auf dem Friedhof, das spüre ich bei der Trauerfeier, das spüre ich, wenn ich mit Menschen spreche, die trauern. Wir trauern in der Regel um uns selbst. Wenn ich den Glauben habe, dass nach dem Tod noch etwas kommt, brauche ich mir eigentlich keine Sorgen zu machen. Aber wir bleiben halt zurück. Und das ist schon ein seltsames Gefühl – verlassen zu werden. Manche sind in ihrer Trauer sogar böse auf den Verstorbenen. Der ist natürlich nicht absichtlich gestorben, aber trotzdem fühlt man sich verlassen.

Der Tod gibt dem Leben letztlich Würde, weil er es vollständig macht, auch indem er Menschen verändert, die mit ihm in Berührung kommen. Sie können sich zum Guten oder zum Schlechten verändern, beide Erfahrungen habe ich schon gemacht. Beziehungen, die brachgelegen haben, können spontan wieder gut werden. Ich bin nur dann entsetzt, wenn ich spüre, dass sich Menschen, in deren Leben der Tod eingetreten ist, überhaupt nicht verändern. Manche verspüren nicht einmal einen Augenblick, in dem sie aufwachen und über ihr Leben nachdenken, so verfestigt sind sie in ihrem Denken.

Für viele Menschen, die gerade nicht betroffen sind, ist der Tod ein ungenehmes Thema. Wenn ich etwas über meine Arbeit erzähle, bekomme ich oft zu hören: »Ach, nun red doch nicht davon!« Als würde man dadurch etwas heraufbeschwören! Dabei finde ich, über den Tod zu reden ist die beste Möglichkeit, über das Leben nachzudenken.

Kinder gehen ganz anders damit um. Als unsere Nachbarin gestorben ist, fragte mich mein damals fünfjähriger Sohn: »Stirbt die Oma Irmgard auch?« Und als ich das bejahte, fragte er weiter: »Stirbst du auch?« »Ja, irgendwann stirbt jeder Mensch.« Da wurde er ganz nachdenklich und fragte mich mit großen Augen: »Sterbe ich auch?« »Ja«, sagte ich zu ihm. »Alles, was lebt, wird einmal sterben. Ich hoffe, dass du ein tolles Leben hast. Aber irgendwann einmal, in vielen, vielen Jahren, ist dein Körper müde und erschöpft, und dann wirst du auch sterben. Du hast dann hoffentlich Kinder und vielleicht schon Enkel, so geht das Leben weiter.« Damit war das Thema für ihn im Augenblick erledigt. Am nächsten Tag fuhren wir mit dem Fahrrad am Friedhof vorbei, und er sagte fröhlich: »Guck mal Papa, da kommen wir hin, wenn wir tot sind!« Es hat mich sehr beeindruckt, wie selbstverständlich er damit umgegangen ist.

Allerdings ist die unterschiedliche Sichtweise schon bei Kindern sehr deutlich. Ich habe einmal ein Kinderbuch über den Tod geschrieben. Bei einer Lesung in einer Münchener Grundschule habe ich die Kinder gefragt, was sie über den Tod wissen. Ein kleiner Türke meldete sich und sagte: »Die Menschen sterben, weil sonst die Erde überlaufen würde.« Das fand ich praktisch. Dann meldete sich ein Junge aus einer Aussiedlerfamilie. »Ich weiß auch, warum die Menschen sterben«, sagte er, »weil Adam und Eva im Paradies gesündigt haben. Die Strafe dafür ist der Tod.« Sieh mal an, dachte ich mir, wie die Kinder von vornherein geprägt werden. Und wie sie die Endlichkeit des Lebens wahrnehmen, so werden sie auch ihr Leben erleben. Als bedroht durch Strafe. Oder eben als einen natürlichen Prozess – du musst irgendwann gehen. Kindheit, Jugend, alles vergeht, und irgendwann ist das Leben zu Ende. Natürlich ist es etwas anderes, ob ich das intellektuell erkenne oder ob ich wirklich Ja dazu sagen kann. Aber mit dem Ja-Sagen soll man eben nicht erst mit sechzig anfangen oder mit achtzig und es dann auf neunzig verschieben, sondern jetzt. Das ist meine Hoffnung.

Meine häufigen Begegnungen mit dem Tod haben auch meine Vorstellungen vom Jenseits stark beeinflusst. Ich habe mit vielen Menschen gesprochen, für die die Hoffnung auf eine Wiedergeburt tröstlich ist. Der Gedanke ist mir fremd, auch wenn ich nicht sagen würde, dass er falsch sein muss. Ich weiß es ja auch nicht besser. Mir ist grundsätzlich klar geworden: Es gibt kein Wissen. Über den Tod kann man vieles wissen: Wie sich ein Leichnam zersetzt, wie eine Bestattung abläuft, dass alle Menschen sterben oder wie alt sie durchschnittlich werden. Aber was danach kommt, ist unserem Wissen entzogen. Ich war auf vielen Beerdigungen, bei denen ich das Gefühl hatte, die Menschen haben unglücklich gelebt und sind unglücklich gestorben. Das ist unabhängig vom Alter, es gibt Vierzigjährige, die können versöhnt sterben, und Neunzigjährige, die noch nicht fertig sind und im Streit gehen, bei denen man merkt, da ist etwas schiefgelaufen. Nach solchen Beerdigungen habe ich manchmal gedacht: Wenn es kein ewiges Leben gibt, dann haben die schlechte Karten gehabt. Natürlich ist es nicht logisch anzunehmen, weil ein Leben nicht vollendet wurde, müsse es eine Fortsetzung geben. Doch dieses Gefühl hat über die Jahre meine Hoffnung darauf verstärkt, dass noch etwas kommt. Am Anfang habe ich mich dagegen gesträubt, weil ich ein rationaler Mensch bin. Aber es ist eine Gewissheit gewachsen, nicht im Kopf, sondern im Herzen.

Meine Beobachtungen zeigen mir aber auch, dass man leben muss, um sterben zu können, und zwar ganz und gar – mit Kopf und Herz. Ich kann ja sowieso nicht immer bedacht leben und mir überlegen, was jetzt gut und richtig wäre. Man muss schon wagen, einfach drauflloszuleben. Und das heißt auch, wenn du Mist machst, dann mach es richtig, und wenn du sündigst, dann sündige mit Genuss. Für mich ist das vollendete, das richtige Leben nicht eines, in dem alles glattgelaufen ist, sondern eines, das ganz echt gelebt wurde. In diesem Sinne lebe ich gerne, obwohl ich mein Leben manchmal als sehr anstrengend und sehr mühselig empfinde. Manchmal denke ich, dass alles sinnlos ist. Dann komme ich mir selber vor wie eine Kerze in der Dunkelheit. Denn es gibt diese Sinnlosigkeit ja tatsächlich. Kinder verhungern, Frauen werden vergewaltigt, Männer ziehen in den Krieg, das ist doch alles absurd. Aber ich glaube trotzdem, es gibt noch etwas anderes. Es gibt das Gute. Und in meinem Leben überwiegt das, was schön ist, alles andere. Das sind vor allen Dingen Begegnungen. Martin Buber hat einmal gesagt, das wirkliche Leben ist Begegnung. Ich werde geliebt, und ich liebe andere Menschen, das ist das Allerwichtigste. Der Rest findet sich. Deshalb weiß ich auch, was ich tun würde, wenn ich erführe, dass ich bald sterben müsste: Ich würde mir mein Adressbuch vornehmen und mit allen meinen Freundinnen und Freunden, meiner Familie, meinen Geschwistern, mit all den Menschen, die mir wichtig sind, Zeit verbringen. Ich würde jeden Tag irgendwohin zum Kaffeetrinken gehen oder zum Abendessen. Leute besuchen, mit allen noch mal sprechen. Ich würde zusehen, dass ich mit allen versöhnt bin und dass die Versorgung meiner Frau und meiner Kinder gewährleistet ist. Dann würde ich gern nur noch das Leben genießen und mit allem im Reinen sein. Und hoffen, dass ich auf den letzten Metern nicht ängstlich werde.

Ich habe schon häufig darüber nachgedacht, wie ich mir meinen letzten Tag wünsche. Wenn ich das bestimmen könnte, dann möchte ich alles, was mir in meinem Leben besonders wichtig war, noch einmal erleben: zum letzten Mal guten Sex mit meiner Frau haben, einen schönen Gottesdienst feiern und mit dem Menschen, die mir besonders viel bedeuten, essen. Ein Festmahl soll es sein. Das wäre ideal. Danach möchte ich mich ins Bett legen und sterben.

Wie meine Trauerfeier gestaltet wird, kann mir eigentlich egal sein. Ich habe zwar schon mal aus Spaß gesagt, am liebsten wäre mir, wenn die h-Moll-Messe von Johann Sebastian Bach gespielt würde. Aber dazu braucht man einen Chor und ein Orchester. Wer soll das bezahlen? Und wer hat etwas davon?

Ich selbst? Das ist die Frage, wenn ich tot bin. Und die anderen? Die Messe dauert siebzig Minuten, dann kommt noch der Gottesdienst dazu, es ist ziemlich unwahrscheinlich, dass damit jemandem gedient ist. Etwas anderes ist mir wichtiger: dass die Menschen bei meiner Beerdigung mit der Sterblichkeit versöhnt werden, indem sie das Leben feiern. Wenn ich Trauerfeiern mache, spreche ich immer aus: »Hier kommen wir zusammen, weil einer tot ist.« Ich bin schon oft kritisiert worden, weil ich dieses harte Wort benutze. Aber genau das ist es. Wir stehen in diesem Moment an einer ganz scharfen Grenze. Wir wissen alle, dass wir sterblich sind. Aber in dem Augenblick, wenn wir auf dem Friedhof an einem offenen Grab stehen, wird es so bewusst. Der Mensch, der gestorben ist, geht uns ja nicht verloren. Er ist nicht mehr in unserem Leben, nicht mehr präsent, und trotzdem ist er in einer Beziehung zu uns. Das kann man rational nicht erklären, das hat etwas Mystisches. Die, die zurückbleiben, müssen weiterleben und dürfen auch weiterleben. Das Leben ist Gabe und Aufgabe zugleich. Deshalb meine ich, wir sollten uns damit versöhnen. Immer wenn ich vom Friedhof komme, nehme ich mir vor, mit niemandem mehr zu streiten, dazu ist das Leben zu kurz. Am nächsten Tag sind die guten Vorsätze wieder weg. Aber auf jeden Fall sollen die Leute, die zu meiner Beerdigung kommen, feiern. Und es soll ihnen gesagt werden: Geht zurück ins Leben!

Ich selbst aber werde in Gott eingehen. Ich glaube, dass nach dem Tod etwas von mir bleibt. Was – das ist mit einem großen Fragezeichen versehen. Wir nennen es Seele, ein Begriff, den wir nutzen für etwas, was wir schlecht fassen können. Und ich habe die Vorstellung, dass diese Seele zu Gott kommt. Ich habe auch keine Skrupel, das Himmel zu nennen, auch wenn ich weiß, dass man mit dem Wort Himmel ganz andere Bilder verbindet, ein bisschen kindlich naive Bilder von einem großen

Fest. Alle sind fröhlich, man trifft seine Lieben wieder. Als meine Mutter gestorben ist, habe ich in der Kirche eine Ansprache gehalten, die begann mit den Sätzen: »Im Himmel ist heute eine Fest. Gott freut sich, dass er die Ursula in seine Arme nimmt, und wir freuen uns, dass wir sie irgendwann da wiedersehen werden«. Das habe ich ein Jahr später noch einmal gelesen und gedacht: Was hast du da gesagt vor allen Leuten! Ist das peinlich! Ist das naiv und ist das kindlich! Aber ich kann nicht anders, als in diesen Bildern zu denken: Begegnung, Wiedersehen, Freude. Weil ich jedoch auch weiß, dass das Bilder sind, begnüge ich mich letztlich damit: Ich gehe in Gott ein.

Das ist kein Wissen, auch keine Überzeugung, es ist eher ein großes Vertrauen. Ich denke mir, das wird schon gut gehen.

Was mich genau erwartet, kann ich nicht sagen. Über die Sehnsucht nach Positivem hinaus versage ich mir konkrete Bilder. Meine Oma hatte die Hoffnung, sie kommt auf einen Stuhl mit roten Samtarmlehnen. Ich wünsche ihr, dass sie ihn tatsächlich bekommen hat. Natürlich habe auch ich Vorstellungen, die ich mit dem Moment des Todes und mit dem Jenseits assoziiere. Da ist die Tür, die ich durchschreite und hinter der ein helles, warmes Licht leuchtet. Als ob man aus der dunklen Nacht kommt und in eine Stube eintritt und endlich angekommen ist. Ich denke auch an die Musik von Bach, die so ist wie mein Herzschlag. Ich kann nicht sagen, so wird es im Himmel sein, aber letztlich stelle ich mir den Tod als etwas Schönes vor: eine schöne Musik, ein schönes Gefühl, viele Umarmungen, viele Begrüßungen. Ich möchte empfangen werden, ich möchte ein Fest feiern im Himmel.

Auch wer oder was ich dann sein werde, kann ich nicht konkretisieren. Mein reflektierter Glaube sagt auch hier, ich will mich gar nicht mit diesen Bildern abgeben. Der ganz naive Glaube, den es in mir auch gibt, sagt dagegen, ich möchte die

Menschen wiedersehen, die mir wichtig sind. Damit wir uns wiedersehen können, müssen wir uns allerdings irgendwie unterscheiden. Ich würde es dabei belassen. Sobald ich einen Schritt weiter gehe, wird das alles so hanebüchen. Es wäre schön, wenn es so etwas wie Begegnung gäbe. Aber wie das sein wird, ob wir dafür einen Körper oder eine Form brauchen? Ich weiß es nicht.

Ebenso wenig kann ich sagen, ob das Individuelle meiner Seele über den Tod hinaus von Bestand ist oder ob ich eingehe in das Absolute, das wir Gott nennen, und dass es mich dann nicht mehr gibt. Auf alle Fälle stelle ich mir dieses Ankommen, diesen Verschmelzungsprozess, dieses Eingehen in Gott als etwas sehr Schönes vor.

Diese Vorstellung und mein Vertrauen auf ein Jenseits helfen mir im Leben zu relativieren – alles, was mir schwerfällt, ebenso wie das, was ich gern mache. Wenn etwas gut ist, denke ich mir, Georg, guck es dir an, das wird nicht ewig bleiben. Alles verändert sich ständig. Was ich eine Zeit lang für wichtig hielt, wird auf einmal unwichtig, und anderes drängt nach oben. Letztlich ist das für mich beruhigend: Das Leben dauert nicht ewig auf dieser Erde. Ich kann hier aber aussteigen, und danach kommt etwas Gutes, wie auch immer das sein wird.

Im Werden, im Sein und Vergehen ist allumfassende Kraft

Anette Beckmann* · Jahrgang 1962
Tanztherapeutin

Ich bin im katholischen Glauben erzogen worden und viele Jahre in einem Internat, das von Franziskanerinnen geführt wurde, zur Schule gegangen. Von dieser intensiven Prägung und den irritierenden Widersprüchen des Katholizismus abgeschreckt, habe ich mich dem Sufismus zugewandt. Der Sufismus, der alle Religionen anerkennt und würdigt, hat mir einen freieren Zugang zur Kirche ermöglicht. Die Sufis sagen: »Alles ist Gott!« Das habe ich für mich übernehmen können. Es ist nicht mehr der personifizierte Gottvater mit weißem Bart, Jesus als Gottes Sohn und der Heilige Geist meiner Kindertage, an den ich glaube. Diese Trinität erlebe ich heute als von Menschen gemacht.

Auch wenn ich mir natürlich nicht sicher bin: Ich denke und hoffe, dass nach dem Tod noch etwas kommt. Ich habe die Phantasie, dass die Seele nach dem Tod noch eine Weile erhalten bleibt und frei ist von Emotionen und körperlichen Empfindungen. Möglich wäre auch, dass man noch eine Zeit lang zu den Menschen, die einem wichtig sind, auf einer anderen Ebene Kontakt hat. Ich kann mir vorstellen, dass sich die Seele dann in einem höheren Bewusstseinszustand einfindet.

Den stärksten Einfluss auf meine Einstellungen zur Daseinsform nach dem Tod hatten viele Gespräche mit Freundinnen und Freunden über dieses Thema, wie zum Beispiel Diskussionen über das Tibetische Totenbuch. Ich glaube an eine göttliche Kraft oder Energie in allem, ob im Werden, Sein oder Vergehen. Die Ahnung, dass nach dem Tod nicht alles zu Ende ist, nimmt dem Sterben den Schrecken, macht den Abschied leichter und das Leben hoffnungsvoll und spannend bis zum Schluss.

Ich bin schon oft mit dem Tod in Berührung gekommen und habe ihn sehr unterschiedlich kennengelernt. Als ich vier Jahre alt war, ist meine Großmutter mütterlicherseits gestorben. Sie lag ganz friedlich auf dem Sofa im Wohnzimmer. Ihr Mann, der Vater meiner Mutter, starb, nachdem er seinen morgendlichen Kaffee getrunken und die Zeitung gelesen hatte.

Meine Großmutter väterlicherseits starb, als ich elf Jahre alt war und wegen einer Lungenentzündung das Bett hüten musste. Ich habe eine sehr genaue Erinnerung an ihre Beerdigung, obwohl ich wegen meiner Erkrankung nicht dabei sein konnte. Zu ihr hatte und habe ich eine enge Bindung, denn sie ist für mich eine weise Frau. Während des Zweiten Weltkriegs spürte sie sofort, wenn einer ihrer Söhne gefallen war. Sie hat drei von neun Kindern verloren. Der Vater meines Vaters hatte die letzte Ölung erhalten und alle seine Kinder und Enkelkinder um sich versammelt. Als einer seiner Söhne sich für einige Stunden von ihm verabschieden wollte, legte er Kreuz und Rosenkranz aus der Hand, verabschiedete sich herzlich und verstarb erst einige Tage später allein im Schlaf.

Meine Mutter starb auf einer Nordseeinsel, auf der sie mich nach lange unerfülltem Kinderwunsch empfangen hatte. Sie und mein Vater waren seitdem nie wieder dort gewesen. Beide wünschten sich, noch einmal mit mir auf diese Insel zu fahren. Mein Vater starb einige Tage nach meiner Hochzeit. Zweimal vorher war er dem Tode schon sehr nahe gewesen. Mein Bruder und ich haben uns oft gefragt, was ihn am Leben hielt. Diejenigen die ihn kannten, hatten den Eindruck, dass er beide Kinder, nach seinem Verständnis, gut versorgt wissen wollte. Die erste Frau meines Mannes und Mutter seiner Kinder kam durch einen unverschuldeten Autounfall ums Leben. Sie hat bei uns allen ihren Platz.

Immer wieder, bei all diesen Begegnungen mit dem Tod, ist bei mir der Eindruck entstanden, dass die Psyche, die Seele oder das Unterbewusstsein einen großen Einfluss auf das Leben und das Sterben hat. Warum sollte das nach dem Tod radikal zu Ende sein? Selbst der Körper eines Verstorbenen hinterlässt Spuren auf dieser Erde.

Es gibt meinem Leben einen Sinn zu lernen, die unterschiedlichsten Zusammenhänge zu verstehen und zu begreifen und mich weiterzuentwickeln. Sinnvoll erscheint mir auch, ein Wohlbefinden auf vielen Ebenen zu erstreben und Schwieriges zu integrieren. Mich in meinem Leben wohlzufühlen, hinter meinen Entwicklungen und Entscheidungen – auch den schwierigen – zu stehen, gibt mir jetzt schon das Gefühl: Es ist gut so.

Wir werden von der geistigen Welt geführt

Sibilla Brombach-Lersch · Jahrgang 1943

Schneidermeisterin, Künstlerin, Hospizgründerin

Die Sonne ist mein Lehrmeister. Wenn ich sehe, wie sie versinkt, weiß ich, dass es ein Leben nach diesem Leben gibt. Denn wenn sie hier untergeht, geht sie bei anderen Menschen auf. Nichts geht verloren.

Ich glaube nicht an einen dogmatisch festgezurrten Gott, nicht an einen Gott in Person. Gott ist das Allumfassende, der Kreislauf, die Natur, zu der wir gehören. Ich glaube an ein

Wachsen in die Vollendung hinein, in die ewige Glückseligkeit. Mit allem eins sein, das ist Gotteserfahrung.

Deshalb bin ich auch sicher, dass wir nicht sterben. Wir legen nur unsere Hülle ab. Glaubt denn ein Mensch in einem strengen Winter, dass alles noch einmal aufblüht? Wenn ich Knospen in der Hand halte, denke ich, wir sind nicht anders als sie. Aber die Blumen haben es besser, sie wissen, was mit ihnen geschieht, und wir wollen es manchmal nicht wissen.

Je mehr Menschen ich hier im Hospiz begleitet habe, desto sicherer bin ich mir dessen geworden, und desto mehr Einblicke habe ich gehabt in das, was kommt. Ein Erlebnis mit einer Sozialarbeiterin, die ihre letzten Wochen hier verbracht hat, war für mich sehr bewegend. Sie war eine ehrliche, eine wunderbar korrekte, gerade Frau. Als wir einmal zusammensaßen, habe ich davon erzählt, dass es nach dem Tod weitergeht. Ich finde es wichtig, darüber zu reden, denn Morphium ist nicht das einzige Mittel, den Kranken zu helfen. Vor allem ihre Seele braucht Nahrung und Unterstützung. »Das glaube ich niemals!«, sagte sie. Ihr war es recht, über den Tod zu sprechen, aber dass noch etwas danach kommen sollte, wollte sie nicht hören. Wenige Tage später fiel sie ins Koma. Als sie starb, saß ich an ihrem Bett. Ich hatte die Augen geschlossen und war ganz tief mit ihr verbunden. Auf einmal durchfuhr mich wie ein Blitz der Gedanke: Ich bin blind, und sie kann sehen! In diesem Augenblick machte sie die Augen auf und sagte: »Es stimmt, was Sie sagen. Meine Großmutter ist da, und ich höre Musik.« Dann starb sie. Was mich daran so berührt hat, war die Ehrlichkeit dieser Frau. Noch an der Schwelle zu ihrer neuen Geburt wollte sie mir sagen, dass ich weitermachen soll: mit Sterbenden darüber sprechen, was kommt.

Unvergesslich geblieben ist mir auch die Geschichte eines jungen Mannes. Seine Mutter hatte die letzten Monate mit ihm hier gewohnt. Eines Morgens kam ich in sein Zimmer und habe gespürt, dass er an diesem Tag sterben würde, obwohl es ihm viel besser zu gehen schien. Ich habe zu seiner Mutter gesagt, sie solle ihre Tochter anrufen, damit sie abwechselnd bei ihm wachen könnten. Am späten Abend saß ich nach einem anstrengenden Tag mit meinem Mann in unserem Wohnzimmer. Plötzlich hörte ich, wie jemand ganz laut den Namen des Kranken rief: »Stefan!« Ich bin sofort zu ihm gelaufen. Seine Schwester war an seiner Seite, hielt seine Hand und merkte nicht, dass es seine letzten Sekunden waren. Ich habe seine Mutter geweckt, obwohl seine Schwester mich bat, sie schlafen zu lassen, und drei Minuten später war er tot. Da habe ich wieder einmal gespürt: Wir sind Werkzeug auf dieser Erde. Ich war so froh, dass ich getan habe, was ich tun sollte. Für seine Mutter wäre es schlimm gewesen, wenn sie im Augenblick seines Todes nicht bei ihm gewesen wäre. Das sind Nöte, die man den Menschen nehmen kann.

Ich habe immer deutlich gefühlt, dass ich von der geistigen Welt, die auch in mir ist, geführt werde. So war es auch, als mein Mann und ich vor zwanzig Jahren das Hospiz gegründet hatten. Fünf Jahre vorher hatten wir in unserem Haus meine Mutter bis zu ihrem Tod begleitet. Eines Tages kam statt unseres Hausarztes seine Vertreterin. Als ich sie zum ersten Mal sah, hatte ich ein seltsames Erlebnis. Mir war so, als hätte ich diese Frau immer schon gekannt, als sei sie in mir gewesen. Sie schaute sich um und fragte: »Wenn ich alt bin, darf ich dann bei euch sterben?« Sie starb tatsächlich hier, und zwar nicht erst, als sie alt war, sondern schon zwei Jahre nach meiner Mutter im Alter von 45 Jahren. Ein Paradies – so hatte sie unser Haus genannt und anderen gewünscht, sie könnten ihre letzten Wochen auch hier erleben. Mein Mann und ich haben nach ihrem Tod voller Trauer überlegt, ob sich dieser letzte Wunsch nicht verwirklichen ließe. Damals war der Hospizgedanke in Deutschland – anders als in England – noch nicht weitverbreitet. Wir hatten kaum Möglichkeiten, uns in anderen Einrichtungen zu informieren. Doch alles hat sich zum Besten entwickelt. Die größte Schwierigkeit schien darin zu bestehen, passende Räume zu finden. Ich habe eine doppelseitige Hüftluxation und kann nicht gut laufen, das schränkte unsere Bewegungsfreiheit ein. Eine Zeit lang haben wir auch nichts Passendes gefunden. Doch dann löste sich gerade dieses Problem auf eine Weise, die bestimmt kein Zufall war. Zusammen mit unseren beiden Kindern wollten wir in Griechenland Urlaub machen. Bevor wir fuhren, habe ich mich von einem schwer kranken Nachbarn verabschiedet. »Ich werde Ihnen Licht bringen«, sagte er zu mir. Drei Tage später starb er. Während unseres Urlaubs habe ich zweimal von unserem Nachbarhaus geträumt. Jedes Mal sah ich, dass die Leute, die dort wohnten, ihre Möbel vor die Tür gestellt hatten. Sechs Wochen später erfuhr ich, dass sie tatsächlich ausziehen würden. Damit war für uns alles klar. Tür an Tür mit unserem Haus haben wir das Hospiz errichtet. Passend zur Hüfte. Wir haben in der folgenden Zeit Tag und Nacht gearbeitet. Unsere Kraft schien unendlich zu sein. Es war die Kraft der Liebe.

Weil ich weiß, dass ich geführt werde, erkenne ich auch den Sinn meines Lebens. Er liegt darin, weiterzukommen, Gott ähnlicher zu werden. Und einen guten Nährboden zu bereiten für mich und andere, damit es möglich ist zu wachsen.

Mein größter Wunsch ist, dass ich klar sterben kann, ganz bewusst bis zum letzten Atemzug, und dass ich dann in diese Verbundenheit mit allem komme. Ich spüre etwas davon, wenn ich Menschen in ihren letzten Stunden begleite. Man erlebt das Gleiche, man fließt zusammen wie in einem Fluss. Das dauert nicht lange, aber diese Sekunden sind unbeschreiblich. Sie zeigen mir, dass es eigentlich keine Trennung gibt, dass alles in uns ist und dass wir allem nah sind, auch wenn es uns noch so fern erscheint. So wie wir den Mond in unseren Händen halten können, wenn wir sie bei Vollmond mit Wasser füllen. An vielen wichtigen Tagen in meinem Leben war der Mond voll, und das wünsche ich mir auch für meinen Todestag.

Wenn ich noch nicht so weit bin, dass ich nach meinem Tod in den endgültigen Frieden eingehen kann, dann werde ich wiedergeboren, um das zu erledigen, was ich noch nicht geschafft habe. Ich wünsche mir, als ein Diener wiederzukommen und auf der Erde etwas zu bewirken.

Oft, wenn ich abends im Bett liege, denke ich – vielleicht in einer etwas kindlichen Art – darüber nach, wie es wohl in der geistigen Welt sein mag. Sind alle, die mir vorausgegangen sind, schon wiedergeboren? Oder warten sie auf mich und nehmen mich in Empfang, wenn ich komme? Ich bin sicher, die umfassende göttliche Liebe wird uns wieder zusammenführen. In manchen Religionen heißt es, dass sich die Seele nach sieben mal sieben Tagen wieder inkarniert. Das ist wohl eine symbolische Zahl für einen individuell unbestimmten Zeitraum. Bevor ich wieder auf die Erde komme, möchte ich jedoch noch eine Weile bleiben. Auch wenn ich denke, dass diese Begegnungen nicht körperlich sein werden, möchte ich – so ist mein irdisch geprägter Wunsch – alle, die mir lieb sind, wiedersehen und mit ihnen feiern. Denn meine feste Überzeugung aus vielen Begegnungen mit Menschen, die ich an der Schwelle zur geistigen Welt erlebt habe, ist: Wir bleiben in einer großen geistigen Lebensgemeinschaft.

Die andere Wirklichkeit ist Liebe

Rotraut Röver-Barth · Jahrgang 1942
Lehrerin

Als mein Großvater starb, war ich allein mit ihm. Ich schlief in der Nacht im Schlafzimmer der Großeltern. In seiner letzten Stunde habe ich gehört, wie er sehr heftig atmete und plötzlich ganz aufhörte. Ich bin noch bei ihm geblieben, als er tot war, und habe mich ihm sehr nah gefühlt. Als die Familie dazukam, wollte man mich aus dem Zimmer schicken. Aber ich habe mich nicht aus dem Bett vertreiben lassen, weil ich ein sicheres Gefühl hatte, was ich tun musste: Ich habe gebetet, um meinem Großvater den Übergang zu erleichtern. Ich selbst bin durch dieses Gebet besser mit der Trennung fertiggeworden.

Jede Begegnung mit dem Tod hat mir gezeigt, dass ich keine Angst vor ihm haben muss. Wenn man nicht abrupt aus dem Leben gerissen wird, lassen die Kräfte langsam durch Alter und Krankheit nach, und man ist immer weniger aktiv. Ich stelle mir das Gefühl ganz ähnlich vor wie eine schwere Müdigkeit am Abend: Ich sinke ins Bett und bin ganz erschöpft, dann danke ich für den Tag und dafür, dass er vorbei ist. So würde ich mir mein Sterben auch wünschen. Das Leben war gut, jetzt ist es vorbei, und auch das ist gut. So habe ich es bei meinen Eltern erlebt, vor allem bei meiner Mutter.

Sie litt an der parkinsonschen Krankheit und ist immer schwächer und gebrechlicher geworden. Es war ein langer Abschied, über zwei Jahre hat er sich hingezogen. Sie hat den Tod sehr stark abgewehrt. Ein Gespräch darüber war nicht möglich, sogar dann nicht, als mein Vater, der sie gepflegt hatte, während ihrer Krankheit starb. Ihr nah zu sein, war damals eigentlich nur mehr durch Körperkontakt möglich, wenn ich ihre Hand nahm oder Übungen mit ihr machte. Bei ihrem Tod war ich nicht dabei, sondern kam erst unmittelbar danach zu ihr. Ich war nicht darauf vorbereitet, was mich erwartete: Sie sah so schön aus. Vorher war sie durch ihre Krankheit ganz verunstaltet gewesen. Nun lag sie da und sah genauso aus wie auf den Bildern, als sie mit mir im Arm im Wochenbett gelegen hatte. Ganz verjüngt und schön. Das berührt mich bis heute, wenn ich daran denke. Ich bin lange mit ihr im Zimmer geblieben und konnte ihr noch einmal alles sagen, was mir am Herzen lag.

Diese Erfahrung hat mich darin bestätigt, dass es nach dem Tod weitergeht oder dass da noch etwas Neues in einer anderen Form entsteht, dass etwas vollendet oder verwandelt wird. Ich weiß nicht, wie dieses Weiter, dieses Neue aussieht, aber ich habe das deutliche Gefühl, dass es einen Verwandlungsprozess geben wird. So wie es im Leben auch ist. Bei einem Seminar, an dem ich teilgenommen habe, hat die Leiterin diesen Gedanken schön ausgedrückt: Der Sinn des Lebens sei es, das Göttliche, das in jedem Menschen angelegt ist, auszutragen und zu gebären. So gesehen ist das ganze Leben ein Geburtsvorgang. Das hat mir sehr eingeleuchtet, und darin sehe ich auch den großen Sinn meines Lebens.

Aus diesem Grund versuche ich, voll zu leben, meinem inneren Impuls zu folgen, den Weg zu gehen, auf dem ich mir treu bleibe, auch wenn ich immer nur eine bestimmte Wegstrecke erkennen und nur das tun kann, was im Augenblick ansteht. Mit aller Kraft zu leben – das ist das Wichtigste, was man tun muss, um am Ende sagen zu können, es war gut. Alle Möglichkeiten wahrzunehmen, die man hat, das eigene Pozential auszuschöpfen, die geistigen, kreativen, körperlichen Fähigkeiten zu entfalten, um nicht bedauern zu müssen, dass man etwas versäumt hat.

Ich habe Phasen des Rückzugs erlebt ebenso wie Zeiten intensiver Berufstätigkeit. Ich habe mich in der Meditation ebenso weiterbewegt wie im Kontakt zu vielen Menschen. Denn es reicht nicht, nur die eigenen Möglichkeiten auszuschöpfen. Jeder Mensch braucht auch die Resonanz der Mitmenschen, er braucht Erfolg, Anerkennung, Bestätigung und vor allem das Gefühl, angenommen zu werden. Tiefe Beziehungen, ein Leben voller Liebe, das ist wahrscheinlich das Wichtigste.

Deshalb pflege ich einen engen Kontakt zu Bekannten, Freunden, ehemaligen Schülerinnen. Ich habe einen großen Freundeskreis nicht nur hier an meinem Wohnort. Briefe, Besuche, Einladungen zu Geburtstagen, all das hält diese Beziehungen lebendig. Eine gute Freundin wohnt eine Etage tiefer als ich, sodass wir unser Leben in vielen Bereichen teilen können.

Immer wieder haben Menschen an entscheidenden Stellen meines Weges eine wichtige Rolle gespielt oder haben mich ein Stück weit begleitet, Lehrerinnen in meiner Schulzeit ebenso wie Zen-Meister, die mich in die Meditation eingewiesen haben. Sehr viel verdanke ich meinem Mann, der mich aus der Ehe freigegeben hat, als ich für sechs Jahre ins Kloster gegangen bin. Mit einigen meiner damaligen Mitschwestern stehe ich noch heute in Verbindung. Meiner Großmutter verdanke ich nicht nur die schönen Biedermeier-Möbel in meiner Wohnung. Sie war eine sehr starke Frau, die vieles gelebt hat, was mir heute wichtig ist.

Meine inneren Aufgaben manifestieren sich äußerlich darin, dass ich auf meine Weise versuche, anderen zum vollen Leben zu verhelfen. Ich arbeite mit jungen Migrantinnen in einem muslimischen Zentrum. Ihnen helfe ich beim Entwickeln ihrer Lebensläufe und Bewerbungen und trainiere sie für die Integrationsprüfung. Für jüdische Seniorinnen gebe ich Deutschkurse. Außerdem biete ich jedes Jahr an meiner ehemaligen

Schule einen Meditationskurs für Abiturientinnen an. Das sehe ich als sinnvoll an, auch um den Religionsunterricht zu ergänzen. Ich denke allerdings nicht ständig darüber nach, dass es sich bei all diesen Tätigkeiten um Aufgaben handelt, sondern ich tue das, weil es mir Freude macht, weil mich das reicher macht und weil mein Leben dadurch schöner wird.

Meine Arbeit ist ein Geschenk für mich. Immer bekomme ich mehr zurück, als ich geben kann. Sie lässt mich ganz im Augenblick sein. Ich bin dann ähnlich präsent, wie wenn ich meditiere. Diese Intensität gibt mir viel Sinn und Lebensfreude. So würde ich gerne noch eine Weile weiterleben, wenn das möglich wäre.

Ich glaube, dass nach dem Tod nichts von dem verloren geht, was in einem Leben an Wertvollem geschehen ist, sondern dass es in irgendeiner Form mitgenommen wird. Dieser Glaube ist ein Impuls für mein ganzes Leben. Selbst die letzten Tage und Stunden beeinflussen noch das, was danach kommt. Ich diskutiere seit Jahren mit einer alten Dame über das Thema Freitod. Sie hat Angst davor, wie sich ihre Krankheit entwickeln wird, und möchte selbst entscheiden, wann sie ihrem Leben ein Ende setzt. Ich habe sie darin bestärkt, das nicht zu tun, und zwar nicht wegen einer möglichen Strafe Gottes – wovor sie selber Angst hat –, sondern weil ich denke, man sollte nicht Hand an sich legen, bevor das Leben nicht vollendet ist und man wie eine reife Frucht vom Baum fällt. Niemand weiß, ob nicht auch die schwierige Phase am Schluss des Lebens für den Vollendungsprozess notwendig ist. Das habe ich bei meinen Eltern so erlebt. So schlimm die letzte Zeit für sie war, glaube ich doch, dass es gut war, dass sie sie durchlebt haben. Ich denke, dass auch das Lebensende noch Reifungsprozesse mit sich bringt, die man besser nicht abkürzen sollte.

Dass danach etwas kommt, daran glaube ich, aber ich denke

nur manchmal darüber nach und mache mir auch keine konkreten Vorstellungen davon. Ein wenig geprägt haben mich die Bücher von Elisabeth Kübler-Ross. Beim Tod meiner letzten Schulleiterin, die ich ein Jahr lang gepflegt habe, habe ich viel darin gelesen.

Ich denke aber auch, dass das Ich in einer Form weitergeführt wird, und zwar so wie ich Gott in meiner Vorstellung empfinde: apersonal und personal zugleich. Wenn mein Ich sich tiefer in diese Einheit begibt, dann wird es auch Dimensionen dieses Göttlichen stärker als hier annehmen. Das ist mein größter Wunsch an das Jenseits: dass es Erfüllung ist, Einheit – letztlich mit Gott, dass jede Trennung aufhört und man Menschen nah sein kann, bei denen das im Leben nicht möglich war, so wie ich nach dem Tod meiner Mutter erlebt habe, dass sie mir plötzlich sehr nah war.

Ein einziges Mal bisher hatte ich eine Naturerfahrung, bei der ich dieses Einsseins erlebt habe. Ganz unvermittelt bin ich aus dem Dualismus herausgetreten und völlig eins mit der Natur gewesen. Ich hatte in der Schweiz an einer Meditationswoche teilgenommen und während dieser ganzen Zeit nicht geredet. An einem frühen sonnigen Morgen kam ich allein auf dem Weg zur nächsten Meditation über eine Bergwiese. Sie war mit Blumen übersät, unzählige Insekten summten darin – und ich war von einem Augenblick auf den anderen nicht mehr Beobachterin, sondern Teil des Geschehens, eines Geschehens, das ich als unendlich liebesintensiv erlebt habe. Es war eine andere Wirklichkeit, in die ich eingetreten bin, und diese Wirklichkeit war Liebe. Auch wenn dieses Erlebnis nur kurz gedauert hat, ist es noch in der Erinnerung beglückend. Es hat mir gezeigt, was ich vielleicht bin, was meine Essenz sein könnte: ein Gedanke der Liebe.

Der Geist der Toten bringt Licht in die Welt

Silvia Merk · Jahrgang 1954
Kommunikations- und PR-Beraterin

Bei meiner Beerdigung soll nichts dem Zufall überlassen sein, und deshalb werde ich genau festlegen, was ich möchte und was nicht. Alles Pompöse wie etwa ein langer Leichenzug ist mir ein Graus. Auch Unterhaltungsmusik finde ich völlig unpassend. Man darf durchaus traurig sein bei einem solchen Anlass, auch deshalb, weil sich jeder Gedanken über das eigene Leben und die Endlichkeit macht. Allen, die kommen sollen, werde ich in einer Art Abschiedsbrief erzählen, was ich über mein Leben und meinen Tod denke. Ich wünsche mir, dass Luftballons aufsteigen, und jeder von ihnen soll einen beschwerenden Gedanken, eine Sorge meines Lebens, auf einen Zettel geschrieben, mit sich forttragen. Ich wünsche mir, dass Mozarts Musik gespielt wird, denn er hat gehört, was außerhalb der Welt war, und hat Sphärenklänge aufgenommen. Und ich wünsche mir einige freimaurerische Rituale. Drei Rosen gehören dazu, die an bestimmte Stellen des Körpers gelegt werden. Da ich mich verbrennen lassen möchte, sollen sie symbolisch an meine Urne gelegt werden.

Was bei der Feier geredet wird, kann ich nicht beeinflussen. Aber es wäre schön, wenn die Menschen sagen könnten, dass ich kein sinnloses Leben geführt habe, dass ich ihnen etwas gegeben und dazu beigetragen habe, dass manches gut gelaufen ist. Mehr muss es nicht sein.

Meine Urne soll auf einem Naturfriedhof unter einem Baum begraben werden, so intensiv in die Natur eingebettet wie möglich. Denn die Natur gibt mir sehr viel: Glücksgefühle, Anregungen, fast schon Botschaften. Wenn ich spazieren gehe oder laufe, wird mir auf einmal klar, was ich tun muss oder wie ich mich verhalten soll. Und wenn ich dann Tiere sehe, Rehe oder

Eulen, dann ist das für mich wie ein Zeichen, dass die alte Magie noch immer lebendig ist.

Tiere, vor allem meine Katzen, haben mir auch beigebracht, dass man Freude empfindet, wenn man in der anderen Welt ist. Erklären kann ich das nicht, es ist ein starkes Gefühl, dass da große Freude ist, etwas Positives, das sich warm und wohlig anfühlt. Ich denke, dass ich dort als Energie vorhanden sein werde, und ich bin auch davon überzeugt, dass ich in unsere Welt wirken kann, umhüllend und schützend. Genauso habe ich immer empfunden, wenn ich an meine Schwester und an meinen Vater gedacht habe. Beide sind schon lange tot. Für mich aber sind sie bis heute präsent. Sie beschützen mich, und ich kann mich an sie wenden, wenn ich Hilfe brauche, ein bisschen so wie die Laren, die Hausgötter der Römer, denen man in einer Ecke des Hauses einen Altar errichtete.

Ich hatte immer ein klares Gefühl dazu, wo die beiden waren – irgendwie in der Nähe vom »Himmivatter«, den kannte ich nämlich quasi persönlich. Er stand in meiner Heimatstadt am Ende der Straße auf einem Denkmal. Ein alter, bärtiger Mann, der bei uns um die Ecke wohnte und mit dem ich reden konnte. Und wenn es gewitterte, dann schimpfte er mit uns. Dass es sich bei dieser Figur nicht um Gott, sondern um den Turnvater Jahn handelte, habe ich erst viele Jahre später begriffen. Geändert hat sich dadurch eigentlich nichts. Der Gott, an den ich glaube und an den ich meine Stoßgebete richte, ist immer noch mein Himmelvater von damals. Er ist ein wachender Gott, der an seiner Ecke im Dorf sitzt und darauf aufpasst, dass alles mit rechten Dingen zugeht. Er ist jedoch inzwischen für mich umfassender geworden, ein Naturgeist oder Weltgeist, der den göttlichen Funken in den Menschen angelegt hat und das ordnende, regelnde Prinzip der Welt ist. Das Miteinander der Menschen, die Auseinandersetzung zwischen Gut und Böse wird über ihn bestimmt. Er ist derjenige, der den Menschen ihre Lebensaufgaben stellt. Zwar weiß ich noch immer nicht, welche Aufgabe für mich vorgesehen ist, aber ich bin fest davon überzeugt, dass ich etwas zu tun habe. Das ist für mich wie ein Geländer, an dem ich mich in dunklen Zeiten entlanghangele. Wenn ich darüber nachdenke, ob und wann ich mir das Leben nehmen würde, dann denke ich gleichzeitig, das kannst du gar nicht entscheiden, sondern es wird dir gesagt, wenn deine Aufgabe erledigt ist. Ich denke, dass dieses Leben dazu da ist, die Aufgabe zu erkennen, die einem gegeben ist, und sich ihr zu stellen.

Betrachte ich es naturwissenschaftlich, glaube ich, dass sich unsere Gene seit Beginn der menschlichen Existenz immer weiterentwickelt haben, auch abhängig von äußeren Umständen. Niemand bekommt seine Gene zufällig, sondern jeder bewegt sich in der Tradition seiner Vorfahren und entwickelt sie weiter. Wir sind geprägt von den Verhaltensweisen unserer Vorfahren, haben darunter zu leiden oder auch Aufgaben zu übernehmen. Ich glaube zum Beispiel, dass es kein Zufall ist, dass unsere Familie mit mir endet. Dass ich nicht Mutter geworden bin, hat mehr Gründe als meine Ängste oder meine Unfruchtbarkeit. Diese fortdauernde Entwicklung kann auch zu perfekten Kombinationen führen, sodass ein wichtiger Mensch wie Jesus geboren wird, ein Gandhi oder eben Mozart. Aufgaben, Verhaltensweisen, Funktionen und Zusammenhänge – all das ergibt sich aus dieser Entwicklung und muss in Harmonie gebracht werden mit einem göttlichen Geist, einer göttlichen Situation, und dann auch gelebt werden. So werden Inspirationen aus anderen Zeiten weitergetragen, und es mag sein, dass heute etwas realisiert wird, was vor 500 oder 2000 Jahren schon gedacht worden ist. Vor diesem Hintergrund glaube ich, dass alle Menschen eine Bedeutung haben, auch wenn sie völlig bedeutungslos zu sein scheinen. Aber sie müssen vielleicht der

Anstoß für andere sein, etwas zu tun oder nicht zu tun. Doch ob Gene oder Weltgeist – in beiden Fällen stellt sich mir die Frage: Wer steuert sie? Und von wem wird dieser Steuernde wiederum gesteuert? Ich muss verstehen, wie das Universum aufgebaut ist, um dieser Frage ein bisschen näher zu kommen. Ist unsere Welt eine russische Puppe, die Welt in der Welt in der Welt in der Welt in der Welt? Und welche Bedeutung hat sie in einem Gesamtuniversum, das ohne Anfang und Ende und damit nach ganz anderen Regeln aufgebaut ist? Wer sitzt denn da und macht ein Planspiel mit uns? Gibt es so jemanden überhaupt? Und wenn ja, welchen Sinn hat das Ganze? Diese Vorstellungen bringen mich an die Grenzen meines Denkvermögens und machen mich nervös. Trotzdem kann ich nicht aufhören, darüber nachzudenken. Die Naturwissenschaft gibt mir eine gewisse Basis, aber sie löst das Problem nicht wirklich. Ich verstehe immer besser, dass sich so viele Menschen zu allen Zeiten Gedanken darüber gemacht haben, wie die Welt existiert. Ich verstehe nur nicht, warum nicht gerade die besten Denker verrückt geworden sind. Wenn man sich das einmal vorstellt: Wir sind in einem Raum in einem Raum in einem Raum. Und wenn man sich fragt, wo das Haus um die Räume ist, stellt man fest, dass es gar nicht existiert. Fängt man an, das zu überdenken, stellt man alles in Frage. Dann ist es auf einmal möglich, dass alles gleichzeitig geschieht. Oder dass alles abgebildet ist, oder nur eine Idee ist, wie Platon sagt. Für mich ist es ein Thema, das mich zunehmend fasziniert und mit dem ich mich in den nächsten Jahren immer mehr beschäftigen werde.

Mein größter Wunsch an ein Leben im Jenseits wäre, dass ich dann wirklich Antworten bekomme. Ich möchte dann endlich wissen, wie das Ganze ist. Wie die russische Puppe tatsächlich aussieht. Allerdings bin ich nicht sicher, ob es ein Jenseits oder ein Danach gibt, oder besser gesagt, wie das aussehen könnte.

Eine Auferstehung im Fleische und zu neuem Leben kann ich mir ebenso wenig vorstellen wie eine Wiedergeburt. Aber ich glaube schon, dass man weiterhin da ist, dass die seelische und geistige Materie und auch die Nicht-Materie irgendwie vorhanden bleiben und dass all das zusammen diese Welt ausmacht.

So gesehen kann es auch sein, dass ich meine Aufgabe über meinen Tod hinaus ausführen werde, indem ich bestimmte Ziele geistig oder energetisch ansteuere. Eine Aufgabe, die man nach dem Tod noch ausüben kann und darf, ist, Licht in die Welt zu bringen, damit es hier nicht ganz dunkel wird. Ob jemand viel oder wenig Licht bringen kann, das hängt davon ab, ob er im Leben eine positive oder eine negative Persönlichkeit war. Auch das ist etwas, das man im Leben zu leisten hat: ständig an sich zu arbeiten, alles Negative abzulegen und auf einer höheren Ebene wieder verständig zu werden wie ein Kleinkind.

Nach dem Tod wird sich entscheiden, wie nah man dem gekommen ist oder ob man ein sehr negativer, destruktiver Mensch war, und zwar aus eigener Schuld. Ich glaube nicht, dass Menschen bestraft werden, wenn sie nichts dafür können. Aber wenn sie die Verantwortung tragen, dann ist das zugleich die Strafe, die sie mit hinübertragen und spüren müssen, so wie positive Menschen das Positive mittragen und spüren. Ich denke, es kommt in dieser wie in der anderen Welt auf diese Pole an. Je mehr man sich entwickelt, desto stärker kann man sich davon entfernen, negativ zu handeln, zu denken oder zu fühlen, und desto größer wird die Chance, sich in einem positiven Umfeld zu bewegen. Letztlich läuft das auf Himmel und Hölle hinaus, wobei die Hölle nicht räumlich zu verstehen ist. Aber es gibt Menschen, die es gut haben, und Menschen, die es schlecht haben, wenn sie tot sind, etwa so wie auf den Bildern von Hieronymus Bosch, allerdings nicht mit körperlichen, sondern mit geistigen Qualen. Früher haben die Menschen gesagt, dass es ein Strahlen von innen gibt. Und tatsächlich sieht man Positives immer als Strahlen an oder als Licht und Negatives als Dunkelheit. So wird es auch über den Tod hinaus sein.

Ebenso wenig wie körperliche Qualen wird es eine körperliche Sinnlichkeit geben. Das ist nicht schlimm, sondern löst auch viele Probleme. Der Körper als Gefängnis – das wird es nicht mehr geben. Ich kann mir aber eine spirituelle Sinnlichkeit gut vorstellen. Musik, Gefühle oder das, was hinter einem Menschen steckt, nimmt man ja auch nicht durch die Sinne wahr, sondern mit dem, was man Geist oder Seele nennt. Und wenn das bleibt, dann bin das zwar nicht mehr ich, aber es wird immer noch vorhanden sein. Es wird immer noch dazu beitragen, zu leiden oder zu schützen oder etwas zu bewirken. Und wahrzunehmen. Das ist das Einzige, was ich wirklich wichtig finde: wahrzunehmen.

Manchmal, wenn ich mir ausmale, wie es in einem Jenseits aussehen könnte, werde ich viel zu konkret. Dann gehen mir ganz pragmatische Sachen durch den Kopf. Zum Beispiel, wie es sein würde, wenn ich meine Großmutter wiedersehen müsste, mit der ich nicht besonders gut gestanden habe. Dann denke ich, so genau möchte ich das gar nicht wissen. Andererseits möchte ich tatsächlich nach meinem Tod Menschen wiedersehen. Meinen Vater vor allen Dingen, dessen Tod so schrecklich und unerwartet kam, gerade, als es unserer Familie nach schwierigen Jahren besser zu gehen anfing. Ich würde die Schwester sehr gern kennenlernen, unter deren Tod ich mein ganzes Leben lang gelitten habe. Sie ist zwei Jahre vor mir geboren und im Alter von neun Monaten gestorben. Das haben meine Eltern nicht verkraftet. Vor allem meine Mutter ist nie darüber hinweggekommen, und ihre Trauer um das gestorbene Kind hat sich so auf mich übertragen, dass ich offensichtlich

Angst davor bekommen habe, ein eigenes Kind zu haben. Trotzdem war mir diese Schwester immer sehr nah, sie hat mir gefehlt, und ich möchte gerade jetzt gerne mit ihr reden, da ich allein für unsere alte Mutter verantwortlich bin.

Es wäre auch schön, etwas von meinen Vorfahren vor 200, 300 Jahren zu erleben, sie kennenzulernen und zu erfahren, woher bestimmte Eigenarten in unserer Familie kommen. Ich kann mir vorstellen, dass ich sie alle zwar nicht sehen, aber spüren werde. Das könnte so sein wie bei den Magnetspänen, die wir als Kinder im Physikunterricht vorgeführt bekamen. Ohne dass ein Auslöser erkennbar ist, richten sie sich plötzlich alle gleich aus und rutschen zusammen. Ich denke sogar, dass man auf diese Art und Weise im Jenseits zusammenhalten und eine geistige Front gegen »das Böse« bilden kann. Ich glaube, dass die Entwicklung auf dieser Ebene noch sehr viel weitergeht.

Allerdings glaube ich nicht mehr wirklich daran, dass meine Schwester und mein Vater nah beim Himmelvater sitzen. Aber ehrlich gesagt, fand ich diese Vorstellung schon als Kind langweilig.

Ich möchte gern Zeit zum Sterben haben

Ulli Olvedi · Jahrgang 1942
Autorin, Seminarleiterin

Jede Nacht, wenn ich in den Schlaf falle, gehe ich ein Stückchen weit in den Tod hinein und lebe ein geistiges Leben in anderen Räumen. Sehr viel anders wird das sogenannte Jenseits vielleicht gar nicht sein. Wir können Welten träumen, und dabei sind unsere Sinne scheinbar aktiv. Wir können im Traum sprechen, denken, entscheiden, und alle unsere Prägungen und Muster spielen dabei eine Rolle. Wir können sogar wach sein im Traum. Aber unsere körperlichen Sinne sind an all dem nicht beteiligt. So könnte es auch nach dem Tod in einer nichtmateriellen Form weitergehen. Ich kann mir vorstellen, dass es eine subtile zentralisierende Energie gibt, die unsere Gewohnheitsmuster des Denkens und Fühlens als Ganzes zusammenhält. Dieses relative Selbst verändert sich im Lauf des Lebens und schließlich über das Leben hinaus immer wieder.

Ich bin überzeugt davon, dass mein Verhalten, mein Fühlen und mein Denken während meines Lebens einen Einfluss auf meinen Sterbeprozess haben werden und auch auf das, was möglicherweise danach kommt. Denn ich habe immer wieder die Erfahrung gemacht, dass Situationen durch meine Geisteshaltung und meine Vorstellungen beeinflusst werden. Deshalb ist es so wichtig, sich mit dem Tod vertraut zu machen; er gehört zum Leben.

Seit über 35 Jahren beschäftige ich mich mit dem Buddhismus. Das hat mich gelehrt, den Tod auf ganz natürliche Weise immer im Blick zu behalten. Man kann sich dem eigenen Tod durch eine erhellende buddhistische Todesmeditation annähern:

Zuerst stellt man sich vor, dass man nichts mehr besitzt. Das Haus geht in Flammen auf. Was würde ich retten wollen, wenn ich noch etwas retten könnte? Dann geht man weiter: Ich kann nichts mehr retten, gar nichts mehr, auch das nicht, was ich unbedingt behalten wollte, alles ist weg, und ich habe nichts mehr … Man soll versuchen, sich völlig hineinzufühlen: Ich habe gar nichts mehr, ich stehe ohne etwas da. Wenn das gelingt, kommt der zweite Schritt: Alle Menschen, die mir nahe sind, alle Menschen, die ich brauche, an denen ich hänge, sind nicht mehr da, niemand mehr, ich muss sie alle hergeben. Und ich bin ganz allein. Auch in diese Vorstellung soll man sich emotional hineinbegeben – soweit man es kann. Und noch weiter geht es: Ich muss meinen Körper hergeben. Wenn man soweit ist, stellt man fest, wie stark wir uns mit unserem Körper identifizieren, was wir alles tun, um ihn zu erhalten. Aber nun soll ich mich von ihm trennen, kein Gefäß mehr haben, in dem mein Geist gehalten wird. Und das ist der letzte Schritt: Ich muss auch noch mein Ich hergeben. Was geschieht dann? Diese Meditation ist sehr reinigend, und sie hilft herauszufinden, wie sehr man festhält.

Loslassenkönnen ist das Wichtigste für das Sterben wie für das Leben. Es heißt, sich von allen Fixierungen zu lösen, von Gier, Aggression oder Nicht-Wissen-Wollen. Loslassen bedeutet, den Geist zu öffnen und dadurch den Kokon aufzubrechen, in dem wir gefangen sind: das dualistische Denken, die Trennung von Körper und Geist. Wenn das gelingt, dann kommt man auf eine andere Ebene der geistigen Wahrnehmung, in einen Geisteszustand, in dem alles noch neu und frisch und erstaunlich ist.

Sterben und Tod sind in unserer Zeit kein erwünschtes Thema. In meinem Roman »Über den Rand der Welt« habe ich das Sterben einer Frau beschrieben. Immer wieder berichten mir Buchhändlerinnen, dass viele Kunden den Klappentext lesen und dann ablehnen: Sterben? Nein, ich glaube, das ist nicht das Richtige für mich. Dabei ist es ein unterhaltsamer Roman, ein freundliches Modell, wie man auf gute Weise sterben kann. Im Krimi, im Fernsehen gibt es reichlich Tote. Aber was hat das mit dem Sterben zu tun? Homogenisiert, pasteurisiert, zellophanverpackt, so hat man den Tod gern. Aber wenn wirklich etwas über das individuelle Sterben ausgesagt wird, dann wollen viele nichts damit zu tun haben.

In diversen alten Kulturen lernt man, dem Tod nicht mit Angst gegenüberzutreten, sondern mit Wertschätzung, und ihn tief zu würdigen als Mysterium der Existenz. Auch die Geburt ist ein Mysterium, und wir haben wenigstens gelernt, dieses ein wenig zu würdigen. Sterben kann man als einen Geburtsprozess in einen anderen Zustand verstehen, von dem wir auch als religiöse Menschen, wenn wir intellektuell redlich sind, nicht wissen, wie er sein wird. Meine zuversichtliche Ungewissheit besteht darin, nicht sicher zu sein. Ich lasse es offen.

Ich sehe es als meine Aufgabe, mein eigenes Potenzial zur Entfaltung zu bringen und zwischen den Kulturen zu vermitteln. Ich selbst bin christlich neurotisiert. Ich war ein frommes Kind, voller frommer Angst. In der Pubertät hat mich die Philosophie erlöst.

Das hat dazu beigetragen, Distanz zur religiösen Neurose herzustellen. Über den Buddhismus habe ich übrigens die christliche Mystik entdeckt. Sie spielt leider eine sehr geringe Rolle im Christentum. Doch wenn etwas das Christentum erneuern könnte, wäre es meines Erachtens die christliche Mystik. Unsere kulturelle Prägung ist sehr mächtig, unsere ganze Kultur ist durchtränkt von christlich-kirchlichem Geistesgut. Ich musste erkennen, dass dieser Einfluss wie eine tiefe Wurzel in mir steckt. Es ist notwendig, sich bewusst zu machen, was einen bestimmt und konditioniert, und sich zu fragen, was man davon akzeptieren kann. So intensiv ich mich mit buddhistischer und vor allem tibetischer Kultur befasse, sosehr ich sie mag, so habe ich doch erkannt, wie sehr ich Mitteleuropäerin bin. Es ist aber möglich, zwischen den Kulturen hin und her zu wechseln. Ich halte es sogar für sehr gut, sich weder mit der einen noch mit der anderen Seite nahtlos zu identifizieren.

Ich bin Mitarbeiterin der »Akademie Panta Rhei für einen neuen Umgang mit Sterben, Tod und Trauer«. Das ist eine Bildungsakademie mit dem Anliegen, in unserer Gesellschaft die Abwehr aufzulösen, mit der dem individuellen Sterben, der natürlichen Tatsache des Todes und der Notwendigkeit, Trauer fruchtbar zu verarbeiten, begegnet wird.

Von einem vordergründigen Standpunkt, vom Ego aus gesehen, ist der Tod die vollkommene Vernichtung. Doch jede Unannehmlichkeit, die uns geschieht, hat Aspekte von Vernichtung. Jede Bedrohung, alles, was uns Veränderung aufzwingt, sind kleine Tode, die wir schon in unserem Leben sterben müssen. Deshalb heißt gut leben letztlich, gut sterben zu lernen. Das ist der Integrationsprozess. Dazu gehört auch, das Sterben wieder öffentlich zu machen, es als selbstverständlich zu verstehen und nicht mehr zu verstecken. In der bei uns üblichen Verdrängung stecken so viel Angst und Lieblosigkeit. Das wirft ein Licht auf unsere ganze Gesellschaft, denn eine Gesellschaft, die ein so wichtiges Element nicht integrieren kann, muss gestört sein! Ich habe manchmal mit Menschen zu tun, die dem Tod nahe sind, und stelle fest, dass viele von ihnen dankbar sind, wenn sie über ihr Sterben reden dürfen, und wie schlimm sie es finden, dass das gerade ihnen nahe Menschen oft zu verhindern suchen. Menschen in Todesnähe wissen meist schon, dass sie sterben, und sie wollen damit nicht alleingelassen werden. Ihnen zu helfen, ihnen unsere Offenheit und freundliche Zuwendung zu geben, ist so wichtig.

Wenn mein Lebensbogen zu Ende ist, würde ich gern in der Lage sein zu sagen: Jetzt ist der rechte Zeitpunkt zum Sterben gekommen. Jetzt möchte ich sterben. Das fände ich schön. Ob es so sein wird, weiß ich natürlich nicht. Aber wenn der Tod kommt, möchte ich ihn mit offenen Armen empfangen. Vor allem aber wünsche ich mir, Zeit zum Sterben zu haben. Viele Leute sagen: Ich will schnell sterben, aus, vorbei, tot – so ist es am besten. Durch meine buddhistische Ausbildung habe ich jedoch gelernt, dass man sich dann nicht angemessen auf den Tod einstellen kann. Deshalb möchte ich auch nicht ohne Vorbereitung, also etwa bei einem Unfall, sterben. Das würde man im Buddhismus als »vorzeitigen Tod« bezeichnen.

Ich kann natürlich nicht vorhersagen, wie es mir in der unmittelbaren Situation ergehen wird. Das Sterben ist ein Geschehen, das Körper und Geist vollständig umfasst. In dem Augenblick, in dem das Leben ernsthaft bedroht ist, fängt der Körper an, sich ungeheuer aufzuregen, und auch der Geist ist natürlich daran beteiligt. Die Erfahrung von Panik ist sehr häufig. Wie man damit zurechtkommt, wie man mit dieser Energie umgeht, ist eine andere Frage. Aber mit diesem Aufruhr des Körpers wird man konfrontiert, darüber sollte man sich keine Illusionen machen. Aber ich weiß und vertraue darauf, dass man mit Angst in einer angemessenen Art und Weise umgehen kann. Man kann die Angstenergie in eine andere, positive Richtung leiten. Es ist sicher hilfreich, sich vorzustellen, wie man sterben möchte, wie die Umstände sein sollen und wo man möglicherweise ankommen wird, und so eine Art Flussbett zu schaffen, in das die Energie beim Sterben fließen kann.

Noch aber ist für mich der Punkt nicht gekommen, an dem ich denke: So, jetzt reicht's. Ich bin mit dem Punkt in meinem Leben, an dem ich jetzt stehe, zufrieden, und ich lebe gern, vor allem, wenn mein Geist nicht von Meinungen, Vorstellungen oder Emotionen eingetrübt ist, wenn er klar und neugierig ist und wenn mein Herz offen sein kann. Dann erscheint das Leben in jedem Augenblick neu und fordert die Neugier heraus.

Ein gutes Leben zu leben, das bedeutet für mich, nach den beiden Grundsätzen des Buddhismus zu leben: niemandem schaden und versuchen zu helfen. Der Impuls, niemandem zu schaden, kommt aus Verbundenheit mit allem, aus dem Überschreiten der egozentrischen Einstellung »nur in mein Säckel und nur zu meinem Wohle und nur für mich.« Als Sinn des Lebens verstehe ich die Möglichkeit, sich zu entwickeln, sich sozusagen auszuwickeln. Das umfasst sowohl die Entwicklung der Persönlichkeit als auch die spirituelle Entwicklung. Wozu leben wir sonst? Jeden Morgen aufstehen, Zähne putzen, arbeiten, Geld verdienen, Geld ausgeben, hin und wieder Aufregung und Sex, vielleicht Kinder aufziehen? Reicht das?

Dazu, mit dem Tod Freundschaft zu schließen, gehört auch, für die letzte Lebensphase vorzusorgen. Ich wünsche mir eine Situation, die so befriedet ist, dass nichts mein Sterben stört. Eine gute palliative Betreuung wäre wichtig, weil Sterben ja schließlich auch sehr schmerzhaft sein kann. Ich möchte abgestützt sein, um wirklich in Frieden sterben zu können.

Was mit meiner Asche geschieht, ist mir gleich. Man könnte damit Felder düngen. Die Tibeter haben ihre Toten an die Geier verfüttert, das ist für mich auch eine schöne Vorstellung. Oder der Urne einen würdigen Platz im Haus geben, wie es in vielen Kulturen üblich ist. Ich denke, ich überlasse es meinen Nachkommen – sie sollen es so machen, wie es ihnen am liebsten ist.

Eins aber würde mich freuen: Es ist ja bei Schriftstellern nicht selten so, dass ihre Bücher nach ihrem Tod interessanter werden. Es wäre schön, wenn noch viele Menschen meine Bücher läsen. Denn diese Bücher habe ich geschrieben, um die Menschen zu inspirieren, sich mehr um ihre spirituelle Entwicklung zu kümmern. Wenn mein Tod dies fördern wird, kann ich ihn auch in dieser Hinsicht begrüßen.

Drittes Kapitel

»Alles wandelt sich, nichts vergeht«

Über den Abschied vom Leben und die Hoffnung, es möge danach weitergehen

Und dann? So fragen Kinder am Ende jeder Geschichte. Für sie soll es kein Ende geben. Alles soll immer weitergehen, so aufregend neu und vertraut zugleich – die Geschichte, das Spiel, der Tag. Abschied nehmen fällt schwer, nicht nur Kindern. Jeder kennt das kleine Gefühl der Enttäuschung, wenn ein spannendes Buch ausgelesen ist, die Wehmut, wenn liebe Freunde nach einem schönen Wochenende Auf Wiedersehen sagen.

Und wenn es kein Wiedersehen gibt? Wenn der endgültige Abschied, der Tod, jede Vertrautheit beendet, jede Zukunft zunichtemacht? Dann gibt es nur noch Hoffnung: dass es über den Tod hinausgeht, dass es ein Danach und ein Weiter gibt. Seit Jahrtausenden setzen die Menschen in allen Kulturen diese Möglichkeit gegen eine Endgültigkeit des Todes. Dass mit ihm alles vorbei sein soll, das viel zu kurze und oft so mühsame Leben einfach ein Ende findet, ob allmählich oder abrupt, ist eine allzu grausame Perspektive. Der Tod soll nicht das letzte Wort, das Machtwort über den Menschen haben. Es gibt immer eine Zukunft. Denn es gibt die Ewigkeit und die Unendlichkeit.

Es gibt das Jenseits.

In Worten, Bildern und Musik haben sich die Menschen das, was da kommen könnte, ausgemalt. Sie haben Himmel und Hölle entworfen, haben ihre Phantasie durch Zeit und Raum reisen lassen und kraftvolle Visionen entwickelt. Seit Jahrtausenden haben die Völker Geschichten erdacht, Kulissen entworfen für eine Welt jenseits dieser Welt, für ein Leben nach dem Tod – vollkommen anders als das irdische oder auch nahtlos eng daran gebunden. In das Schattenreich des Hades geht es oder auf die Insel der Seligen, das Elysion, in die Halle »Walhall«, die Ruhestatt der gefallenen Kämpfer, in die Hölle, das Paradies, das Nirwana oder zurück auf die Erde in anderer Gestalt, als Zwischenwesen und Wiedergänger. Alles findet seinen Platz: Feuer, Wasser und Eis, Götter und Teufel, Belohnungen und beinahe unvorstellbare Wonnen, aber auch Strafen und ewige Qualen.

Von Schreckensszenarien wird in unserer Gesellschaft nur noch sehr selten gesprochen. Sie sind eher als Randerscheinung im okkulten Bereich angesiedelt. Es fließt aber auch heute noch Altes und Überkommenes in die Vorstellungen vom Jenseits ein, Fragmente aus anderen Religionen, Bilder, die die eigene Phantasie vorgibt.

Oft auch wird das Danach gedacht als ein Darüber-Hinaus – im doppelten Wortsinn. Denn auch das taucht als schönes Versprechen auf, dass das wahre Leben erst im Jenseits beginnt. Hinter der Grenze, die der Tod zieht, geht es in die Höhe, da löst sich alle Erdenschwere. Das Streben nach Transzendenz findet in vielen Jenseitsvorstellungen seinen Ausdruck und auch die Sehnsucht, es möge nicht nur weitergehen, sondern besser, leichter und glücklicher weitergehen. Nach dem Tod herrscht eine höhere Gerechtigkeit, alle Mühe wird beendet, alles Leid wird gestillt.

Aber wie? Die Gewissheiten sind den Menschen abhandengekommen. An die Stelle ist Offenheit getreten bis hin zur Neugier. Die ganze Bandbreite des »anything goes« gilt auch für die Vorstellung vom Jenseits.

Hoffen und Wünschen knüpfen sich daran, genau wie als Kehrseite Zweifel und Unglaube sich einstellen. Sicherheit kann es nicht geben, nicht im Sinne von Wissen. Auch wenn bisweilen mit naturwissenschaftlicher Genauigkeit nachgewiesen wird, dass das nicht sein kann, dass nichts völlig verloren geht, was einmal in dieser Welt gewesen ist. »Alles wandelt sich, nichts vergeht«, erkennt Ovid in seinen »Metamorphosen«. Dass das Leben nur geändert, nicht weggenommen wird, heißt es auch im Totengebet der Eucharistiefeier: vita mutatur, non tollitur. Aber die empirischen Beweise müssen ausbleiben. Es gibt keine Informationen aus erster Hand. Auch die »Erkundungsfahrten« in die Nähe des Todes, von denen Michel de Montaigne gesprochen hat, oder die Berichte über Nahtoderfahrungen bringen keine Gewissheit. Denn bis nach drüben ging es am Ende nicht.

Gibt es das Jenseits?

Die Frage ist nicht für Streitgespräche geeignet, denn wie sie beantwortet wird, ist allein eine Sache des Glaubens. Und der kann so sicher, so stark sein, dass er zu einer Überzeugung wird. Die Überzeugung kann in viele Richtungen führen. Paradies und Auferstehung im Fleische, Wiedergeburt oder das Nichts. Häufiger als früher, als die Religion noch im Zentrum des Lebens und der Gesellschaft stand, kommen Menschen zu dem Ergebnis, dass mit dem Tod alles aus und vorbei ist, dass da wirklich nichts mehr kommt, dass nicht einmal die energetische Umwandlung in Aussicht gestellt ist. Sie sehen in der Vorstellung von einer Seele und ihrer Unsterblichkeit nichts anderes als eine Flucht vor der Endgültigkeit des Todes. Und schließlich gibt es auch die, die für alles offen bleiben, die nichts ausschließen, weil sie nichts wissen können, nicht das eine, nicht das andere.

Was da bleibt? Lassen wir uns überraschen.

Es wird ein guter Zustand sein

Christina Hoffmann* · Jahrgang 1940
Diplom-Psychologin

Nach dem körperlichen Tod kommt auf die menschliche Seele noch etwas zu. Was? Davon habe ich keine konkreten Vorstellungen, weil ich mich keiner Religionsgemeinschaft zugehörig fühle. Ich denke und glaube, dass wir Menschen dies erst nach dem Tod erfahren können, auch wenn Religionsstifter oder inspirierte Menschen ihre persönlichen spirituellen Erfahrungen anderen verkündet und ihren Gemeinden als Doktrin vorgeschrieben haben. Ich respektiere die religiösen Vorstellungen anderer Menschen, möchte aber weder missioniert werden noch anderen meine Vorstellungen kundgeben. Ich empfinde diese als etwas zutiefst Intimes!

Im Buch eines Rabbi habe ich gelesen, dass für Menschen jüdischen Glaubens drei Variationen möglich und erlaubt sind: Nach dem Tod kommt nichts; es gibt ein Weiterleben im Paradies; oder eine Seele kann wiedergeboren werden. Diese nichtdoktrinäre Offenheit ist mir sehr sympathisch. Ich habe im Laufe meiner religiösen Sozialisation jede Variante gedanklich und gefühlsmäßig durchgespielt und mich gegen das Nichts entschieden. In der Pubertät habe ich die Bücher existenzialistischer Schriftsteller gelesen. Ich fand die Idee, nur im Hier und Jetzt Gelegenheit zu einem verantwortlichen, moralischen Leben zu haben, extrem deprimierend, da doch Scheitern und Schuld menschlich sind. Was mich noch immer daran fasziniert, ist die Idee der persönlichen Sinnfindung als Lebensaufgabe.

Ich glaube an einen gütigen Gott. Der Teufel hat in meinem Glaubensbild noch nie eine Rolle gespielt. Das Böse in der Welt wird den Menschen von Menschen angetan. Wenn auf Erden schreckliche Dinge passieren, wie der Holocaust oder Kriege, verstehe ich das nicht als Strafe oder Rache Gottes an den betroffenen Menschen. Ob und wie Gott abgrundtief böse Menschen, zum Beispiel Hitler, nach ihrem Ableben richtet, darüber habe ich keine Vorstellungen. Eigentlich interessiert es mich nicht. Konstruktiver finde ich die Vorstellung einer immer wieder von Gott gewährten Möglichkeit der Läuterung als neuen Versuch oder als Wiedergutmachung, in diesem Leben oder nach dem Tod.

Mit zwölf Jahren habe ich mich evangelisch taufen lassen, weil ich Angst hatte, sonst keine Berechtigung für den Himmel zu haben. Meine Mutter hatte mich beten gelehrt, aber meine Familie war aus der Kirche ausgetreten. Eine Zeit lang fühlte ich mich im evangelischen Glauben aufgehoben, bis eine doktrinäre Religionslehrerin mir meinen Kinderglauben – nach dem Tod kommt man gleich in den Himmel – austrieb. Ein Jenseits, in dem man im Fegefeuer auf das Jüngste Gericht warten muss, bei dem dann über Himmel oder Hölle entschieden wird, war mir zutiefst zuwider. Allerdings finde ich bis heute die Lehre Christi, dass sich jeder Mensch bis zum letzten Atemzug noch positiv entwickeln kann, wunderbar und auch wahr. Auch die Vorstellung einer Wiedergeburt der Seele mit der Möglichkeit einer Läuterung in den nächsten Leben kommt mir entgegen. Ich habe aber nicht den Wunsch, sie in einer buddhistischen Gruppe abzuklären oder zu vertiefen. Westliche Schnellkurs-Buddhisten oder jede Art von Esoterik-Veranstaltung stoßen mich ab. Ich bin dafür einfach zu nüchtern. Uta Ranke-Heinemann sagte mal in einer Talkshow, ihr sei die Vorstellung, verstorbene, geliebte Menschen wegen Seelenwanderung zu verpassen, total unsympathisch, weil sie hoffe, diese nach dem eigenen Tod im Paradies wiederzusehen. Da hat sie auch für mich den Vorteil der christlichen Sichtweise auf den Punkt gebracht.

Zusammenfassend gesagt: Ich möchte meinen Glauben vom Jenseits bewusst abstrakt und in der Schwebe lassen. Unser menschlicher Verstand und unser Fühlen können sich nicht vorstellen, was in einem körperlosen Zustand in einer anderen Dimension auf uns zukommt. Das Einzige, woran ich inzwischen fest glaube, ist, es wird ein guter Zustand sein.

Mein Bedürfnis nach Offenheit und meine Abneigung gegenüber jeder Art von Kirche oder religiösen Gruppe mit fester Glaubensdoktrin liegen wahrscheinlich in meiner Biografie begründet. Die Beschreibung der Nachkriegsjugend durch den Soziologen Schelsky als skeptische Generation trifft bei mir voll zu. Seit den 68er-Jahren als Studentin in Berlin bin ich antiautoritär und eher links eingestellt, habe mich aber nie einer bestimmten politischen Vereinigung anschließen können, auch wenn das eine gewisse Heimatlosigkeit bedeutet. Bei jeder politischen Linie befürchte ich ein Haar in der Suppe. Demonstrationen und Massenbegeisterung, sogar bei der Fußballweltmeisterschaft in Deutschland oder beim Papstbesuch, lassen bei mir sofort Assoziationen an den Faschismus hochkommen.

Meine Vorstellung, dass nach dem Tod eine Art Paradies auf uns wartet, und der Glaube an einen guten Gott – trotz eines Lebens mit sehr schweren Phasen – ist vielleicht damit zu erklären, dass ich eine so genannte unverwundbare Persönlichkeitsstruktur besitze. Die in den letzten Jahren veröffentlichten Ergebnisse der Resilienz-Forschung treffen auch auf mich zu. Es hat mich sehr erleichtert, dass es andere Menschen gibt, die ähnlich wie ich mit Problemen und extremem Stress umgehen können. In meiner Herkunftsfamilie, in der hysterische bis psychotische Reaktionen auf großes seelisches Leid vorkommen, habe ich mich oft als Außenseiter gefühlt.

Auf meinen Alltag hat meine Einstellung keinen großen Einfluss. Ich übe keine religiösen Praktiken aus, bete nur ganz selten, meditiere nicht und nehme nur selten an Gottesdiensten teil, die mich fast immer kaltlassen. Manchmal inspiriert mich ein Text aus dem psychotherapeutischen oder philosophischen Bereich zum Nachdenken. Wenn ich wieder einmal ein seltsames Erlebnis hatte, vorwiegend im Bereich der merkwürdigen Zufälle, werde ich für einige Tage nachdenklich. Manchmal schreibe ich diese Ereignisse auf, damit ich sie nicht vergesse. Ich versuche dann, Gefühle und Gedanken hochkommen zu lassen, die meiner jetzigen Situation eine spirituelle Bedeutung geben können. Esoterische Anwandlungen gestatte ich mir nur selten, wenn ja, mit einer guten Portion Selbstironie gesalzen.

Nach dem Unfalltod unseres 17-jährigen Sohnes Alexander, des einzigen Kindes, hatte ich noch etwa zwei Wochen lang einen gefühlsmäßigen Kontakt mit ihm. Trotz Trauma und Trauer spürte ich, dass es ihm dort, wo er sich jetzt befindet, gut geht und er mir das mitteilen möchte, um mich zu trösten. Als Ergänzung zu dieser unsichtbaren Kommunikation hatte ich nachts zweimal Erlebnisse mit kurzen blitzenden Lichtern, keineswegs in spirituell empfänglichen, meditativen Situationen, sondern im ganz banalen Alltag. Die Psychologin und Skeptikerin in mir meint, dass dieses visuelle Phänomen auch eine Folge des Verlusttraumas sein kann. Aber ich finde den Gedanken tröstlich, dass die Toten, bevor sie ins Jenseits verschwinden, sich noch eine Zeit lang im alten Umfeld aufhalten können. Also, warum sollte ich mir diese hilfreiche Vorstellung nicht gestatten?

Außerdem hatte ich während der intensivsten Trauerphase trotz allem das Gefühl, von einer guten Macht getragen zu werden, die mir zwar Schicksalsschläge zumutet, deren Sinn mit dem menschlichen Verstand nicht zu verstehen ist, an denen ich aber nicht zugrunde gehen werde, weil sie mir dabei hilft. Dabei tauchten bestimmte Gedanken immer wieder auf, die dem gesunden Menschenverstand als absurd gelten. Als ich im Trauerstress mit einem nahen Verwandten darüber sprach, merkte ich ihm sein Befremden deutlich an. Seitdem bin ich sehr vorsichtig geworden und spreche fast nie über meine spirituellen Erfahrungen, höchstens mit Kollegen aus der Hospizgruppe, bei denen ich eine ähnliche spirituelle Orientierung vermute.

Nach dem Tod von Alexander wurde mir klar, dass ich eigentlich schon immer »wusste«, dass unsere gemeinsame Zeit kostbar, weil nicht von Dauer ist. Mein Mann und ich haben unsere späte Elternschaft als unerwartetes Geschenk betrachtet und sie intensiv gelebt. Wir haben gerne und viel gemeinsame Zeit miteinander verbracht und unsere beruflichen Möglichkeiten bewusst eingeschränkt. Die Frage des Pfarrers, der uns nach Alexanders Tod seelsorgerisch betreute, ob wir meinen, als Eltern in der Beziehung zu ihm etwas verpasst und Schuldgefühle zu haben, verneinten wir beide vehement. Damit das jetzt nicht überheblich wirkt, möchte ich hier Bettelheims Begriff der »ausreichend guten Eltern« verwenden. Als solche fühlen wir uns. Am meisten hat mich getröstet, dass wir Alexanders größten Lebenswunsch, als Gitarrist eine Band zu gründen und öffentlich aufzutreten, aktiv mitbefördert und den Schulerfolg nicht so wichtig genommen haben. Sein letztes Lebensjahr war schön, voll mit musikalischen Aktivitäten und dem Kennenlernen von Musikerfreunden. Wenn ich über Alexanders letztes Jahr nachsann, fiel mir auf, dass er kurz vor seinem

Tod ein paarmal davon gesprochen hatte, sich ein Leben ohne uns nicht vorstellen zu können, ungewöhnlich für einen Jungen in der Pubertät. Er weigerte sich damals auch vehement, neue Anschaffungen für sein Zimmer zu tätigen, die ich ihm schenken wollte – als ob sich das nicht mehr lohnte. Während der Zeit, als Alexander sein wichtigstes Lebensziel realisierte, Musik zu machen, verspürte ich das Bedürfnis, mein Verhältnis zu zwei Menschen, die für mein Leben von Bedeutung sind, neu zu definieren; Reisen und Gespräche waren nötig und brachten Beziehungen aus lange zurückliegenden Situationen ins Lot oder führten zur endgültigen Distanzierung. Hätte ich diese Klärungen nicht erreicht, wäre meine spätere Trauerarbeit dadurch behindert worden.

Seit Alexanders Tod habe ich häufig synchrone Erlebnisse, gelegentlich sogar im Doppelpack, damit ich sie ja nicht ignoriere. Wobei ich denke, dass mir sinnvolle Zufälle früher auch schon passiert waren. Aber durch die Trauer wurde meine Aufmerksamkeit dafür geschärft. Ein Beispiel: Eines Tages bekam ich den Anruf eines Ladens, ein Paket für mich sei fälschlicherweise bei ihnen gelandet. Ob sie es mir zuschicken sollten? Ich entschied mich, es dort selber abzuholen. Vor Ort versuchten wir zu klären, warum es zu dieser Fehlleitung gekommen war. Eine gewisse Ähnlichkeit unserer Namen und der Straßennamen erschien uns ein plausibler Grund zu sein. Dann verabschiedete ich mich schnell, um noch meinen Zug nach Hause zu schaffen. Es wäre in dieser Situation am sinnvollsten gewesen, auf derselben Straßenseite zu bleiben, um dann schnell zum Bahnhof abzubiegen. Aber ich setzte stattdessen zum Überqueren der Straße an. Als ich mich in der Straßenmitte befand, hörte ich hinter mir ein lautes Scheppern. Auf dem Fußweg gegenüber drehte ich mich um. Ein junger Mann schaute entsetzt aus dem dritten Stock. Beim Öffnen des Fensters hatte sich eine Scheibe aus dem Rahmen gelöst und war heruntergefallen. Hätte ich die Straße nicht überquert, wäre sie mir auf den Kopf gefallen! Erschüttert setzte ich meinen Weg fort, und mir kamen die Tage danach immer wieder unterschiedliche Gedanken zu diesen beiden Vorfällen in den Sinn: Irgendjemand aus dem Jenseits nimmt auf diesem Wege Kontakt mit mir auf. Es wäre schön, wenn das Alexander wäre, der mir auf diese Weise zeigt, dass er mich im Auge behält. Heißt das jetzt, dass er mit dem Verein zur Förderung der Jugendmusik, den mein Mann gegründet hat, und meiner Form der Trauerarbeit zufrieden ist? Oder handelt es sich um meinen persönlichen Schutzengel, der mich vor einem Unfall bewahrt hat? Es ist sicher nicht Gott, der sich persönlich um mich gekümmert hat, dieser kann sich mit Kleinkram nicht befassen und hat wahrscheinlich seine Delegierten – verstorbene Seelen, Engel – für derartige Aufgaben. Ein bisschen Selbstironie ist immer mit dabei, wenn mich derartige Gedanken umtreiben. Aber die Auswirkung solcher Zufälle ist für mich immer ein spiritueller Schock, der mir Trost spendet und mich zur Selbstreflexion auffordert.

Der Sinn des Lebens besteht für mich darin, die schweren Aufgaben, die mir das Schicksal stellt, anzugehen. Die therapeutische Maxime der »aktiven Resignation« trifft das für mich am besten: Ich muss hinnehmen beziehungsweise annehmen, was ich nicht ändern kann, aber mich auch bemühen, am Geschickten nicht zu verzweifeln, sondern trotz allem weiterzulernen und zu wachsen. Lebenssinn gibt es für mich nicht an sich. Er ist etwas sehr Persönliches, das von den unterschiedlichen Fähigkeiten und mit unterschiedlichen Lebenssituationen, die wir bewältigen müssen, zusammenhängt. Lebenssinn muss von uns Menschen aktiv gesucht und gefunden werden.

Ich glaube, dass wir uns um unsere Mitmenschen kümmern sollen, ohne uns dabei selbst zu vernachlässigen. Das ist eine sehr schwere Aufgabe: zwischen den beiden Polen der selbstlosen Hingabe und dem Sorgen für sich selbst je nach Situation das richtige Maß zu finden. Die Sorge für mich selbst hat nach dem Tod meines Sohnes nicht nur die Bedeutung, gut zu mir zu sein, sondern bedeutet auch Rückzug und Einbezug der spirituellen Dimension.

Die heutigen Menschen sollten sich außerdem dringend und rechtzeitig mit den Themen Alter und Tod befassen. In den letzten Jahren hat es eine positive Entwicklung zum Zeitraum der Geburt gegeben, dem Anfang des Lebens. Altes Wissen wurde reaktiviert, und es wurde neu nachgedacht und geforscht. Das hat die Praxis der Krankenhäuser und der Hebammen sehr befruchtet, zum Wohle der Kinder, Mütter und auch der Väter. Die gleiche gesellschaftliche Aufmerksamkeit wünsche ich mir nach meinen Erfahrungen für das Lebensende und für den Umgang mit trauernden Menschen. Die Verdrängung des Todes macht mehr Angst als die gelegentliche Beschäftigung mit der eigenen Sterblichkeit und die Begegnung mit trauernden und sterbenden Menschen. Das habe ich durch meine Trauerarbeit und die Tätigkeit als Hospizhelferin gelernt.

Alles wird frei formbar sein

Claudia Possehn · Jahrgang 1965
Heilerin und Heilpraktikerin für Psychotherapie

Ich sehe keinen Unterschied zwischen diesem Leben und dem anderen Leben. Ich kann jederzeit in andere Dimensionen wechseln. Während ich alltäglichen Dingen nachgehe, wandert mein Geist zwischen den verschiedenen Ebenen, als erforschte ich mit immer neuen Augen die verschiedenen Räume und Etagen eines Hauses. Ich trete aus einer Situation heraus, bewege mich zum Beispiel nach oben und werde zum Adler, der hinuntersieht. Mein Blick verändert sich, und ich stelle mir Fragen: Warum bin ich jetzt hier? Warum fühle ich das? Was ist die wahre Ursache dafür? Es ist ein ständiger Erkenntnisprozess. Das zeigt mir auch: Zwischen dem Diesseits, dem Hier und Jetzt, und dem Jenseits gibt es keine wirkliche Trennung. Es gibt nur die Frage: Bin ich im Körper, oder bin ich nicht im Körper?

Dabei kann ich auch zu Verstorbenen Kontakt aufnehmen. Doch wende ich mich ihnen nur zu, wenn ich es wirklich für nötig halte. Es ist nicht gut, zu viel mit Toten zu sprechen. Man hält sie dadurch fest. Und man muss für diese Begegnungen ein gutes Navigationssystem haben und im Leben verankert sein, damit man in seinen eigenen Raum zurückkehren kann. Denn dorthin muss ich zurückkehren. Verweile ich zu lange in anderen Räumen, dann vergesse ich am Ende vielleicht, wozu ich da bin.

Der Sinn meines Lebens ist, mein Bewusstsein zu entwickeln. Das heißt, so viel wie möglich von mir selbst zu erfahren, mich zu entdecken, und in mir, in meinem Mikrokosmos, das Allgemeine, das große Ganze zu finden, zu wachsen und so lebendig zu leben, dass es in die Welt wirkt. Alles, was ich durchdrungen habe und was mir ganz und gar bewusst geworden ist, nehme ich mit. Ich falle nicht – wie das im Reinkarnationsgedanken vertreten wird – in dieses unwissende Vergessen, sondern ich trage in mir einen Energiekörper aus allem, was ich verinnerlicht habe. Je bewusster ich lebe, desto mehr kann ich mitnehmen.

Jeder Mensch bringt bei seiner Geburt einen eigenen Ton

mit auf die Erde. Dieser Ton gehört zu ihm, den nimmt er auch wieder mit. Er ist eines der Elemente, die überdauern. In diesem Ton, im Spektrum aller Schwingungen, höre ich mich. Wenn alle Schwingungen aller Menschen wieder in ihre Ursprünglichkeit zurückgekehrt sind – so wie sie einstmals ausgesandt wurden –, entsteht eine neue Freiheit.

Ich stelle mir das so vor: Irgendwo entsteht der Ton. Das ist die Schöpfung. Jeder Ton ist anders, und jeder Ton verteilt sich im Universum und beginnt zu leben. Er wird verändert durch viele Einflüsse und durch das Zusammentreffen mit anderen Tönen. Die Aufgabe ist, das zu durchleben, sich mit den anderen Tönen auseinanderzusetzen und schließlich das Ureigene des eigenen Tons zu erkennen – das, was zuerst da war. Aber zuerst war es unbewusst da, und erst durch die Begegnungen mit anderen Tönen gelangt es ins Bewusstsein. Zu wissen: Das bin ich, das genau ist mein Ton! – das ist die Ankunft. Denn es bedeutet, dass man sich nicht mehr verlieren kann. Dann weiß man, welches der eigene Beitrag zum Großen und Ganzen ist. Das Große und Ganze ist wie ein Puzzle, und man weiß: Dieses Teil bin ich. Und dieses Wissen ist das Ende der Entwicklung.

Damit man nicht noch einmal inkarniert wird, muss man sich von allem befreien. Wenn viele Themen bleiben, die in diesem Leben nicht geklärt wurden, geht es noch einmal zurück auf die Erde, und es werden diese Themen sein, vor die man noch einmal gestellt wird. Ich habe das Ziel, alles für mich aufzulösen, um dann wirklich als das freie Bewusstsein unterwegs zu sein.

Was wird mit mir sein, wenn mein Körper nicht mehr da ist, sondern nur noch mein Bewusstsein? Solange man inkarniert ist, fällt es schwer, sich vorzustellen, wie es ist, körperlos zu sein und dennoch sinnliche Erfahrungen zu machen. Aber ich kann mir andere Formen von Sinnlichkeit vorstellen. Sie werden Erinnerung sein, und deshalb ist es so wichtig, im jetzigen Leben Körperlichkeit zu erfahren. Haben wir in allen Variationen erfahren, wie sich etwas anfühlt, können wir das in unseren beseelten Geist aufnehmen, und über das Bewusstsein bleibt es uns erhalten.

Ich stelle mir vor, im Jenseits aus der Freiheit des Bewusstseins die Musik, die Landschaften, die Begegnungen zu kreieren, wie ich sie mir wünsche, immer wieder neu. Es ist eine Leere, die ich nach Belieben füllen kann. Im Jenseits wird alles frei formbar sein. Mich erwartet ein paradiesischer Zustand, den ich schon erfühlt habe, und ich vertraue darauf, dass sich dieses Gefühl in der Dimension, in die ich dann gelange, manifestiert. Ich werde Glück, Freude, Lust und Frieden empfinden und nicht mehr von Emotionen hin- und hergeworfen sein. Gefühle werden wie ein gleichmäßiger Fluss dahinströmen. Neid oder Wut sind an unsere irdische Existenz geknüpft, und auch Menschen, die ich nicht gemocht habe, begegnen mir nicht mehr. Andere Menschen werde ich wiedersehen, aber nicht in ihrem Körper, sondern als Energien. Wir begegnen uns wie in einem dauerhaften Traum, in dem die Bilder wechseln, in dem wir uns gegenseitig die Bilder zeigen und vielleicht unsere Bilder zusammenfügen, so wie man eine Musik komponiert.

Aus dieser Perspektive sieht man vielleicht nicht auf ein einzelnes Leben, sondern auf ein bestimmtes Thema und kann das noch einmal zurückverfolgen und erkennen, was man erfahren hat. Das einzelne Leben ist im Grunde unwichtig, es ist nur eins von vielen, es ist ein Puzzleteil unter den vielen Leben, die insgesamt eine Funktion haben.

So ist es auch mit dem Tod. Er ist ja nichts anderes als die ständigen kleinen Tode, die ins Leben kommen. Der Tag stirbt jeden Abend und geht in die Nacht über. Und wir brauchen die

Nacht, um zu regenerieren. Wir müssen den Herbst und den Winter zulassen, denn es ist notwendig, dass die Blätter fallen, die Äste kahl werden. Der Baum bringt im Frühjahr neue Blätter hervor. Das übertrage ich auf mich und lasse Phasen zu, in denen es wie Winter ist, in denen in mir alles einfriert. Ich brauche sie, weil gerade dann so viel in mir geschieht. Das Wasser transformiert sich, aus dem Eis wird wieder ein fließender Bach. Aber nun sieht er anders aus als vorher. Wenn ich den Tod als mögliche Erneuerung erlebe, ist er ein Geschenk. Denn wenn wir nicht die Möglichkeit haben zu sterben, haben wir auch nicht die Möglichkeit, neu zu werden.

Im Grunde ist Tod nichts anderes als ein Loslassen. Da habe ich viel von meinen Kindern gelernt. Sie halten wenig fest an Dingen. Es ist ein Merkmal der Kindheit, eine Qualität des kindlichen Blicks, im Hier und Jetzt zu leben, sich auf das zu konzentrieren, was gerade ist, und nicht an das zu denken, was gestern war und was morgen ansteht. Kinder können Gegenständen ihre ganze Aufmerksamkeit schenken, sie wirklich wertschätzen – und sie im nächsten Moment verschenken. Wenn sie einen Edelstein in der Hand haben, nehmen sie seine Kraft in sich auf. Dadurch brauchen sie ihn nicht mehr. Was ihnen der Stein gegeben hat, tragen sie von nun an in sich. So kann ich mich, wenn ich sterbe, von der Materie lösen, die Kraft ist in mir, in meinem Energiekörper, in meinem Bewusstsein. Jeden Tag söhne ich mich mit dem Tod aus. Leben heißt permanent sterben und sich erneuern. Ich bin jederzeit bereit zu sterben in dem Sinne, dass ich bereit bin, meine Gedanken von gestern zu revidieren, wenn sich mir etwas anderes offenbart. So ist auch alles, was ich jetzt zu diesem Thema sage, eine Momentaufnahme.

Loslassen heißt vertrauen, vertrauen darauf, dass alles zu meinem Besten geschieht. Das ist schwer, wenn Schwieriges oder Schreckliches passiert. Aber wir wachsen daran. Ich habe oft erst später erkannt, warum mir etwas zugestoßen ist und was ich daraus mitgenommen habe. Wenn man auf das Leben vertraut, kann man auch auf den Tod vertrauen. Vertrauen ist die Brücke vom Diesseits zum Jenseits.

Ich empfinde das Leben als Abenteuer. Ich mache keinen Plan, sondern lasse mich ein auf das, was auf mich zukommt. Ich vertraue darauf, dass es so etwas wie einen höheren Plan gibt. Und damit möchte ich so lange leben, wie ich Freude am Leben habe, so lange, wie ich das Gefühl habe, in dieser Zeit und an diesem Ort ist es für mich stimmig. Aber ich verspüre – auch wenn ich nicht immer in Gedanken dorthin gehe – auch eine Vorfreude auf den jenseitigen Zustand. Aus meinem prallen Leben möchte ich hinüberwechseln in eine andere Dimension. Ich möchte von der einen Fülle in die nächste Fülle gehen.

Darum soll auch meine Trauerfeier eine Freudenfeier sein. Ich möchte verbrannt werden, und meine Asche soll – wenn das möglich ist – in alle Winde verstreut werden. Ich glaube, dass ich noch den Platz entdecke, an dem sie ausgestreut werden soll. Musik soll erklingen auf dieser Feier, und ein schönes Gedicht soll gelesen werden, vielleicht sogar eins von mir oder eins, das mir besonders am Herzen gelegen hat. Und dann wünsche ich mir, dass mich alle in Frieden gehen lassen, dass sie wissen, ich habe gerne gelebt und bin dennoch ausgesöhnt damit, die Erde in dieser Form zu verlassen, ich habe Ja dazu gesagt. Wichtig wäre mir, dass die Zurückbleibenden durch mich den Tod neu erleben.

Ich hoffe, dass mein bewusstes Leben dazu führt, dass ich den dazu passenden Tod erfahre. Das, denke ich, gilt für alle Menschen. Niemand erleidet einen schweren, tödlichen Unfall oder eine bestimmte Krankheit, wenn er sich nicht auf einer Ebene dafür entschieden hat.

Das zeigt, wie wichtig es ist, bewusst zu leben und sich auf das Jenseits schon im Leben gut vorzubereiten, viel mehr, als es bei uns getan wird. Um das Thema in die Gesellschaft zu tragen, ist ein Wertewandel nötig: Loslösen von der Materie. Materielles spielt bei uns eine viel zu große Rolle. Die Änderung muss vor allem bei der Erziehung ansetzen. Wir müssen zu einer Wertschätzung der kindlichen Intuition kommen und die Kompetenz der Kinder anerkennen. Wir dürfen ihnen nicht länger unterstellen, dass sie krank sind, nervös und verstört, sondern wir müssen uns fragen: Was hat das mit uns zu tun? Was wollen sie uns zeigen? Wozu wollen sie uns bewegen? Wenn wir die Kinder beobachten und ihnen zuhören, stellen wir fest, dass sie Sensoren haben, die uns nicht mehr zur Verfügung stehen.

Vor allem aber ist unsere Aufgabe, innere Werte und Mitmenschlichkeit zu fördern und das Streben nach Leistung und Erfolg in Frage zu stellen. Das Leben steckt voller Freude – sie sollten wir erleben und mit unseren Kindern teilen. Aus ihr entsteht Gutes, und daraus können wir neu schöpfen. Unsere Kinder werden das einfordern – wenn nicht diese Generation, dann die nächste. Irgendwann wird es eine Revolution geben, weil die Kinder es besser wissen. Sie wollen anders leben. Sie wollen nicht leiden, sie wollen keine Angst haben.

Und wir? Wir müssten aus der alten Angst und dem alten Leid herausgehen. Das können wir entscheiden. So viele Menschen halten an altem Leid fest: Es fühlt sich so vertraut an, traurig zu sein. Es kommt aber darauf an, sich von diesen Energien zu befreien und sie ins Positive zu verwandeln, individuell und dann auch gesellschaftlich. Wenn genug Umdenker und Quergeister kommen, wird es möglich sein. Aber auch jeder Einzelne kann etwas bewirken. Manchmal verändern wir etwas, nur indem wir da sind. Bei mir geschehen Dinge dadurch, dass ich sie auf der Gedankenebene in die Welt setze und eine Entscheidung treffe. Dadurch bewegt sich etwas, was andere Menschen plötzlich umsetzen. Ich bin sehr optimistisch der Meinung, dass sich schon viel Gutes getan hat. Es zeigt sich noch nicht auf der materiellen Ebene. Geistig aber ist das längst passiert, es sind schon Zeichen gesetzt.

Der Tod ist keine Sackgasse

Margot Käßmann · Jahrgang 1958
Landesbischöfin der Evangelisch-Lutherischen Landeskirche Hannover

Ich bin überzeugt, dass es das gibt, was Christen als Auferstehung glauben. Ein Leben nach dem Tod in Gottes Zukunft, in der nach der Bibel alle Tränen abgewischt sein werden, Leid und Geschrei ein Ende haben und der Tod nicht mehr sein wird. Diese Vorstellung ist für mich eine große innere Kraftquelle. Zum einen bedeutet das für mich: Alles, was ich leiste, verantworte und mache, ist nicht so entscheidend. Aber ich will mein Leben in Verantwortung vor Gott leben. Ich gewinne innere Freiheit durch diese Haltung. Und: Der Tod ist für mich keine Sackgasse, sondern eine Station auf meinem Weg hin zu Gott.

Das Jenseits ist eine Erfahrung, die jeder macht

Lena Wald* · Jahrgang 1961
Lehrerin

Es ist ganz leicht zu sterben. Das habe ich vor ein paar Jahren beim Rasenmähen erlebt. Der Rasenmäher war defekt, plötzlich stand ich unter Strom. Ich hing an dem Gerät und konnte mich nicht losreißen. Das war es jetzt, habe ich gedacht. Und wie es in Büchern steht, ist im Bruchteil von Sekunden mein Leben an mir vorbeigezogen. Noch ein Gedanke: Es ist alles gut so, nur für die Kinder wird es schlimm sein – und dann habe ich mich doch losreißen können. Dieses Erlebnis war für mich ein massiver Einschnitt. Wochen und Monate habe ich mich mit dem Gefühl beschäftigt, so nah am Tod gewesen zu sein. Vor allem fand ich es erstaunlich, dass in dem Moment alles gut war. Da war keine Angst. Ich hätte einfach hinübergehen können. Das hat mich sehr erschüttert. Was für meine Kinder und meinen Mann eine Katastrophe bedeutet hätte, wäre für mich ganz selbstverständlich gewesen. Das Erlebnis hat mich aber auch in meinem Wissen bestätigt, dass der Tod kein Ende ist. Ich hatte das deutliche Gefühl eines Übergangs.

Dieses Wissen über das Jenseits erfahre ich immer wieder und auf vielen Ebenen. Nicht, indem ich darüber nachdenke – dann komme ich nicht weit. In bestimmten Situationen erlebe ich einfach Transzendenz, die Anwesenheit Gottes in meinem Leben. Ich glaube, dass jeder Mensch solche Erfahrungen macht. Manchen Menschen gelingt es nur nicht gut, sie in diese Richtung zu deuten.

Sehr intensiv spüre ich die Verbindung zum Jenseits durch meine Kinder. Mein erstes Kind wurde tot geboren. Natürlich war das für mich ein schlimmer Verlust. Gleichzeitig aber war dieses Kind im Kommen und im Gehen ein Wesen, das existiert hat und bis heute existiert, durch das die Verbindung zu der anderen Welt immer da war und ist. Als später meine Tochter geboren war, gab es eine Phase, in der ich das noch einmal ganz stark gespürt habe. Ich habe sie oft und lange angeschaut in den ersten Wochen ihres Lebens, wenn die Kinder noch wie eingehüllt sind und gleichzeitig so weise erscheinen. Dabei habe ich deutlich gefühlt, dass sie für mich eine Verbindungsperson in diese andere Welt war, aus der sie kam.

Auch in meinen Träumen sind verstorbene Menschen zu mir gekommen, vor allem mein Vater und mein erstes Kind. Ich habe diese Träume nicht als Erinnerung, sondern als Begegnung erlebt, und zwar als Begegnung, die mehr war als ein Traum. Wenn ich so etwas erlebe, dann schwanke ich ein wenig zwischen meiner christlichen Prägung und der spirituellen Entwicklung, die ich im Laufe meines Lebens gemacht habe. Die christlichen Bilder gehen davon aus, dass der Mensch nach seinem Tod als Person bleibt. Manchmal stimme ich mit dieser Vorstellung, die mir gut gefällt, überein. Manchmal kann ich es mir so nicht vorstellen, sondern finde es wahrscheinlicher, dass das Ich in einen Weltgeist eingeht. Ich zwinge mich jedoch nicht, diesen Dualismus aufzulösen, sondern greife zu einem naturwissenschaftlichen Vergleich: Wenn man in der Physik versucht zu erklären, was Licht ist, nimmt man den Welle-Teilchen-Dualismus zu Hilfe. Manche Phänomene lassen sich über die Annahme erklären, dass es Wellen sind, und andere werden begreiflich, wenn man annimmt, dass es sich um Teilchen handelt. Eigentlich schließt sich das aus. Und trotzdem braucht man beide Vorstellungen, um das Phänomen Licht zu erklären.

So ähnlich kann auch ich diese scheinbaren Widersprüche stehen lassen: Erhalt der Personalität oder Auflösung des Ich im Weltgeist – beides ist nebeneinander möglich. Natürlich weiß ich auch, dass meine Träume Bilder sind, die nicht eins zu eins einer Wahrheit entsprechen. Es sind schöne Bilder, die ich gut annehmen kann: wenn ich das Kind auf dem Arm halte, zum Beispiel. Oder wenn in einem Traum mein Vater mit mir gesprochen hat und wir einen Teil des Weges gemeinsam gegangen sind, bis wir uns wieder getrennt haben. Es war klar, dass er aus dem Jenseits kam und auch wieder dorthin ging. In diesen Träumen habe ich eine große Präsenz gespürt und von meinem Vater auch eine Botschaft erhalten: Lebe Dein Leben.

Aufgrund solcher Erfahrungen kann ich das Jenseits und das Diesseits eigentlich gar nicht völlig getrennt sehen. Ich höre Musik, von der ein überirdischer Glanz ausgeht – es kann nur der göttliche Geist sein, der sich darin zeigt. In dieser Schönheit, dieser Göttlichkeit der Musik wird für mich die Unendlichkeit spürbar. Aber auch in der Natur habe ich manchmal schon ganz unvermittelt eine Dichte gespürt, die mich denken ließ: Das ist nicht nur ein Berg, auf dem du jetzt stehst, nicht nur eine Landschaft, auf die du schaust, sondern hier schwingt noch mehr mit.

Doch wird durch meine Erlebnisse die Trennung zwischen Jenseits und Diesseits nicht gänzlich aufgehoben, eher begegnen sich beide Ebenen darin. Ich empfinde in solchen Momenten umso deutlicher meine Begrenztheit. Ich wünsche mir mehr als alles andere, dass alle Trennungen aufgelöst sind, damit ich eins sein kann mit mir und mit allem.

Die Sehnsucht, das Universum, Gott zu spüren, hat mich, solange ich denken kann, begleitet. Nicht eins zu sein, sich gespalten zu fühlen, das habe ich immer schmerzlich empfunden. Deshalb habe ich mich schon, als ich noch sehr jung war, auf die Suche begeben. Bereits als Vierzehnjährige habe ich mich mit Gleichaltrigen morgens um fünf Uhr in der Kirche zur Meditation getroffen. Ich bin auch mit einer Gruppe von

Jugendlichen für zwei Wochen in ein Kloster gefahren, wo wir uns betend und arbeitend mit diesem Thema beschäftigt haben.

Bei meiner Suche habe ich immer wieder Situationen erlebt, in denen ich allein oder mit anderen zusammen etwas gespürt habe, was greifbar im Raum war. Es hat auch in der Meditation Momente gegeben, in denen ich mich ganz stark verbunden gefühlt habe mit dem Ganzen. Auch wenn ich singe, gelingt es mir manchmal, diese Ganzheit zu erleben. Im Grunde ist all dies ein Thema: Ob im Singen oder in der Meditation, in Beziehungen oder in mir selbst – ich will Trennungen auflösen.

Ich habe den großen Wunsch, in meinen spirituellen Erfahrungen noch weiter gehen zu können. In meiner jetzigen Lebenssituation habe ich noch nicht genug Zeit, das zu tun, weil die Kinder meine freie Zeit noch brauchen. Aber ich spüre ein starkes Streben in mir, mehr in die Stille zu gehen. Ein Bedürfnis, sie in mein Leben zu integrieren und auf diesem spirituellen Weg mehr Kontakt zu dem großen Ganzen zu bekommen und auch zu mir selbst.

Wenn ich erführe, dass ich nur noch kurze Zeit zu leben hätte, würde ich noch stärker als bisher versuchen, die Barrieren zu sprengen. Ich würde mir einen Meditationsmeister suchen und in die Meditation gehen. Ich würde mich so intensiv, wie es geht, mit den Menschen umgeben, die mir wichtig sind. Und ich würde singen.

Bevor ich sterbe, möchte ich gelernt haben zu verzeihen. Wie wichtig das ist, habe ich erlebt, als mein Vater gestorben ist. In seinen letzten Monaten habe ich innerlich Frieden schließen können mit unserer Geschichte. Es wäre für mich sehr belastend gewesen, wenn mir das nicht gelungen wäre. Insofern betrifft das jeden, der Abschied nimmt, den, der geht, und auch den, der bleibt. Auch der, der weiterlebt, kann nichts mehr rückgängig machen.

Ich versuche, so zu leben, dass ich am Ende sagen kann: Es war gut. Mich weiterzuentwickeln und zu genießen – das ist es. Nicht, dass ich jeden Tag so leben würde, aber das Leben ist ein Geschenk, ich muss es mir nur nehmen. Ich würde es mir schlimm vorstellen, wenn ich am Ende erkennen müsste, dass ich zu wenig genommen, zu wenig gelebt habe. Trotz dieser Einsicht, trotz all meiner Bemühungen glaube ich, dass ich oft zu wenig tue. Ich habe oft das Gefühl, mein Leben noch intensiver leben zu können. Manchmal Zeit zu vergeuden. Ich bedauere manches, was ich nicht richtig gemacht habe, zum Beispiel wenn ich mich den Kindern gegenüber falsch verhalten habe. Dann denke ich, dazu ist das Leben zu schade. Aber wenn ich erkenne, dass ich etwas nicht gut gemacht habe, dann verändere ich auch etwas. Wenn ich drei Abende hintereinander mit den Kindern beim Essen gestritten habe, dann überlege ich, was ich anders machen kann, nicht nur weil ich in der Situation genervt bin, sondern weil ich denke, das ist unser Leben hier, mach das Beste daraus.

Am letzten Tag meines Lebens möchte ich gern etwas besonders Schönes erleben. Etwas, das mich sehr tief in Kontakt zu dem Ganzen bringt. Vielleicht wäre ich gern an einem Ort, an dem ich besonders glücklich war. Oder ich möchte eine Musik hören, die mich beseligt. Oder … ich möchte meine Angst überwinden und einen alten Traum verwirklichen – zu fliegen. Als Paraglider, das würde mir schon reichen.

Beim Übergang ins Jenseits wäre ich nicht gern allein. Ich möchte bis an die Schwelle begleitet werden. Und abgeholt werden: Was oder wer auch immer sich hinter diesem Wort Gott verbirgt – ich denke, dass ich empfangen werde. Andererseits, in der Situation, die ich erlebt habe, war die Selbstverständlichkeit ausreichend. Und danach, ich weiß es nicht. Ich gehe davon aus, dass ich ein Geistwesen sein werde. Aber meine

Vorstellungen bewegen sich in dem Dualismus zwischen den beiden Möglichkeiten: Personalität oder Auflösung. Auf alle Fälle bin ich sicher, dass das Ende meines Körpers nicht das Ende der Sinnlichkeit bedeutet. Ich kann mir andere Formen vorstellen. Das erleben wir schon jetzt. Auch Kunst, Musik und Worte sind körperlos und dennoch sinnlich. Alles andere wäre ja auch traurig.

Ich fände es schön, wenn auf meiner Beerdigung etwas von mir erzählt würde. Dass ich ein positiver, lebensbejahender Mensch war. Dass es schön war, mit mir zu leben, oder vielleicht auch schwierig. Es würde mir auch gefallen, wenn eine Geschichte von mir erzählt würde. Etwas Besonderes, das ich mit meiner Familie oder mit Freunden erlebt habe und wodurch ersichtlich würde, was mir wichtig war, was mir besonderen Spaß gemacht hat. Ich fände es schön, wenn von meiner Person etwas deutlich würde.

Vielleicht kommt dann auch zur Sprache, dass das Leben für mich nie abstrakt gewesen ist. Dass es den Sinn hatte, den ich ihm gegeben habe, und dass das immer viel mit Menschen zu tun hatte: als Mutter, als Lehrerin, als Freundin. Dass ich meinem Leben Sinn gegeben habe, indem ich gesungen und Freude daran gehabt habe. Oder indem ich anderen etwas Gutes getan, ihnen geholfen habe.

Ich möchte richtig traditionell begraben werden. Schön fände ich, wenn mein Grab nicht so konventionell wäre, wie es auf unseren Friedhöfen üblich ist. Einfassungen gefallen mir nicht. Ich möchte auf einem alten Friedhof liegen mit vielen alten Bäumen und nicht in einer schnurgeraden Reihe mit anderen Gräbern. Alles sollte ein bisschen wild bewachsen sein und am besten übergehen in die Natur. Auch im Tod mag ich keine Begrenzungen.

Irgendwohin muss die Seele nach dem Tod

Ottilie Patzelt · Jahrgang 1941
Altenpflegerin i.R.

Es ist nicht so, dass es kein Jenseits gibt, man soll sich nur nicht so sehr damit beschäftigen. Das hat meine Mutter, die eine sehr kluge und sehr esoterische Frau war, mir kurz vor ihrem Tod gesagt.

Allerdings meine ich, dass die Beschäftigung mit dem Tod selbstverständlicher werden sollte. Man sollte gefühlvoll und auch respektvoll mit dieser Thematik umgehen. Leider wird der Tod im Fernsehen oder auch in der Zeitung oft sehr brutal und auch reißerisch gezeigt, im eigenen Leben dagegen wird er tabuisiert.

Wenn ich erfahren würde, dass ich selbst sterben müsste, wüsste ich nicht, wie ich auf diese Nachricht reagieren würde. Ich kann auch nicht sagen, wie ich dann die Zeit ausfüllen würde. Jetzt kann ich mir vorstellen, dass ich einfach weiterlebte wie bisher und dass es in meinem Leben wenig Änderungen gäbe. Ich würde mir gerne bis zuletzt die Freude am Leben bewahren. Die sehe ich als einen Sinn meines Lebens an, wie auch, in meiner kleinen Welt gut zu leben, zu arbeiten und zu helfen, so gut ich kann, mit den Menschen, die mit mir zu tun haben, gut umzugehen und meine Talente und Fähigkeiten zu nutzen.

Meine Mutter ist sanft und voller Liebe gestorben. Sie hat uns zwar sehr traurig, aber auch sehr zuversichtlich zurückgelassen. Zuversichtlich, weil sie uns gezeigt hat, dass man ruhig sterben kann und dass es nach dem Tod etwas gibt. Ihren Tod habe ich sehr intensiv erlebt, sie ist zwar im Krankenhaus gestorben, aber im Kreis der ganzen Familie. Manche Todesfälle, von Freunden und Bekannten oder auch von entfernten Verwandten, empfinde ich als verwirrend: Dann ist plötzlich jemand weg, der sonst immer da war. Todesfälle in der Arbeit als Altenpflegerin habe ich, wenn ich dabei war, als sehr innige Momente empfunden. Ich habe dann sogar mit meiner ganzen Kraft versucht, einen Gruß ins Jenseits mitzuschicken. Das hat mir immer sehr gut getan.

Irgendwohin muss der Geist oder die Seele nach dem Tod ja, und deshalb war und bin ich immer noch davon überzeugt, dass es nach dem Tod weitergeht. Wie es aber weitergeht, das weiß ich einfach nicht. Werden wir wiedergeboren? Oder sind wir irgendwo ruhig und geborgen? Ich mache mir darüber auch nicht so viele Gedanken, denn ich kann daran ja nichts beeinflussen. Man soll versuchen, gut und richtig zu leben, dann wird das, was danach kommt, schon auch gut und richtig werden.

Manchmal begegne ich Lichtgestalten

Jutta Ismene Jäger · Jahrgang 1958
Chemikerin, Cranio-Sakraltherapeutin, Heilpraktikerin, Masseurin

Als ich acht Jahre alt war, habe ich zum ersten Mal über Gott und das Sein und das Nicht-Sein nachgedacht. Ich saß auf dem Klo, und hinter mir lag ein Mickymaus-Heft. Wenn ich dieses Heft jetzt nehme, habe ich mir überlegt, ist das dann vorherbestimmt oder nicht? Und wenn ich es nicht nehme, ist das dann genauso vorherbestimmt oder nicht? Wenn aber beides vorherbestimmt sein kann oder nicht, ist es doch eigentlich egal, was ich mache. Und was ist dann Gott und was ist das Leben?

Vielleicht bin ich auf diese Gedanken gekommen, weil ich im Jahr zuvor fast gestorben wäre. Ich hatte einen schweren Fahrradunfall. Ich bin über die Lenkstange gefallen, der Lenker hat meine Leber zerrissen, und ich wäre beinahe verblutet. Ich kann mich nicht daran erinnern, dass ich damals Angst hatte, aber ich vermute, dass dieses Erlebnis mich geprägt hat. Auf jeden Fall war es ein Wendepunkt in meinem Leben. Warum ich überlebt habe, weiß ich nicht, aber ich bin überzeugt davon, dass es kein Zufall war. Ich habe das Gefühl, damals gab es eine Entscheidung zwischen dem Hier und dem Dort. Und ich habe das Gefühl, dass ich Kontakt zu einer anderen Sphäre hatte, vielleicht noch hier, vielleicht schon dort, und dass es eine Instanz gab, in mir oder außerhalb von mir, die wollte, dass ich noch ein Weilchen hierbleibe.

Bis heute habe ich einen sehr intimen und intensiven Kontakt zu anderen Welten, zu anderen Energien und anderen Wesenheiten. Das hat sich immer mehr verstärkt, seitdem ich meinen indianisch-schamanischen Weg gehe. Ich kann mich mit Bäumen verständigen und mit Steinen reden. Sie geben mir Antworten auf meine Fragen. Ich nehme einen Stein und halte ihn an meinen Bauch. Ich spreche mit ihm und höre ihm zu. Als Antwort bekomme ich im Körper ein Gefühl oder ein Bild oder einen Satz, der mir durch den Kopf geht. Oder etwas geschieht. Zum Beispiel kann in diesem Augenblick das Telefon klingeln, und jemand ruft an, der die Antwort weiß. Manchmal bekomme ich eine Gänsehaut – das ist immer ein Indikator dafür, dass ich auf dem richtigen Weg bin.

Manchmal begegne ich Lichtgestalten, ich würde sagen, das sind Engel und Erzengel. Ob das stimmt, weiß ich natürlich nicht genau, denn wäre es so, kämen sie ja aus dem Jenseits. Wenn ich mit anderen Energien in Kontakt komme, heißt das für mich nicht, das ist das Jenseits. Diese Energien können immer noch erdgebunden sein, denn wir sind ja schließlich auf der Erde. Genauso ist es, wenn ich Kontakt zu meinen Eltern aufnehme, die vor einigen Monaten gestorben sind. Ich kann auch ihnen Fragen stellen, und sie geben mir Antworten. Aber ich trage sie natürlich auch in mir.

Ich denke oft über ein Jenseits nach, weil ich mich sehr vor dem Tod fürchte. Häufig wache ich nachts auf und habe Angst, weil ich mit der Endlichkeit des Lebens nicht zurechtkomme. Dann überlege ich mir, was sein könnte, wenn ich sterbe – und mir wird klar, dass ich nichts weiß. Ich kann mich zwar spirituell an etwas orientieren, und ich kann mich als Naturwissenschaftlerin an etwas orientieren, aber ich weiß nur, diesen Körper werde ich nicht mehr haben. Das macht mich manchmal ungeduldig oder unleidig. Ich bin Forscherin, ich will wissen! Ganz selten habe ich das Gefühl, dass ich neugierig auf das bin, was kommt. Ich hoffe, dass dieses Gefühl im Laufe meines Lebens zunimmt und dass mein Forschergeist, meine Lust, etwas Neues zu erfahren, stärker wird als die Angst. Außerdem spüre ich im Grunde immer, dass das Universum wohlwollend ist.

Eigentlich glaube ich, dass meine Existenz weitergehen wird. Ich bin mir nicht völlig sicher, aber ich finde es viel wahrscheinlicher, dass es noch etwas anderes gibt. Ich kann mir einfach nicht vorstellen, dass es eine so unendlich vielfältige und reiche Natur nur zufällig gibt.

Nur – wie es genau weitergehen wird, das kann ich nicht beantworten. Alles ist denkbar. Vielleicht ist es einfach so, dass die Atome, aus denen ich zusammengesetzt bin, weiterbestehen, solange es das Universum gibt. Ich werde mein Bewusstsein verlieren und nicht mehr da sein. Genauso kann ich mir vorstellen, dass ein Teil von mir, den man dann auch Seele nennen darf, sich irgendwohin begibt und dann noch einmal neu wiederkommt. Ich habe schon Rückführungen gemacht und mich an Einzelheiten aus früheren Leben erinnert, die mir sehr real erschienen.

Spirituell finde ich es am wahrscheinlichsten, dass ich mich weiterentwickele, bis ich irgendwann die Wahl habe, ob ich noch einmal irgendwo wiedergeboren werden möchte, um den Wachstumsprozess von anderen mehr, als ich es jetzt kann, zu unterstützen. Ich sage irgendwo, weil ich davon ausgehe, dass ich nicht nur auf der Erde wiedergeboren werden kann.

Es kann sein, dass es einen Sammelpunkt geben wird, an dem man neu eingeteilt wird oder sich neu einteilen lässt. Und als was werde ich wiederkommen? Hier auf dieser Welt bin ich ein Mensch, und was mich hier ausmacht, ist mein Körper. Den werde ich auf jeden Fall zurücklassen. Bin ich anderswo auch ein Mensch? Das weiß ich nicht, auch wenn es sein kann, dass es andere Formen von Sinnlichkeit gibt als körperliche.

Wenn ich mir das Jenseits vorstelle, habe ich ein Gefühl von Einssein mit allem, als ob sich meine Zellen und meine Körperform ganz weit auseinanderbewegten und ein Teil von allem würden. Es ist ein sehr angenehmes Gefühl, ganz entspannt und verbunden. Wenn es wirklich eine Zeit danach gibt, werde ich nicht mehr so begrenzt sein wie jetzt. Ich glaube, dass es dann auch möglich sein wird, an verschiedenen Orten gleichzeitig zu sein. Selbst wenn ich hier sterbe, könnte ich zum Beispiel noch einmal jemanden wiedersehen, der in Amerika lebt.

Natürlich werde ich keinen Menschen so wiedertreffen, wie er hier war. Eine bestimmte Form zu haben, spielt dann keine Rolle mehr. Vielleicht habe ich sogar die Wahl, welche Form ich annehmen möchte. Aber dass ich Energien wiedertreffen könnte, das kann ich mir vorstellen, und zwar nicht irgendwelche, sondern etwas Unverwechselbares. Ja, ich könnte auch Seele dazu sagen.

Ich denke, ich werde meine Eltern wiedersehen. Und auch

andere Menschen, die an Wendestationen wichtig für mich waren, Lehrer, Freunde. Ich habe ein Bild davon, wie das Wiedersehen sein könnte: Ich stelle mir eine bewegte Lichtenergie vor. Das ist wie ein Tanz. Man kann die Individuen noch unterscheiden, aber sie sind nicht mehr so vereinzelt. In meiner Vorstellung durchdringt sich alles gegenseitig in großer Verbundenheit und All-Liebe. All das Emotionale, was uns Menschen so umtreibt, wird dann vorbei sein. Ich werde mich friedvoll fühlen und gelassen, fast schon nüchtern.

Auf jeden Fall glaube ich, dass mein Sterben, mein Tod und das, was danach kommen könnte, dadurch beeinflusst werden, wie ich gelebt habe. Ich entwickele mich ja hier im Leben. Und wenn es ein Leben oder ein Sein danach gibt, dann nehme ich die Erfahrung, die ich hier gemacht habe, dorthin mit. Dann beeinflusst das dieses Leben im Danach auch. Und das Sterben selber? Klar werde ich anders sterben, wenn ich Angst habe, als wenn ich entspannt bin.

Ich kann mir auch vorstellen, dass ich durch das Sterben selbst und dadurch, wie ich sterbe, noch einmal große Entwicklungsschritte mache. Bei meinem Vater habe ich das so erlebt. Er war fast 20 Jahre lang schwer herzkrank. Immer wieder hat er auf der Intensivstation gelegen und ist mit dem Tod konfrontiert worden. Er hat große Angst vor dem Sterben gehabt. Zwei Monate vor seinem Tod ist er gestürzt und hat sich an der Wirbelsäule verletzt. Er hatte sehr starke Schmerzen und konnte nicht mehr laufen. Und dann musste er auch noch wegen einer Virusinfektion ins Krankenhaus. Er hat Morphium bekommen, das war sehr schlimm für ihn, weil er nicht mehr richtig sprechen konnte und anfing zu lallen. An einem Samstag um drei Uhr nachmittags sollte die Familie – meine Mutter, meine Schwester und ich – zu ihm kommen, er wollte mit uns reden. Aber in der Nacht davor ist er gestorben, ganz allein. Ich bin am nächsten Tag hingefahren und habe ihn angeguckt. Und was für mich ganz erstaunlich war: Ich habe meinen Vater noch nie so im Frieden gesehen wie da, als er tot war. Er sah so entspannt aus. Das hat mich sehr berührt, ihn so friedvoll zu sehen, weil ich doch wusste, dass er vorher so viel Angst hatte. Ich habe mich gefragt, warum ist er zwölf Stunden vor unserer Verabredung gestorben? Ich denke, der Zeitpunkt, an dem jemand stirbt, ist nicht zufällig. Warum ist er gestorben, obwohl er sich doch mit uns treffen wollte? War es höhere Fügung oder eine Absicht, von wem auch immer, weshalb dieses Gespräch nicht mehr stattgefunden hat? Es war für niemanden wirklich schlimm. Aber es war so gar nicht die Art meines Vaters, Verabredungen nicht einzuhalten.

Bei meiner Mutter war es völlig anders. Sie ist ein ganzes Jahr lang gestorben. Es fing damit an, dass sie gestürzt ist und nicht mehr aufstehen konnte. Niemand wusste, warum. Dann konnte sie nicht mehr schreiben, dann nicht mehr telefonieren. Innerhalb von Wochen erinnerte sie sich abends nicht mehr an das, was sie morgens getan hatte. Und so ging es weiter. Schließlich hat sie nicht mehr gegessen und nicht mehr gesprochen. Sie ist einfach zerfallen. Und das Erstaunliche war: Sie war in diesem ganzen Prozess immer zufrieden. Einmal hat der Arzt sie gefragt: Ist ihnen eigentlich nicht langweilig? Da hat sie ihn erstaunt angeguckt. Sie hat die Frage gar nicht verstanden. Die letzten beiden Wochen lag sie nur noch bewegungslos im Bett. Und dann hat sie aufgehört zu atmen. Das war ein ganz anderer Übergang als bei meinem Vater. Aber beides war in seiner Art friedlich.

Ich bin sehr dankbar, dass ich dieses letzte Jahr mit meiner Mutter erleben konnte, das hat mich mit dem Tod versöhnt. Meine Schwester und ich haben dafür gesorgt, dass sie noch eine Weile daheim bleiben durfte, als sie gestorben war. Sie war noch 26 Stunden zu Hause. Auch wenn das seltsam klingt: Das war so toll! Wir haben sie in ihrem Bett liegen lassen und ihr Blumen und eine Kerze hingestellt. Wir haben uns immer wieder zu ihr ans Bett gesetzt und mit ihr geredet. Wir haben keine Totenwache gehalten, das war nicht unser Bedürfnis. Einfach nur zehn Minuten sitzen und dann wieder rausgehen. Ich hatte das Gefühl, dass das auch für sie wichtig war, dass sie noch bleiben durfte, dass sie nicht gleich weggerissen wurde, nachdem sie so lange im Sterben gelegen hatte.

In diesem Zusammenhang fällt mir etwas ganz anderes ein. Ich habe schon beim Schlachten geholfen. Das war keine Massenschlachterei. Der Metzger auf dem Hof hatte eine gute Art, damit umzugehen. Das Schwein hatte vorher keine Angst, es wurde gut behandelt. Unheimlich war ihm wohl nur, dass es gewogen wurde. Es durfte noch herumlaufen und alles beschnuppern, und dann war es tot – von jetzt auf gleich! Aber danach ging alles viel zu schnell. Es wurde sofort aufgehängt, ausgenommen, verarbeitet. Ich hatte ganz deutlich das Gefühl: Das Schwein müsste jetzt noch ein Weilchen einfach tot sein, tot herumliegen dürfen, ohne dass es gleich verarbeitet wird. Ein Teil von diesem Wesen muss sich noch vom Körper verabschieden dürfen. Da gibt es einen Bezug zum Jenseits – was immer das heißt.

Wenn ich sterbe, wünsche ich mir, dass ich mich dem hingeben kann, was passiert. Ich wünsche mir, wenn ich an dieser Schwelle stehe, dass ich keine Angst mehr habe und neugierig bin. Und ich möchte eine schöne Trauerfeier haben. So wie bei meiner Mutter, das war sehr schön, mit vielen kleinen persönlichen Elementen. Auf ihrem Sarg lag ein Gesteck mit Blumen aus ihrem eigenen Garten. Und neben dem Sarg hatten wir eine Tafel mit einem Sinnspruch aufgestellt, den sie zu Hause aufgehängt hatte.

Ich wünsche mir auch, dass meine Trauerfeier einen Bezug zu mir hat. Der Rahmen kann ganz alltäglich sein, aber die für mich wesentlichen Dinge sollen sichtbar sein oder zur Sprache kommen, meine Beziehung zur Natur und zu meinem indianischen Weg. Ich fände es toll, wenn eine Räucherschale und ein Federfächer auf meinem Sarg lägen. Und ich wünsche mir, dass viele, viele freundliche Blumen dabei sind. Auch Symbole, die einen Bezug zu Engeln haben, fände ich schön. Die Menschen, die zur Trauerfeier kommen, sollen miteinander verbunden werden. Sie sollen nicht nur dasitzen und zuhören, wie jemand eine Rede hält. Ich möchte, dass sie wissen, welche Beziehung sie zueinander haben, dass sie hinterher noch zusammenkommen und freundlich miteinander reden können. Sie sollen mir eine gute Reise wünschen, wo immer mein Weg mich dann hinführt.

Bis es so weit ist, will ich aber noch viel ausprobieren und lernen. Auf allen Ebenen meines Lebens habe ich Lust auf Neues, Neues zu erfahren, Neues zu entdecken. In diesem Sinn bewege ich mich gern auf Grenzen zu, die vielleicht nicht ganz konventionell sind. Ein konventionelles, normales Leben würde mich schrecklich langweilen. Ich glaube, das Schlimmste ist, wenn man einfach vor sich hin lebt und irgendwann merkt: Ich hab's verpasst. Vor allem möchte ich viel häufiger ganz aufmerksam im Hier und Jetzt leben. Ich plane noch immer zu viel, oder ich schaue zurück in die Vergangenheit. Dabei möchte ich so gern viel spontaner sein.

Ich versuche, mein Leben immer mehr in dem Bewusstsein zu gestalten, dass es endlich ist und dass ich irgendwann sterbe. Das mache ich noch nicht genug. Ich hoffe, damit einen Schritt weiterzukommen. Ich bin schon viele Schritte gegangen, und ich werde auch noch viele Schritte gehen.

Um sterben zu können, muss man aber vor allem loslassen

lernen. Das wird mir sehr schwerfallen. Ich liebe diese Welt. Sie ist so wunderschön. Wenn morgens die Sonne in mein Zimmer scheint, kommen mir manchmal die Tränen. Oder wenn ich so einen schönen Himmel sehe, dann denke ich, allein dafür hat es sich gelohnt zu leben. Heute Morgen ist ein Ahornfliegerle auf meinem Balkon gelandet – so etwas einfach zu sehen, macht mich glücklich. Auch über Menschen freue ich mich, wenn sie etwas Besonderes machen oder wenn sie sich so zeigen, wie sie sind. Und wenn ich dann daran denke, ich bin nicht mehr hier, ich kann das alles nicht mehr sehen, nicht mehr erleben …

Manchmal überlege ich mir, wie ich mich vom Jenseits aus sehen würde. Ich glaube, ich würde mir einen Tritt geben und sagen: »Sieh das doch endlich nicht mehr so eng! Es ist alles nicht so schlimm. Genieß einfach mehr.« Ich habe einmal geträumt, dass ich mit Gott gesprochen habe. »Ihr könnt hier machen, was ihr wollt«, hat er zu mir gesagt. »Ihr habt die Freiheit, die Person zu werden, die ihr sowieso seid.« In einer Baumzeremonie wurde mir etwas Ähnliches gesagt: »Spiel dich nicht auf wie Gott. Es gibt nichts zu tun. Es ist alles getan.« Ich möchte dahin kommen, dass ich mir sage, ich muss mich nicht zerrupfen und zerreißen und nicht grübeln. Ich darf einfach leben und genießen.

Und wenn ich mir dann etwas Schönes vorstelle – allein in der Nacht zu sein unter dem sich weit dehnenden Sternenhimmel, die Eule, die über mich hinwegfliegt, die Ruhe, die Weite, immer wieder die Weite –, dann wird mein ganzes Dasein relativiert. Wenn ich mir das alles so angucke und in mich aufnehme – warum rege ich mich über irgendetwas überhaupt noch auf?

Das Jenseits ist eine goldene Stadt

Ulla Klotzki · Jahrgang 1967
Diplom-Sozialpädagogin

»Gibt es im Himmel auch Katzen?«, hat mich einmal ein fünfjähriges Kind gefragt. Es war schwer krank und wusste, dass es bald sterben würde. Die Frage hat mich sehr berührt, und ich habe angefangen, ganz neu über den Himmel nachzudenken. Warum sollte es dort keine Tiere geben? Als ich während meiner Diplomarbeit diese kranken Kinder kennengelernt habe, war ich immer wieder überrascht, wie gefasst sie mit dem Sterben umgegangen sind. Sie haben sich viele Gedanken gemacht über das, was sie erwartet, und sich ausgemalt, wie es im Himmel sein wird. Ich habe versucht, ihnen Antworten zu geben, denn ich habe gemerkt, dass die nahen Verwandten oft schwer mit ihnen darüber reden können. Die Kinder haben oft selbst gesagt, dass sie ihre Eltern schonen müssen, weil die so traurig sind. Es war ihnen lieber, mit einem Pfarrer oder auch mit mir zu reden. Alle diese Kinder, und gerade die Kleinen, kamen mir so groß vor.

Begegnungen mit Menschen sind bis heute ein wichtiger Teil meines Lebens und meiner Arbeit, sie machen mir große Freude, ganz gleich, ob ich als Sozialpädagogin psychisch Kranke betreue, ob ich im Bibelkreis mit anderen Frauen diskutiere oder für Kinder einen Gottesdienst gestalte. Auch wenn ich dabei häufig – gerade bei meiner Arbeit – an Grenzen stoße, erfahre ich viel Positives und erlebe immer wieder, dass sich Dinge, die negativ anfingen, schließlich zum Guten verändern.

Mir ist in meiner Kindheit ein fester Glaube mitgegeben worden, und ich versuche, ihn ein Stück weiterzugeben. Das sehe ich als meine Lebensaufgabe an und als Grund dafür, warum ich so viele schöne Erfahrungen mit Menschen mache. In meinem Heimatort gab es ein Pfarrerehepaar, das mich neben meinen Eltern sehr geprägt hat. Nicht nur im Kindergottesdienst und in der Jungscharstunde – durch ihr ganzes Leben haben sie mir den neuen Himmel gezeigt. Ihr Haus war ein zweites Zuhause für mich, in dem ich mit all meinen Fragen und Problemen jederzeit willkommen war. Mit ihren Geschichten und Erzählungen haben sie Jesus und Gott für mich greifbar gemacht, so wie ein Kind sie begreifen kann. Jesus war immer bei mir. Bei allen Klassenarbeiten habe ich gedacht, da sitzt jemand neben mir und hält mir den Stift, ich war nie allein. Diese Menschen waren unterwegs für Gott, und ich versuche, nach ihrem Vorbild zu leben. Die Tür zum eigenen Haus und zum eigenen Leben offenzuhalten, Zeit für andere zu haben, das finde ich bis heute wichtig. Auch mein Sohn kann jederzeit Kinder mitbringen, und alle wissen das und kommen gern.

Für mich bekommt das Leben dadurch einen Sinn. Wir sind miteinander auf dem Weg, und wir versuchen, einander zu helfen und aneinander zu wachsen, damit wir am Ende den großen Sinn des Ganzen verstehen, von dem wir hier immer nur kleine Teile sehen. Perfektion und Schönheit und Gerechtigkeit, das ist der neue Himmel, das ist der Sinn, auf den ich ausgerichtet bin. Für mich fängt er schon auf der Erde an: im Umgang miteinander und im Umgang mit der Schöpfung.

Mein Glaube lässt mich auch darauf vertrauen, dass der Tod nicht das Letzte ist. Vielleicht wird es mir schwerfallen, in der Sterbestunde loszulassen. Aber ich hoffe, dass das, was mich geprägt hat, auch in diesem Moment da ist und mir hilft, meinen Weg leichter zu gehen.

Diese Beobachtung habe ich jedenfalls bei anderen Menschen gemacht. Ich habe Menschen erlebt, die ohne Glauben gestorben sind und sich ängstlich ans Leben geklammert haben. Auf der anderen Seite gab es im Nachbarort eine sehr gläubige Frau, die ist an Bauchspeicheldrüsenkrebs gestorben. Seltsamerweise hat sie in den letzten drei Monaten keine Schmerzen gehabt. Der Arzt hat gesagt, das sei eigentlich unmöglich. Aber sie hat großes Gottvertrauen gehabt und ganz schlicht gesagt: Es kommt, wie es kommt. Sie wollte sich noch von ihren Lieben verabschieden und eine Ehrung ihres Mannes in der Kirche miterleben, und das hat sie auch getan. Es berührt mich sehr zu sehen, dass gläubige Menschen ihr Schicksal oft leichter annehmen können und auch die Kraft geschenkt bekommen, es zu ertragen. Auch wenn das nicht immer zutrifft, lässt es mich doch staunen und hoffen, dass es bei meinem Sterben genauso sein wird.

Ich habe ein Bild vor Augen, das mir Mut macht: Martin Luther hat gesagt, er sei fest davon überzeugt, dass wir im Sterben nicht allein seien. Wer glaubt, stirbt nicht allein. Er hat alle Heiligen und Jesus Christus und die Engel bei sich. Daran halte ich mich fest, das ist meine große Hoffnung.

Für meine Beerdigung habe ich mir schon ein Lied ausgesucht: »Meine Zeit steht in Deinen Händen« heißt es, also meine Zeit liegt in Gottes Händen, was auch passiert und wie schwer es auch ist. Es ist ein sehr schönes Lied. Ich singe es immer wieder, manchmal allein zur Gitarre, manchmal mit den Kindern im Kindergottesdienst. Ich hoffe, dass die Trauerfeier von einem der Pfarrer gestaltet wird, der mich kennt, das finde ich schöner, als wenn es ein Fremder macht. Und dann möchte ich unter einem schlichten Holzkreuz begraben werden.

Und was danach kommt? Als Kind habe ich viel über das Jenseits nachgedacht. Ich habe ganz reale Bilder von einer goldenen Stadt vor mir gesehen, alle sind dort in weißen Gewändern umhergegangen. Die Menschen sind lieb zueinander; es gibt keine Sünde, keine Schuld und keinen Streit, und alles ist nur schön. Ich habe auch gedacht, genau so, wie wir jetzt sind, werden wir auch im Himmel sein. Wir werden zusammen essen und trinken und uns den ganzen Tag freuen.

Meine Vorstellung hat sich etwas verändert, ganz so wird es wahrscheinlich nicht sein. Doch noch immer ist das Jenseits für mich so strahlend, dass ich es mit Worten gar nicht richtig beschreiben kann. Es heißt ja in der Bibel »das heilige Jerusalem mit seinen goldenen Zinnen«, und tatsächlich habe ich nach wie vor das Bild einer schönen, goldenen Stadt in mir, glänzend von Rubinen und Smaragden. Ich stelle sie mir hell erleuchtet vor mit vielen Toren und mit viel Platz für Mensch und Tier. Denn für mich sind die Tiere auch dabei. Gott hat sie bestimmt nicht ohne Absicht geschaffen. Sie haben zur Schönheit und zur Perfektion der Erde beigetragen und gehören auch nach dem Tod dazu.

In diesem Himmel wird niemand mehr leiden. Alles Negative, die Trauer und der Schmerz müssen nicht mehr sein. So, wie es in der Bibel gesagt ist: Es werden keine Tränen mehr sein und kein Leid und kein Geschrei. Gerechtigkeit, Wahrheit, all die großen Worte, sind dort Wirklichkeit. Auch, dass Löwe und Schaf zusammen weiden. Ich hoffe darauf, dass mir dann gelingt, was ich hier mühsam und oft vergeblich versuche: Im anderen den Bruder, die Schwester zu sehen, wie Jesus, dem es gelungen ist, jeden zu lieben, wie er ist.

Mein größter Wunsch ist, dass wir Menschen dort so miteinander umgehen, wie wir es schon hier auf der Erde tun sollten. Ich hoffe sehr, dass wir unser Ich behalten, zwar ein wenig verändert, aber doch noch erkennbar.

Manchmal, in erfüllenden Momenten, habe ich schon jetzt eine Ahnung davon, wie es sein wird. Wenn ich mit bestimmten Menschen zusammentreffe oder einen besonderen Gottesdienst erlebe, bei allem, was sich gut und wohltuend anfühlt, denke ich: So wird es im Himmel sein. Das blitzt so durch, das ist wie ein Schluck Wasser, den man vorweg bekommt. Meistens haben diese Momente etwas mit meinem Glauben zu tun. Zum Beispiel, wenn Kinder im Kindergottesdienst besondere Fragen stellen, und wenn es dann plötzlich ganz ruhig ist und alle aufmerksam sind. Die Kinder fragen sehr viel über Gott, über den Himmel und darüber, wie es ist, wenn man tot ist. Wenn wir ins Gespräch kommen, merke ich, wie ernst es ihnen ist, aber auch, wie selbstverständlich sie glauben und wie gewiss sie sind. Dann habe ich das Gefühl, der Heilige Geist ist wirklich unter uns. Es ist schön, diesen Glauben als Kind zu bekommen, nicht nur, weil es später viel schwerer ist, ihn anzunehmen. Wenn man mit dem Gefühl aufwächst, da ist immer jemand, der für mich da ist, auch wenn die Freunde weg sind und wenn ich mit den Eltern Streit habe, das ist ein ganz großer Segen.

Ein kleines Mädchen, das zu mir in den Kindergottesdienst kommt, hat kürzlich seine Mutter verloren. »Meine Mama ist jetzt im Himmel«, sagt sie, und sie weiß, dass sie sie wiedersehen wird. Daran glaube auch ich. Ich werde die Menschen wiedersehen, die ich auf der Erde geliebt habe, meinen Sohn, meinen Mann, auch meinen alten Pfarrer würde ich gern wieder treffen. Und ich werde auch Jesus treffen und alle, die für mich zu Lebzeiten ein Vorbild waren. Dieses Wiedersehen wird sein wie ein großes Fest nach langer Trauer, nach all dem Schmerz, ein immerwährendes großes Fest.

Als Kind habe ich gedacht, ich fahre so in den Himmel auf, wie ich bin, und alle anderen sehen auch so aus, wie ich sie kannte. Diese Vorstellung hat sich schon einige Male geändert. Mittlerweile halte ich vieles für möglich. Eine Zeit lang habe ich mich daran orientiert, dass man sagt, Gott ist außerhalb der Dimensionen von Zeit und Raum, und genauso wird es auch für uns sein. Aber nach neuen Erkenntnissen glauben viele ja auch wieder, dass es einfacher ist, leiblich aufzuerstehen, als ein Geistwesen zu sein. Ich habe es aufgegeben, mir das konkret vorzustellen. Das eine wie das andere wäre für mich in Ordnung. Hauptsache, es geht weiter.

Manchmal habe ich Angst, dass man sich vielleicht nicht mehr erkennt oder nicht einmal mehr sieht im Himmel, weil er überbevölkert ist. Dann fürchte ich, dass die Menschen aller Zeiten dort einfach keinen Platz haben. Aber diese realen Überlegungen verdränge ich schnell wieder. Wir wissen so vieles nicht, und das sind andere Dimensionen, in denen wir nicht denken können.

Genauso wenig weiß ich, wie unsere Taten beurteilt werden. Der Gott, an den ich glaube, ist in erster Linie ein liebender und warmherziger Gott. Er ist aber auch ein Gott, der mir manchmal Angst macht. Der Gott des Alten Testaments kann sehr erschreckend und furchterregend sein. Ich bin sicher, dass unser Leben und unsere Taten einen Einfluss darauf haben, wie wir sterben und was danach kommt. Aber ich hoffe auf Gottes Gnade und darauf, dass nicht nur unsere guten Taten entscheidend sind, sondern die Wahrhaftigkeit, wie wir glauben, auch wenn es uns manchmal unmöglich ist, gut zu leben, und auch wenn wir immer wieder scheitern und das von Herzen bereuen. Deshalb kann auch jemand, der ganz schlecht gelebt hat, in den Himmel kommen, wenn er bereut und sich in den letzten fünf Minuten seines Lebens zu Jesus bekehrt.

Wer sich aber viel zuschulden kommen lassen hat und auch im Sterben und im Tod nicht davon abrückt, für den wird es nicht einfach sein. Ich denke schon, dass es einen Ort gibt, der fern von Gott ist. Dieses Totenreich ist für mich sehr dunkel. Es heißt ja, einige sind gerettet, andere nicht. Ich halte mich zwar lieber daran, dass am Ende noch Hoffnung für alle besteht. Aber es steht nun einmal an vielen Stellen, dass es wirklich ein Aus geben kann. Etwas Dunkles existiert, das da bleibt und das man hier schon spüren kann im eigenen Leben und im Weltgeschehen. Auch in sich selbst hat man eine Ahnung davon, wie es ist, wenn man nicht auf der Seite Gottes ist.

Doch ich glaube, dass Jesus Christus in das Totenreich hinabgestiegen ist und allen, die dort sind, noch einmal seine Gnade angeboten hat. Wer an ihn glaubt, der wird gerettet, sodass es für viele Menschen in diesem Totenreich doch noch einen Weg und eine Hoffnung gibt.

Ich halte es für sehr schwer, ohne den Glauben an Jesus zu sterben. Denn dann bleibt nichts. Ohne die Hoffnung, dass noch etwas kommt, könnte ich mir gar nicht vorstellen zu leben. Unser Leben ist doch eine sehr begrenzte Zeit.

Ich habe kürzlich ein Interview mit Loki Schmidt gehört, in dem sie sagt, man muss seine Pflicht erfüllen, dann war das Leben gut. Das ist mir zu wenig. Die Liebe ist für mich der Dreh- und Angelpunkt. Man kann nicht alle Menschen lieben, aber man kann ihnen Wertschätzung und Achtung entgegenbringen. Dann gibt man der Liebe einen Raum, in dem sie wachsen kann.

Dann fängt das Jenseits schon hier an, dann können wir weitermachen, trotz all unserer Fehler und Unzulänglichkeiten.

Notfalls erfinde ich meinen eigenen Himmel

Jutta Munira Saarmann · Jahrgang 1955
Geschäftsführerin eines Gesundheitshotels, Yogalehrerin, Reflexologin

Den ersten Himmel, von dem ich gehört habe, fand ich gar nicht verlockend. Ich bin in einem sehr engen christlichen Zusammenhang aufgewachsen. Als ich etwa fünf Jahre alt war, wurde uns gesagt, wir kämen jetzt in den Himmel. Der oberste, ziemlich alte Apostel der Kirche hatte verkündet, dass Jesus noch zu seinen Lebzeiten kommen und uns holen werde. Damals war ich davon überzeugt, dass es im Himmel so aussieht wie in der Kirche, dass da schwarz gekleidete Leute in Kirchenbänken sitzen und singen. Das fand ich beängstigend. Ich habe als Kind unter einem großen inneren Zwiespalt gelitten. Ich wollte spielen, rennen, springen und war viel lieber auf dem Spielplatz als zu Hause. Aber gleichzeitig habe ich den Druck gespürt, dass ich es toll finden müsste, in den Himmel zu kommen. Da es in der Kirche angeblich so erhebend wie im Himmel war und diese Kirchen total schmucklos und spartanisch so gar nichts Anheimelndes hatten, war die Vorstellung sehr bedrückend.

Mit Ende der Kindheit, etwa mit 12 oder 13 Jahren, brach allmählich der Bann. Seitdem bin ich auf der Suche nach meinem Himmel. Es ist, als würde ich einer Spur folgen. Ich suche nach etwas, das wie ein köstlicher Duft ist, inspirierend. Etwas, das mir das Leben lebenswert macht. Meine Suche hat mich mit christlichen, hinduistischen, buddhistischen Ideen und letztlich mit dem Sufismus in Kontakt gebracht. Die Fährte führt mich durch alle Religionen. Ein wirkliches Wissen darüber, was nach dem Tod kommt, habe ich jedoch nicht, dafür aber viele verschiedene Vorstellungen.

Meine Suche geht immer weiter. Selbst wenn ich nur noch kurze Zeit zu leben hätte, würde ich weitermachen, drängender als vorher. Ich würde dafür sorgen, dass ich zu Menschen Kontakt bekomme, die tiefere Wahrnehmungen haben als ich, zu Heilern, Schamanen, Erleuchteten, um mehr zu erfahren über das, was mich so brennend interessiert.

Denn ich bin sicher, dass es keinen Tod gibt. Ich sehe im Universum nichts, was tot ist. Alles bewegt sich, alles wandelt sich, nimmt andere Formen an. Ich kann nichts entdecken, was aufhört. Eine Antwort auf meine Fragen finde ich in der Meditation. Wenn ich mich auf das konzentriere, was wesentlich ist, was war, was immer bleibt, dann komme ich in einen Zustand, der nichts als schön ist. Dann habe ich das Gefühl: Das IST. Das hat keinen Anfang, das hat kein Ende. Das ist einfach.

Ganz sicher wird der Himmel nichts mit dem zu tun haben, was man mir erzählt hat, bis ich 18 Jahre alt war. Das ist ein Glauben, den ich im tiefsten Inneren ablehne: Die Guten werden von Gott auserwählt, während die anderen verderben. Zu diesem Gott wollte ich schon damals nicht. Aus meiner Ablehnung entstand der Wunsch, etwas anderes zu kreieren. Wenn es notwendig ist, erfinde ich eben meinen eigenen Himmel.

Natürlich hat mich meine religiöse Erziehung sehr geprägt und vor allem sehr eingeengt. Die Erste, die mich aus der Erstarrung geholt hat, war eine Yoga-Lehrerin. Sie hat mir beigebracht, dass alles, was mit Spiritualität und mit dem Jenseits zu tun hat, auch etwas ganz Frohes und Lebendiges sein kann, dass es eher etwas zu entdecken gibt als zu glauben.

Wenn ich heute über das Jenseits nachdenke, stelle ich mir etwas sich Wandelndes vor, in dem ständig die Voraussetzungen wechseln. Wie ein Bild sehe ich etwas vor mir, das sich ganz langsam erweitert. Als ginge ich durch ein Tor, und dahinter täte sich eine Welt auf, die sich ins Unendliche aufblättert. Alle Dinge sind in Bewegung. Es ist ein Weitergehen, ein Fortschreiten. Es ist Entwicklung. Und es ist Kontinuität. Ich nehme mich selbst mit in den Tod und in das Leben danach. Was ich mir hier auf der Welt als Hölle bereite, das werde ich zunächst auch drüben noch einmal als Hölle erleben. Ich gehe nicht davon aus, dass mit einem Schlag alles nur noch schön ist. Eher ist es eine neue Stufe mit anderen Möglichkeiten. Ich stelle mir vor, dass die Begrenzungen entfallen, die man hier im Leiblichen hat. Dass man andere Zeiträume überblicken kann, und vielleicht auch, dass die Dreidimensionalität aufgehoben ist.

Auf dieses Jenseits bereite ich mich täglich vor. Um sterben und um leben zu können, muss man verzeihen lernen. Vergebung fängt für mich damit an, dass ich in jedem Moment übe zu vergeben, um mich erst gar nicht über jemanden zu ärgern, was ich ehrlicherweise sehr schwierig finde. Wenn ich merke, dass ich wütend werde, versuche ich, diese negative Emotion sofort loszulassen, je schneller, desto besser. Wenn mir das gelingt, fühle ich mich frei und muss mir über den Tod keine Gedanken machen. Ich versuche, nichts Negatives mit mir herumzutragen und nicht einmal einen Streit mit in den Schlaf zu nehmen. Ich bin ein Mensch, der gern alles direkt erledigt. So habe ich wenig im Gepäck, von dem ich sagen würde, das belastet mich. Und ich hoffe, dass ich die Reste, die ich noch mit mir herumschleppe, abarbeiten kann, damit es eine sehr leichte, zügige Weiterreise gibt.

Den Übergang in das Jenseits will ich ganz bewusst erleben. Wenn ich merken werde, dass der Tod kommt, will ich versuchen, möglichst wach zu bleiben. Ich will verhindern, dass durch Unachtsamkeit negative Kräfte auf mich einwirken und mich in einen Raum drängen, in den ich nicht gehöre und in dem ich nicht sein möchte. Das ist ja jetzt im Leben genauso. Wenn man nicht geistig wach ist, kann man durch Äußerlichkeiten beeinflusst werden, die sich einschleichen und auf die Stimmung schlagen. Nur ein Beispiel: Kürzlich bin ich nach einer längeren Autofahrt ganz deprimiert zu Hause angekommen. Als ich darüber nachgedacht habe, ist mir aufgefallen, dass ich unterwegs immer wieder Nachrichten im Radio gehört hatte, und zwar ausschließlich unangenehme Nachrichten: Alles wird immer schlechter, niemand hat mehr Geld. Diese negative Beschallung hat mich unbewusst beeinflusst. Als ich das erkannt habe, konnte ich mich davon distanzieren und mir sagen, dass meine Wirklichkeit nicht deprimierend ist. Das hat geholfen.

Ich möchte auch deswegen wach sein, weil man im Augenblick des Todes noch wichtige Dinge erledigen kann. Das habe ich selbst einmal erlebt. Ein guter Bekannter von mir, der um einiges älter war als ich und den ich als Autorität sehr geschätzt hatte, versuchte, mich bei einem Besuch in meiner Studentenwohnung zu verführen. Darüber war ich sehr schockiert, denn meine Verehrung für ihn war auf einer ganz anderen Ebene angesiedelt. Ich habe mich deshalb ganz von ihm zurückgezogen. Viele Jahre später hatte ich einen Traum. Ich sah diesen Mann ganz freundlich auf mich zukommen. Er streckte mir die Hand hin und stellte dadurch einen gewissen Abstand zwischen uns her. Ich ergriff seine Hand und dachte im Traum: Das ist schön, so wollte ich es gern zwischen uns haben. Ein paar Tage später habe ich die Nachricht bekommen, dass er in dieser Nacht gestorben war. Ich war so froh und dankbar, dass wir auf diese Weise noch miteinander ins Reine gekommen sind. Denn er war ein sehr wichtiger Mensch für mich, und es hat mir immer sehr wehgetan, dass unsere Beziehung so schief geworden war.

Wenn ich dieses Leben gelebt habe, wird meine Entwicklung weitergehen. Sie wird nicht enden, weil auch das Universum unendlich ist und unendliche Möglichkeiten bereithält, sich weiterzuentwickeln. Ich stelle mir vor, dass ich auch nach dem Tod meiner Fährte, dem köstlichen Duft, folgen werde. Meine Suche nach dem Himmel ist gleichzeitig die Suche nach dem Sinn dieses Lebens und dem Kern meines Wesens. Als Kind war ich zunächst ziemlich unbekümmert; das Gefühl ist mir abhandengekommen. Ich war auch gerne freundlich zu anderen Menschen und habe mich gefreut, wenn ich jemandem eine Freude machen konnte. Das ist auch heute noch so. Wie man Menschen helfen kann, sie weiterbringen und aus ihren Nöten befreien, das ist ein Thema, das mich immer begleitet. Das ist sicher auch der Antrieb für meine Kurse und Seminare.

Ich habe jedoch das Gefühl, dass das nicht alles ist. Es ist noch etwas anderes in mir, das sich auf dieser Welt schon immer ausdrücken wollte und das noch nicht ganz ausgedrückt ist. Ich würde diese Essenz als meine Seele bezeichnen, die unter allen Schichten liegt, die ich wahrnehmen kann. Ich spüre sie jetzt schon, wenn ich mich in Meditation zurückziehe und das äußere Geschehen ausblende. Wenn ich immer weiter nach innen gehe, komme ich in einen Zustand, in dem ich eine Annäherung ahne, in dem ich das Gefühl habe, ich bewege mich auf einen anderen Pol zu. Tief in mir gibt es etwas sehr Hohes, etwas Königliches, einen Glanz, der von der täglichen Arbeit und den Pflichten verdunkelt wird. Eine Größe, die sicherlich in unterschiedlichen Formen in allen Menschen ist und die meist sorgfältig vor anderen verborgen wird. Es braucht Mut, seine Größe zu zeigen. Wir Menschen neigen dazu, uns gegenseitig klein zu halten.

Nur manchmal, wenn ich mit einer Gruppe Yogaübungen mache, entsteht plötzlich durch eine Übung ein Raum, in dem

Größe kommuniziert werden kann, in dem wir uns alle aufrichten. Und das ist meine Hoffnung, dass man sich in seiner vollen Größe zeigt, spätestens wenn man die Erdenthemen hinter sich lassen kann, hoffentlich schon vorher.

Ich könnte nie mit einem mittelmäßigen Leben zufrieden sein. Wenn mein Denken darum kreisen würde, bei welchem Discounter ich etwas billiger bekomme, das fände ich öde, langweilig und uninspiriert. Man muss gewaltig leben, aus vollem Herzen. Ich möchte alle meine Möglichkeiten ausspielen. Solange das nicht so ist, habe ich das Gefühl, ich kann noch nicht sterben. Das Leben hat ja noch nicht stattgefunden. Es gibt so vieles, was ich noch nicht erlebt habe. Ich fände es zum Beispiel großartig, ein Geistwesen zu sehen. Als ich ungefähr zwanzig Jahre alt war, habe ich ein Buch über Geister, Naturwesen und Zwerge gelesen. Ich kann sie nicht sehen, aber ich nehme an, dass es sie gibt. Das Leben wäre ungleich reichhaltiger und beseelter, wenn diese anderen Existenzformen dazugehörten, die wir nicht mehr wahrnehmen können.

Im Wald kann man eine gute Übung machen: Man schaut nicht den Wald an, sondern stellt sich vor, dass der Wald einen anschaut. Wie viele tausend Augen sind dann auf dich gerichtet! Wie viele Tiere sehen dich an, wie viele Pflanzen wiegen und neigen sich dir entgegen! Wenn ich mir dazu noch vorstelle, dass zwischen all den Zweigen unendlich viele Wesenheiten sind, dass da Dimensionen sind, in denen etwas stattfindet, dann kommen mir Licht und Schönheit entgegen, und ich spüre Mitgefühl und ein liebevolles Miteinander. Ich erlebe Weite und Großzügigkeit – ganz anders als in unserer Gesellschaft, die ich im Moment unglaublich materiell, eng und kleinlich empfinde. Deshalb wünsche ich mir, dass dieser weite Atem wieder in unsere Struktur einströmen könnte, sodass

Raum geschaffen wird für Schönheit und Inspiration, und dass sich die Menschen davon bewegen lassen.

Für mich jedenfalls liegt darin der Sinn des Lebens: zu mehr Schönheit und Harmonie und Mitmenschlichkeit zu gelangen. Mitschöpfer zu sein und eine Welt zu kreieren, die schön ist. Um das zu können, muss man in Aktion treten und nicht immer nur reagieren.

Das ist meine Fährte, auf der ich immer weitergehen würde, und wenn ich tausend Leben hätte. Das ist mein ganz spezieller Weg: Eins sein mit allem und trotzdem unverwechselbar. Wie die Facette eines Kristalls, ein kleiner Lichtpunkt, der untrennbar mit dem großen Licht verbunden ist und dabei auch ein ganz eigenes Strahlen aussendet. Für mich bedeutet das, Verantwortung zu tragen, zu helfen und Spiritualität weiterzugeben. Ich kann mich nicht an einem Himmel freuen, an dem nicht alle teilhaben. Das heißt, in Millionen Jahren, in Millionen Inkarnationen würde ich immer wieder dafür sorgen, dass alle anderen auch etwas erkennen und ihren uninspirierten Zustand überwinden.

Vor Kurzem habe ich die Botschaft eines Einsiedlers gelesen, der am Himalaja lebt. Er schreibt, dass man im Himmel das machen wird, was einen auf der Erde besonders beglückt hat. Jemand, der hier glücklich ist, wenn er anderen helfen kann, wird im Jenseits ganz viele Möglichkeiten dazu haben. Ein Mensch, der am liebsten künstlerisch tätig ist, wird das immer intensiver sein. So wird es unendlich weitergehen. Nach einer Weile wird man wieder den Wunsch nach einer Steigerung haben. Dann wird auch das möglich sein, immer mehr, es gibt kein Ende. Das ist das erste Mal, dass mir eine Vorstellung vom Himmel gefallen hat. Da würde ich hingehen.

Im Jenseits wartet ein virtuelles Triathlon

Joachim Schmidt · Jahrgang 1939
Diplom-Ingenieur i. R.

An einem Jenseits zweifele ich bis heute nicht. Meine Vorstellung davon hat sich seit der frühen Kindheit bis heute vom Gegenständlichen zum Virtuellen gewandelt. Ich glaube fest daran, dass ich alle mir bekannten Personen auf geistiger Ebene wiedertreffen werde. Und ich selbst kann mich dann mit all den Dingen beschäftigen, die ich in meinem realen Leben nur bis zu einem bestimmten Level erreichen konnte, zum Beispiel die Beschäftigung mit Musik – mein Interesse für diesen Zweig, genau: für das Klavierspielen, begann erst mit dem 63. Lebensjahr. Oder mit nicht erreichten Zielen im Sport wie zum Beispiel der Vorbereitung auf einen virtuellen Triathlon.

Die Grundlage meiner Vorstellungen ist meine grundsolide katholische Erziehung und eine nicht durch negative Lebenserfahrung veränderte Gläubigkeit – auch an das Gute im Menschen, an Vorbildfunktion und vor allem an Autorität. Obwohl ich mittlerweile wieder evangelisch bin, verteidige ich den Zölibat und die Autorität des Papstes. Negative Erfahrungen durch Enttäuschungen, durch Menschen, die mir sehr nahe standen, wurden in meinem Leben durch eine Vielzahl von positiven Erfahrungen mehr als kompensiert. Das Gleiche gilt für mein berufliches Leben, in dem ich geachtet wurde für mein gelebtes Vorbild.

Ich habe das Glück, zum Glauben erzogen worden zu sein. Ich vergleiche das mit musikalischer Früherziehung. Als Flüchtlingskind wuchs ich in einer kleinen Gemeinde auf. Ich war evangelisch getauft, wurde dann durch die zweite Ehe meiner Mutter katholisch geordnet, wurde Messdiener und Pfadfinder. Die Ansichten meiner Mutter waren für mich bis etwa zu meinem vierzehnten Lebensjahr der gültige Wissensstand. Ich habe immer eher Dinge geglaubt als hinterfragt. So verhalte ich mich bis heute. Trotz des Studiums der Elektrotechnik – das ja eigentlich zum exakten Vorgehen zwingt – habe ich Vorschläge, Neuerungen und Ideen spontan angenommen und erst im zweiten Schritt Überlegungen angestellt. Das hat mir bis ins hohe Alter Lebensfreude beschert.

Ich will mit ganzer Kraft leben, um in Ruhe tot sein zu können

Julia Katzan · Jahrgang 1962
Ethnologin

Was war ich davor, und was werde ich danach sein? Das sind die Fragen, die ich mir immer wieder stelle.

Vor allem denke ich natürlich in Situationen über das Jenseits nach, in denen ich damit konfrontiert bin, dass das Leben anderer zu Ende geht, von einem Tag auf den anderen auf den Kopf gestellt wird, und dass es gar nicht so selbstverständlich ist, dass wir leben. In der letzten Zeit fühle ich jedoch mehr und mehr, dass es müßig ist, sich darüber Gedanken zu machen, wenn ich so weiterlebe wie im Augenblick. Denn ich glaube, es ist etwas in mir, ich nenne es mein Selbst, das hat Verbindung zu dem, was ich mir als Jenseits vorstelle. Und das wird weiterleben, in anderer Form.

Zwar wird bei meinem Tod das Wasser verdunsten, aus dem mein Körper zum größten Teil besteht. Aber mein Geist und meine Seele sind das, was von mir bleibt, etwas, das in Information transformiert wird, die energiegebunden ist und die in den Raum geht. Ich weiß, meine Entwicklung wird weitergehen, unendlich wird sie weitergehen. Ich sehe mich immateriell durch etwas hindurchgehen oder in etwas hineinschreiten, in einen Zustand, der mich dazu befähigt, mehr wahrzunehmen, also auch das, was sich hinter allem verbirgt. Ich glaube sogar, wenn ich im Bild von der Energie bleibe, die dann weiterzieht, dass in diesem Zustand alles möglich ist, auch eine Wiederbegegnung mit Menschen, die ich aus dem früheren Leben kenne.

Warum ich so sicher bin, dass es mit mir weitergeht? Weil ich auch schon in der Lage war zu spüren, wie ich entstanden bin: Ich hatte mir lange schon Gedanken darüber gemacht, dass Menschen in bestimmten Situationen, in einer Meditation vielleicht, Energie konzentrieren können. Und tatsächlich: In einem solchen energiegeladenen Raum wurden Dinge, die oberflächlich vorhanden sind, deutlich spürbar, und ich konnte plötzlich genau nachvollziehen, wie ich entstanden bin. Ich hatte dazu sogar ein konkretes Bild: Ich habe auf einem Felsen gesessen und musste hinunter, ich bin über ein Gelände geflogen – und das hat mir nicht gefallen. Ich habe das als vorgeburtliche Situation gesehen: Ich musste los, ohne die Wahl zu haben. Ich wurde einfach in mein Leben hineingeboren. Wohin geht es aber danach? In ein neues irdisches Leben? Oder ein anderes? Auf jeden Fall weiß ich, dass das ein energetischer Prozess ist: Irgendwoher kommt diese Energie, und sie geht auch wieder irgendwohin.

Wenn ich intensiv darüber nachdenke, dann erscheint vor mir ein Bild: eine kleine gelblichweiße Energiekugel, die im All schwebt. In den Momenten, in denen ich das spüren kann, geht es mir gut. Ich empfinde dann ein gutes, warmes, heimeliges Gefühl von Sicherheit, und ich wünsche mir, dass dieses Weiterleben auf irgendeine Art und Weise mit meiner hiesigen, jetzigen Existenz verbunden sein könnte, dass es eine Kontinuität gibt.

Ich glaube, dass meine Vorstellung von einem anderen Leben eigentlich ein Teil des Lebens ist, in dem ich mich jetzt befinde. Ich sehe da eine Einheitlichkeit und kann mir auch gut vorstellen, dass es auf anderen Planeten andere Formen des Lebens gibt. Auch sie sind ein Teil des Lebens hier – mit der Energie, die sie in sich tragen.

Als Ethnologin habe ich mich in meiner Arbeit immer wieder damit beschäftigt, welche Modelle andere Kulturen dafür entwickelt haben, mit dem Tod umzugehen oder sich das Jenseits vorzustellen. Zwar habe ich bei dieser Herangehensweise keine selbstbezogene, sondern eine beobachtende Perspektive eingenommen, wie es die Forschung verlangt. Trotzdem haben diese Beobachtungen immer wieder auch mich selbst berührt. In Afrika zum Beispiel habe ich junge Menschen gesehen, die todkrank waren und gestorben sind. Ich habe mitangesehen, wie sie gelitten haben, war dabei, wenn sie gestorben sind, habe gehört, wie die anderen Menschen dieses Sterben beschrieben haben. Das waren tiefgehende Erfahrungen, die mich sehr bewegt haben. Ich habe eine ganz andere Art, mit dem Tod umzugehen, kennengelernt als in unserer Gesellschaft. Im Dorf wurde alles vorbereitet, jeder nahm Anteil, alles war eingebettet. Ich hatte das Gefühl, dass die Menschen mir genau gezeigt haben, was ich sehen sollte, dass sie mir meinen Platz zugewiesen haben. Ich war einfach da. Und ich hatte keine Angst, dabeizusein.

Fasziniert hat mich auch, wie Menschen im südostasiatischen Raum mit ihren toten Ahnen kommunizieren. Die Verstorbenen sind immer unter ihnen. Sie kennen Rituale, in denen sie die Ahnen befragen, und deren Antworten beeinflussen ihr Leben. Wenn man die sichere Überzeugung sieht, in der diese Menschen mit ihren Vorstellungen leben, dann ist es auf einmal unwichtig, ob das nachweisbar ist. Es geht nur noch darum, wie es gelebt wird.

Diese erlebte Vielfalt in der Einheitlichkeit bestimmt auch mein Nachdenken über den Sinn des Lebens. Ich werde bei diesen Überlegungen nicht durch eine Religion oder ein definiertes religiöses System geleitet. Natürlich sehe ich mir an, was die Buddhisten oder Hinduisten zu diesem Thema sagen, was der Islam meint oder das Christentum, was im Alten und Neuen Testament steht. Ich achte darauf, was die Aussagen dieser Religionen bei mir bewegen. Was davon spricht mich an? Worin offenbart sich mir etwas? Letztlich spüre ich aber in mir selbst eine Instanz, die mir vorgibt, den Sinn des Lebens zu erfassen, oder die ihn mir näherbringt.

Unabhängig von einer Religion kann ich mir aber vorstellen, dass die Umstände meines Lebens meinen Tod oder mein Dasein im Jenseits beeinflussen. Es kommt mir so vor, als ob ich hier bestimmten Aufgaben nachginge und als ob die Art, wie ich sie löse, sich auf das weitere Leben auswirkte. Um das genauer zu erklären: Ich habe die Phantasie, dass je nachdem, wie mein Selbst aus dem irdischen Leben hervorgeht und die Informationen über diese Aufgaben und ihre Bearbeitung mit sich trägt, auch das sein wird, was danach passiert. So wie im Hinduismus, in dem für die Wiedergeburt genaue Muster vorgegeben sind, sehe ich das nicht. Aber es könnte ja sein, dass die Art und Weise, wie ich aus mir nach meinen Tod herausgehe – mit all dem, was ich erlebt habe in meinem Körper –, Einfluss darauf hat, in welche Situation ich wieder hineingeboren werde, hineingehe, hinübergehe. Gern würde ich diesen Übergang so erleben wie die Mutter meiner Mutter. Sie ist einfach vorm Fernseher eingeschlafen. Sie hat noch mitten im Leben gestanden, und dann war es einfach vorbei – eine Vorstellung, die sich für mich gut anfühlt. Aber wie ist es, wenn man den Prozess bewusster erlebt und bewusst Abschied nimmt? Das kann ich mir auch vorstellen.

Aber noch ist es nicht so weit, und wenn es nach mir geht, soll es noch lange nicht so weit sein. An meinem 42. Geburtstag habe ich mir vorgestellt, ich würde gerne doppelt so alt werden. Ich glaube, dass ich von meiner gesundheitlichen Verfassung her gute Voraussetzungen dafür habe. Ich lebe sehr gerne! Weil jeder Moment etwas birgt, die Chance, etwas zu lernen, etwas besser zu tun, etwas Neues zu erleben, etwas wieder zu tun, was man gern tut. Weil ich dieses Gefühl habe, das Leben ist ein Prozess, in dem ich mich aufgehoben fühle. Und weil ich fest daran glaube, dass ein Teil von mir, der hier schon lebt, auch unsterblich ist.

Es ist ja ein Paradoxon oder scheint zumindest eins zu sein: Ich glaube, dass man ganz lebendig sein muss, dass man mit ganzer Kraft leben muss, um dann in Ruhe tot sein zu können. Es ist gerade nicht so, dass es wichtig ist, ruhig zu leben, um einen ruhigen Tod zu haben, nein, du sollst leben mit aller Kraft, die dir zur Verfügung steht. Wenn ich in größtmöglichem Maße mein Potenzial lebe, ermöglicht mir das dann auch, in Ruhe gehen zu können, loslassen zu können. Ich glaube, dass Menschen, die das Gefühl haben, noch viel erledigen zu müssen, es nicht schaffen zu gehen; dass Dinge, die einen innerlich unruhig machen, verhindern, mit sich im Reinen zu sein. Verzeihen ist ein Wort, mit dem ich in diesem Zusammenhang sehr vorsichtig umgehe. Ich meine eher: Es ist wichtig, annehmen zu können, wie andere waren, nichts zu verdrängen, was geschehen ist; aber nicht zu verzeihen, das ist der falsche Ansatz, es kommt darauf an, einfach zulassen zu können, was war. Denn zu den Aufgaben, mit denen ich hier befasst bin, die mir mitgegeben wurden, gehört für mich auch, wie ich mit negativen Gefühlen fertiggeworden bin, ob ich sie durchlebt habe, ob sie sich auflösen können oder noch weiterbearbeitet werden müssen.

Damit ich in allen Dimensionen leben kann und nicht nur durch den Verstand, habe ich in den letzten Jahren mehr und mehr jenseits der Arbeit Raum für mich freigekämpft. Meine Arbeit befriedigt mich, aber ich sehe andere Aspekte als gleichberechtigt an. Ich möchte gerne mein Leben voll auskosten und Zeit für mich und für wesentliche Dinge haben. Was mir wichtig ist, kann ich am besten mit einem Beispiel beschreiben: In Afrika auf dem Land habe ich mich sehr intensiv mit dem Thema Wasser beschäftigt und damit, welche Bedeutung es für die Menschen hat. In den ersten Wochen bin ich oft allein an einer Wasserstelle gewesen und habe dort eine Schlüsselsituation erlebt. Ich habe an dieser Stelle deutlich eine Verbindung zum Jenseits gespürt, sah mich in einen unendlichen Prozess eintauchen, hatte ein Gefühl davon, dass ich Teil bin, dass es so, wie es ist, richtig ist. Diese Momente der Rückbindung habe ich seitdem in unterschiedlichen Lebenssituationen gehabt. In solchen Augenblicken war ich mit mir eins, einfach heil, nicht gebrochen oder zersplittert. Und dann wusste ich: Ich bin, was ich bin, und es geschieht, wie ich es brauche.

All diese Vorstellungen sagen mir über mein Leben, wie ich es jetzt lebe, dass ich mich glücklich schätzen kann, so zu leben, wie ich es tue, weil ich so sichere Empfindungen haben kann und die Möglichkeit habe, eine Orientierung zu finden, ständig zu wachsen. Das gibt mir Zuversicht.

Und wenn dieses Leben hier vorbei ist? Dann wünsche ich mir entweder, dass meine Asche über dem Meer verstreut wird, oder – ganz ostpreußisch oder norddeutsch – einen anständigen Holzsarg, und jeder schaufelt dreimal Erde auf das Grab. Und anschließend sollen die, die noch zurückbleiben, mein Leben feiern mit viel Humor und mit schöner alter Musik.

Spuren des Lebens bleiben unauslöschlich

Gert Beisel · Jahrgang 1937
Forstmann i.R.

Ich verbringe als Jäger viele Stunden in der Stille auf dem Hochsitz, und dabei komme ich oft dazu, über dieses und jenes nachzudenken. Dass das Leben nach dem Tod weitergeht, glaube ich wohl, in dieser Weise: Der Lebensstrom, in den ich selbst als ein minimales Quantum eingehe, und zwar sowohl seelisch als auch körperlich, hat irgendwann begonnen. Durch eine höhere Macht wurde er in Gang gesetzt, und eines Tages wird der Strom auch wieder versiegen. Das biologische Leben und auch das geistige Wesen fließen ein in diesen Gesamtstrom auf unserer Erde, und sie verteilen sich immer weiter – wie der Wassertropfen im Weltmeer. Das Genom, die Erbanlagen und die Gedanken eines jeden sind noch irgendwo erkennbar, immer weniger und weniger, je weiter die Zeit fortschreitet, aber auch wenn sie nicht mehr wahrnehmbar sind, verschwinden sie doch nicht, sie sind immer noch da. Spuren des Lebens werden unauslöschlich bleiben.

Dahinter sehe ich eine unfassliche, nicht beschreibbare Instanz oder innere Ordnung, die für mich maßgeblich ist. Diese rührt aus meinem Glauben an die Schöpfung. Ich gehe nun nicht davon aus, dass jedes Wesen und alles, was wir um uns herum wahrnehmen, unmittelbar von Gott geschaffen worden ist. Als mein Grundsatz gilt: Ich glaube an Gott. Je nach Lebenssituation habe ich schwankende Vorstellungen von diesem Gott. Ich stelle ihn mir manchmal mit einem gewissen Kinderglauben auch persönlich vor und empfinde ihn als eine Art Instanz, die ich anrufen kann.

Einen Sinn des Lebens, verstanden als Zweckrichtung, die von irgendwem oder von einer Instanz vorgegeben ist, kann ich nicht erkennen. Aber Sinn sehe ich schon – insofern, als man zu seiner Verantwortung steht, als das Leben ausgefüllt ist und als es moralisch zumindest so verläuft, dass man damit zufrieden sein kann. Ein untadeliger Lebenslauf wäre zu viel verlangt, denn Fehler macht jeder. Man sollte nicht überheblich sein. Ich möchte am Ende des Lebens sagen können: Ich stehe zu allem, was war, und ich nehme hin, was geschieht, und wie es geschehen soll.

Ich lebe aus dem Jetzt heraus, aber immer auch in dem Bewusstsein, dass es sehr plötzlich anders werden kann. »Leben Sie jeden Tag, als wäre es Ihr letzter. Eines Tages werden Sie damit recht behalten«, hat der Arzt und Kabarettist Eckart von Hirschhausen gesagt, und so empfinde ich es auch. Meine Kinder und die Enkel machen mir viel Freude. Und immer wieder beglückt mich, dass ich in der Natur sehr viel erkennen und noch erleben und beobachten kann, etwa wenn ich auf dem morgendlichen Spaziergang mit dem Hund sehe, wie die Saat langsam die grünen Spitzen aus dem dunklen Boden treibt. Ich hoffe, dass ich mich noch lange bewegen, noch Ski laufen, wandern und Rad fahren kann. Das ist für mich keine Selbstverständlichkeit, sondern es steht immer infrage. Denn bei allem sollte man sich immer klarmachen, dass Freude und Erfüllung ein Ende haben. Um mich herum konnte ich Schicksale sehen, die mich gelehrt haben, wie schnell sich alles ändern kann. Aber Angst vor dem Tod habe ich im Grunde nicht. Ich mache mir schon Gedanken, indem ich mir überlege, was ich ordnen muss. Aber nicht darüber hinaus.

Es gibt in meinem Leben eine herausragende negative und belastende Erfahrung, das war der frühe Tod meiner ersten Frau. Damals war ich 32 Jahre alt. Ich habe mir lange Zeit, bis heute eigentlich noch, Vorwürfe gemacht, dass ich mich zu wenig um sie gekümmert und mich zu sehr im Beruf engagiert habe. Das ist etwas, was mein Leben auch weiterhin bestimmt und mir immer wieder durch den Kopf geht. Ich stelle mir die Frage, was damals hätte anders laufen können, wenn ich mich mehr um die Familie gekümmert hätte. Verzweiflung, Ratlosigkeit und die ständige Frage nach dem Warum waren damals die beherrschenden Gefühle. Sie sind auch immer noch präsent. Das hat mir so sehr zu schaffen gemacht, dass ich mich danach einige Jahre lang zurückgezogen habe. Ich wollte niemanden sehen, wollte keinen Kontakt und wollte auch nicht darüber reden. Es war eine stark nach innen gerichtete Lebens- und Denkweise. Der Tod eines nahestehenden Menschen ist eben ein starker Einschnitt. Aber er ist auch ein Einschnitt, der durch das Leben selbst überwunden wird.

Im Leben über den Tod Bescheid zu wissen, ihn erfahren zu haben und sich damit auseinanderzusetzen, ist schwierig. Nie weiß man, ob man die Auseinandersetzung besteht und ob die Angst überwindbar ist. Auch wenn es vielleicht als Schock wirkt, es wäre wichtig, das Geschehen Tod erlebbar zu machen.

Wenn ich tot bin, geht es mir gut

Waltraud Beisel · Jahrgang 1934
Dolmetscherin i.R.

Wie jemand das Leben aushält, der keinen Glauben hat, kann ich mir nicht vorstellen. Da muss doch immer diese Angst auftauchen: Was ist jetzt noch schnell zu erledigen? Was musst du noch erleben? Auch für einen Christen ist das Leben zu Ende. Aber der Christ sieht das Leben als eine Art von Schulung an, in der er sich dahin entwickelt, wo ihn Gott haben will. Das gelingt nicht immer, ich kann nie so sein, wie Gott mich möchte, ich bin auf die Gnade angewiesen, allein sie macht mich zu einem guten Christen. Da bin ich ganz lutherisch. Aber je älter ich werde, hoffe ich doch, dass mir jedes Jahr vielleicht ein bisschen mehr Weisheit, Toleranz, Geduld und Liebe gibt. Wenn man gläubig ist, ergeben sich viele Dinge des Lebens von selbst: Ich verhalte mich so, dass ich mich immer und mit allem, was ich tue, verantworten kann vor Gott. Er sieht es, und er sieht nicht nur, was ich tue, er sieht auch, was ich denke.

Und wenn ich tot bin, geht es mir gut, denn ich weiß ja genau, wohin ich gehe: zu Gott! Ich bin zutiefst davon überzeugt, dass das Leben weitergeht. In welcher Form, das weiß ich nicht. Hier lebe ich, und ich weiß wie. Aber wie lebe ich da? Das weiß ich nicht. Aber dass ich lebe, das weiß ich. Ich habe keine Vorstellungen davon, wie eine Auferstehung im Fleisch sein soll. Ich schließe nicht aus, dass das möglich ist. Was den Menschen ausmacht, ist sowieso seine Seele. Meine Seele, die werde ich behalten, die lebt weiter. Ich glaube, dass nicht jeder Mensch in den Himmel kommt. Es gibt auch die Hölle. Es gibt böse Kräfte, auch wenn wir das nicht wahrhaben wollen. Fremd ist mir dieser Gedanke, dass wir uns wiedersehen. Das Wesen, das wir dann sein werden, weiß von persönlichen Bindungen nichts mehr, das wäre auch nicht wichtig. Wichtig und ein großer Trost ist es mir, dass ich mir sagen kann, auch bei Freunden, die krank waren: Dann ist dieser Körper weg, und dann können sie wieder sie selber sein.

Natürlich ist es traurig, wenn jemand stirbt, das war ich auch, als meine Eltern gestorben sind. Aber ich habe ja die Hoffnung, dass es ihnen danach gut geht. Meine Mutter ist über hundert Jahre alt geworden. Wenn ich mir das vorstelle – wie viel Lebenszeit hätte ich dann noch vor mir! Aber ich nehme das aus Gottes Hand. Mein Leben ist nicht durch mich bestimmt, sondern durch Ihn, und ich lebe die Dauer, die Er mir gibt. In der letzten Zeit meines Leben würde ich mich ganz auf mich, auf meine Seele, auf mein Innerstes konzentrieren und mich fragen: Ist das jetzt gut? Kann ich jetzt gehen? Ich möchte in Frieden mit mir und mit allen Menschen, mit der Familie und den Freunden, gehen dürfen, sodass alle Ungereimtheiten ausgeräumt sind. Das wäre mir wichtig, genau wie Verzeihen, vor allem auch sich selbst, damit man nicht unversöhnt in den Tod geht. Es kann jeden Tag zu Ende sein, und dann sollte man mit sich selbst im Reinen sein. Deshalb ist es wichtig, so zu leben, dass man wirklich immer sagen kann: Also gut, wenn es heute zu Ende ist, habe ich getan, was ich kann.

Denn wir wissen doch, dass wir sterben müssen! Und wie setzen wir uns damit auseinander? Viel zu wenig! Auch Christen tun das viel zu wenig. Aber Christen haben ja immer noch diese hoffnungsvolle Aussicht: Es ist nicht zu Ende. Der Tod macht mir schon Angst. Das Sterben ist ein Übergang aus dem Leben, es ist etwas völlig Neues, etwas Unbekanntes. Und wie werde ich das schaffen? Dieser Übergang ist durchaus angstbesetzt, weil ich nicht weiß, wie ich ihn überstehe.

Dass ich mein Leben als Geschenk nehme, war auch so in schwierigen Zeiten, in denen bei mir durchaus manchmal die Frage aufkam: Was hat das denn alles für einen Sinn? Das Leben ist mir geschenkt worden von Gott, und ich sage mir: Solange du das hast, lebst du und machst das Beste daraus und lebst vor allem verantwortlich. Ich fühle mich auch verantwortlich für die soziale Gemeinschaft. Dazu muss ein Christ bereit sein. Ich habe immer sehr viel ehrenamtliche Arbeit übernommen. Das war und ist für mich eine Freude, und das sehe ich auch als meine Pflicht an. Ich habe eine große Familie, um die ich mich kümmern kann, um fünf Kinder und sechs

Enkel. Und auch um Freunde und andere Menschen, wenn sie Hilfe brauchen. Das gefällt mir, ich bin dankbar, dass das so ist. Ich bin gesund, es geht mir gut, ich habe ein schönes Leben. Aber nicht nur für mich möchte ich ein gutes Leben schaffen, sondern auch für andere da sein. Das gibt meinem Leben auch einen Sinn. Ich war für meinen Mann da, als die Geschichte mit seiner ersten Frau passiert ist, gerade am Anfang. Da habe ich viel Kraft investiert.

Wenn der letzte Tag in meinem Leben käme, würde ich gerne – wenn ich geistig noch bei mir wäre – meine Familie bei mir haben. So wie das früher war, wie es auf alten Bildern zu sehen ist, auf denen alle am Sterbebett stehen und sich verabschieden. Aber das müsste auch nicht sein, weil ich sicher weiß, dass ich in diesem Augenblick nicht allein bin. Ich weiß, dass ich behütet bin von Gott und von meinen Schutzengeln. Meine Mutter ist nachts im Altersheim gestorben, erst morgens hat die Schwester nach ihr gesehen. Als ich kam, war ein Pfarrer da, und als ich geweint habe und gesagt habe: Sie ist ganz alleine gegangen, hat er geantwortet: Sie war nicht allein. Das mag ein Trost sein, so ein Hingerede. Aber für mich ist es die Wahrheit. Ich denke mir, dass es so ist, wie es Elisabeth Kübler-Ross über die Nahtod-Erfahrungen geschrieben hat, dass es durch einen Tunnel auf ein Licht zugeht. Und dort ist jemand, der einen abholt.

Ich war schon im Jenseits

Felicitas Linde* · Jahrgang 1946
Lehrerin

Ich möchte mit der Transsibirischen Eisenbahn fahren, bevor ich sterbe. Ich möchte noch einmal nach Brasilien fliegen, und ich möchte wochenlang durch Bulgarien reisen. Ich würde gerne Kinderbücher schreiben und ein Buch über die Lebensgeschichten meiner Mutter und meiner Großmutter. Ich hätte sehr gern einen Garten, obwohl ich weiß, dass dieser Wunsch wahrscheinlich nicht in Erfüllung geht. Und wenn ich nichts davon mehr schaffe, ist es auch gut. Ich hätte nicht das Gefühl, etwas verpasst zu haben. Denn ich weiß: Das kann ich im nächsten Leben machen.

Deshalb würde ich auch nicht anders weiterleben als bisher, wenn ich wüsste, dass ich bald sterben müsste. Ich würde unterrichten, abends die Zeitung lesen, mit meiner Freundin telefonieren, ein Glas Wein trinken.

Das heißt nicht, dass ich keine Angst vor dem Sterben habe. Ich fürchte mich, wenn ich mir vorstelle, ich wäre einsam oder hätte Schmerzen. Und ich fände es gut, wenn jemand meine Hand hielte und ich mich verabschieden könnte, obwohl ich nicht weiß, ob ich das jemandem zumuten möchte, neben mir zu sitzen und zuzusehen, wie ich sterbe. Andererseits habe ich es selbst als ganz furchtbar empfunden, dass ich beim Tod meines Vaters nicht dabei war. Ich war zu dieser Zeit in Afrika, und mir hat niemand davon geschrieben, um mir die weite Reise zu ersparen. Ich hätte sehr gerne Abschied von ihm genommen.

Vor dem Tod habe ich dagegen keine Angst. Mein kleiner Bruder ist im Alter von zwei Monaten gestorben. Er lag plötzlich tot in seinem Bettchen. Da war ich vier Jahre alt. Auch als meine kleine Schwester gestorben ist, war ich noch ein Kind.

Da hatte der Tod nichts Schreckliches. Und als meine Tante gestorben ist, habe ich neben ihrem Bett geschlafen. Sie und ich, wir wussten beide, dass sie sterben würde, denn sie war schon einige Zeit schwer krank. Ich war ganz ruhig, und ich habe gehört, wie sie gestorben ist.

Auch ich selbst war einige Mal dem Tode nahe. Ich habe viele Operationen hinter mir. Aber ich war nicht aufgeregt und hatte keine Angst, auch wenn ich vorher wusste: Du könntest sterben! So wie bei meiner ersten Operation. Damals war ich 21 Jahre alt und hatte Krebs. Der Gedanke an die Krankheit oder an die Operation hat mich nicht beunruhigt. Ich habe mir vorher sogar noch ein Paar Schuhe gekauft, weil ich dachte: Vielleicht lebst du ja doch noch eine Weile. Ich habe eine tiefe innere Gleichmütigkeit gespürt. Dem Sterben ruhig entgegenzusehen, das halte ich für wichtig, und dazu sind Geduld und Vertrauen nötig. Ich habe daran gearbeitet, habe viel darüber nachgedacht, habe Bücher zu diesem Thema gelesen und mit anderen darüber gesprochen.

Das alles hat dazu geführt, dass ich innerlich dem Tod nah bin und im Einvernehmen mit ihm lebe. Außerdem bin ich mir ganz sicher, dass es ein Jenseits gibt. Daran hat es für mich nie einen Zweifel gegeben. Ich war schon dort, auch wenn ich nicht näher beschreiben kann, wie es dort ist. Es war in der Nacht nach meiner ersten großen Operation in Brasilien. Auf einmal hatte ich das Gefühl, dass ich durch eine Röhre schwebte, an deren Ende ein helles Licht schien. Aber ich wurde wieder zurückgerufen. Und dann kann ich mich an eine Begegnung nach meiner letzten Operation erinnern: Ich traf meine Großmutter, sie hat zu mir gesprochen. »Ich gehe jetzt nach oben«, sagte sie, »und du gehst wieder zurück und machst dort unten weiter.« Das war wie eine Vereinbarung. Als ich am nächsten Morgen vollständig aus der Narkose aufgewacht war, kamen meine Eltern ins Krankenhaus. Ich habe nach meiner Oma gefragt, aber sie haben mir erst später erzählt, dass sie in dieser Nacht gestorben war.

Auch wenn ich keine genauen Vorstellungen von einem Jenseits habe, weiß ich doch, es wird ein ganz anderer Zustand sein als jetzt, und ich werde eine ganz andere Aufgabe haben. Ich rechne fest damit, dass ich alle wiedertreffe, die ich gerngehabt habe. Nur wie das sein wird, das kann ich nicht beschreiben.

Und auch davon bin ich überzeugt: dass man mit dem konfrontiert wird, was man auf der Erde angerichtet hat. Das wird nicht so fürchterlich sein wie in Dantes Inferno mit Dämonen, mit Hölle und Feuer oder Eiseskälte. Aber das sehe ich kommen: Man muss sich ansehen, was man getan hat. Das ist Strafe genug, die eigenen Gemeinheiten und die eigenen Unzulänglichkeiten betrachten und empfinden zu müssen.

Wie ich gelebt habe, das beeinflusst mein nächstes Leben. Meine Entwicklung wird zunächst im Jenseits weitergehen, und das wird lange dauern. Denn ich werde verschiedene Zustände durchschreiten, bis ich an einen Punkt gekommen bin, von dem aus ich in anderer Gestalt wieder auf die Erde gehe. Auf jeden Fall werde ich eine Gestalt annehmen. Das heißt, ich werde inkarniert sein und nicht als etwas rein Geistiges zurückkehren. Das sehe ich nicht als Strafe an, sondern als Chance. Vielleicht wählt man eine unbeholfene Gestalt, um Demut zu lernen? Die Seele trifft diese Wahl, sie sucht sich den neuen Körper aus. Es ist überaus wichtig, sich im Jenseits zu überlegen, was man im nächsten Leben machen und vor allem, was man anders machen möchte. Denn so kann man die Fehler, die man im letzten Leben gemacht hat, aufarbeiten und sich dadurch weiterentwickeln. Man kann auch Menschen wiedertreffen.

Ja, ich wähle es aus. Wenn ich mich wieder auf die Erde begebe, nehme ich mir etwas vor, ganz bewusst. Das heißt nicht, dass ich mich bewusst daran erinnere. Wahrscheinlich gerät alles, was ich erkannt habe, wieder in Vergessenheit, sobald ich auf die Erde zurückkehre. Aber trotzdem lerne ich für die Rückkehr aus den Fehlern, die ich gemacht habe und die mir gezeigt wurden, und nun mache ich alles anders. In jedem neuen Leben wird alles völlig anders sein, mit neuen Möglichkeiten und Entwicklungen.

Vielleicht kommt die Erinnerung im Laufe eines Daseins wieder. Vielleicht erkennt man den Sinn, den die vorangegangenen Leben hatten. Dieser Sinn ist ganz sicher da in meinem Leben, auch wenn er mir nicht bewusst ist, auch wenn ich nicht weiß, worin er genau besteht. Ich lebe das Leben, in das ich hineingeboren wurde. Ich komme in Situationen, in denen ich tätig werde, ich mache weiter, ich gehe nicht rückwärts, ich verändere mich. Das allein ist schon sinnvoll.

Manchmal sehe ich mein Leben schon, als sei ich gerade gestorben. Ich sehe es als eine weite Landschaft mit einem Flusslauf und kleinen Inseln – und über allem der Himmel. Ich erkenne in diesem Bild auch die Fehler, die ich gemacht habe, und die Krisen, die ich durchlebt habe. Herausragend sind dabei nicht die großen Ereignisse, sondern die Wegkreuzungen, an denen mein Leben eine Wendung genommen hat, sei es dadurch, dass ich in ein anderes Land gegangen bin oder dass ich einen Mann kennengelernt habe. Die Begegnung mit einem neuen Menschen bedeutet immer auch den Beginn einer neuen Wegstrecke. Ich sehe mein bisheriges Leben als einen langen Weg mit vielen Wendungen. Ich erkenne viele einzelne Abschnitte, und jeder davon ist unverwechselbar.

Vorgezeichnete, geradlinige Wege gibt es für mich nicht. Wie ich lebe, das ist nicht durchgeplant, sondern ergibt sich aus meinen Erfahrungen, aus meinen Vorstellungen, aus dem, was ich kann oder nicht kann. Begegnungen mit Menschen spielen eine große Rolle, und was sich aus ihnen entwickelt. Deshalb kann ich nichts vorhersagen. Ich habe auch manchmal geglaubt, unter den vielen möglichen Wegen den einen, den richtigen zu sehen. Dass es vielleicht doch der falsche war, habe ich erst erkannt, nachdem ich ihn gegangen war. Zurückgehen kann man dann nicht mehr. Aber im Nachhinein kann man finden, dass er trotzdem richtig war. Denn auch die falschen Wege, die Fehler, gehören zum Leben. Ich kann nie sicher sein, dass ich alles richtig mache, denn ich kann nur so leben, wie ich lebe. Ich kann mir nicht vornehmen, anders zu sein, als ich bin.

Trotzdem: Wenn ich Wege noch einmal zurückgehen könnte, möchte ich geduldiger sein, freundlicher zu den Menschen, zu denen ich nicht immer freundlich war. Ich würde versuchen, mit meinen Defiziten besser umzugehen. Aber alles in allem würde ich nicht viel in meinem Leben anders machen, denn ich bin ganz zufrieden. Ich lebe gern, weil es Kunst und Musik und Kultur und Wandern und Natur gibt. Das Leben ist so abwechslungsreich! Jeden Tag geschieht etwas Neues. Ich habe viele Aufgaben. Ich beobachte Entwicklungen, bei mir und bei anderen. Und ich habe viel erreicht. Das ist etwas, was mir besonders viel Spaß macht: geschafft zu haben, was ich mir vorgenommen hatte; zu erleben, dass eine Sache so gelaufen ist, wie ich es mir gewünscht hatte; oder im Gespräch mit anderen zu einem Ergebnis zu kommen.

So kann es gern noch eine Weile weitergehen. Aber ich möchte nicht älter als achtzig Jahre werden. Nur wenige Menschen sind darüber hinaus geistig und körperlich noch so tüchtig, dass das Leben ihnen Freude macht. Und wenn ich auf andere angewiesen wäre, hilflos wäre, kein Geld mehr hätte – nein, das möchte ich nicht.

Manchmal frage mich, ob etwas von mir in der Erinnerung

bleibt. Ich gehe eigentlich nicht davon aus, dass sich jemand an mich erinnert. Es wäre wohl schön, wenn andere sehen würden, wie ich war, wenn sie anerkennen würden, dass ich zugehört und genau hingesehen habe, dass ich kritisch war und Durchhaltevermögen hatte. Aber das alles ist eigentlich nicht nötig. Was mir zu meinen Lebzeiten nicht gesagt wurde, muss dann auch später nicht mehr gesagt werden.

Dann ist nur noch Stille, Ruhe, Klarheit

Lutz Schneider · Jahrgang 1964
Sänger, Gesangslehrer, Chorleiter, Dirigent

Den Zeitpunkt, an dem mein Leben endet, bestimme ich selbst. Es wird eine Zeit sein, in der ich diese Form, diese Gestalt einfach nur ändere. Das ist so, als ob es jetzt passierte. Im Grunde genommen passiert es auch in jedem Augenblick immer wieder neu. Deshalb habe ich keine Angst beim Gedanken an das Sterben. Ich freue mich auf das, was dann ist. Ich habe auch keine Angst, krank zu werden, weil das meines Erachtens bei jedem selbst liegt, inwieweit er krank ist. Es gibt nichts Ungewisses, das auf mich zukommt. Es ist nur das, was ich darüber denke. Oder anders gesagt: Es kommt nichts auf mich zu. Das Leben entsteht aus meinen Absichten.

Ich bin fest davon überzeugt, dass es Tod nicht gibt. Denn was hätten unsere paar Lebensjahre für einen Sinn gegenüber einem Universum, das unvorstellbar alt ist? Da sollten wir nur eine Chance von ein paar Sekunden bekommen? Dahinter muss etwas anderes stehen. Und dieses andere, dieses Jenseits, habe ich in Träumen oder Wachträumen und in Meditationen tatsächlich erfahren. Das ist eine Gefühlsebene, die man schwer beschreiben kann, eine andere Ebene des Bewusstseins. Das Wissen ist da, es ist deutlich zu spüren, doch in dem Moment, in dem man darüber nachdenkt, ist es weg. Es sind zwei Welten: die Relativität und das Absolute. Sobald man anfängt nachzudenken, ist man in einer bestimmten Situation. Sie schiebt sich immer mehr in den Vordergrund, je mehr man darüber nachdenkt, und nimmt Form, Energie und Kraft an, die gleichzeitig Begrenzungen sind. Denkt man aber nicht darüber nach, sondern lässt es einfach zu, dann ist es, wie es ist, und man erlebt sich selbst. Die Gedankenflut nimmt ab, es wird still. Das ist so, als existierte man ohne Körper. Gleichzeitig erlebe ich ein Gefühl von Einssein, mehr noch: von absolutem Sein. Nichts mehr wünschen, nichts mehr haben wollen.

Genau das ist es, was geschieht, wenn der sogenannte Tod eintritt. Man lässt einfach den Körper los und ist Geist. Schon als kleines Kind habe ich erlebt, dass ich kurz vor dem Einschlafen aus dem Körper abgedriftet bin. Dieses Herausgehen aus der Enge wird in jeder Meditation deutlich, es ist ein Teil von mir.

Der Körper ist ein Werkzeug, um zu erfahren, was ich bin. Aus all dem suche ich mir in diesem kurzen Leben einige Punkte nur heraus, um sie zu erfahren. Ich kann nicht alles zugleich erfahren. Dazu bin ich noch nicht hoch genug energetisiert. Deshalb wähle ich immer nur winzige Teile aus und erfahre sie durch viele formelle Leben. Was jetzt und hier passiert, ist lediglich eins von vielen schon gelebten und vielen noch folgenden Leben. Ich hänge nicht an meinem Körper. Aber ich ehre ihn, pflege ihn und weiß, dass es nötig ist, ihn zu haben, damit ich erfahren kann, was ich bin. In dem Moment, in dem die Seele mit diesem Körper keine neuen Erfahrungen mehr machen kann, verlässt sie ihn einfach, ändert die Gestalt und geht dann ihrer Wege. Diese seelische Bewusstheit zu entwickeln, sich wieder zu erinnern, wer ich tatsächlich bin, das muss ich in diesem Leben, mit dieser Form zu erreichen versuchen. Dann gibt es für mich keinen letzten Tag.

Es ist so wie Musik: Sie kommt und geht. Man kann sie nicht festhalten, sondern sich einfach nur hingeben. Und Hingabe ist genau das, was Frieden beinhaltet. Ich bin sicher, was mich erwartet. Denn ich glaube daran, dass ich wieder zurückkehre, eingehe in das, was ich bin, und nicht geteilt oder getrennt werde. Das ist wie eine Hochzeit, und es ist eine freudige Angelegenheit, ein Glück für mich. Es beinhaltet alles. Da gibt es keine Wünsche mehr und keine Fragen, weil dann alles gesagt ist. Dann ist nur noch Stille, Ruhe, Klarheit.

Mit zunehmender Erkenntnis denke ich nicht mehr so sehr über den Tod nach. Es gibt zu viel zu entdecken, als dass man sich aus dieser Entwicklung, diesem Erschaffungsprozess zurückziehen könnte. Ich muss erkennen, dass das Leben nicht schon da ist und abgerufen wird, sondern dass es von mir, von allen erschaffen wird. In dem Moment, in dem ich festhalte, kann ich nicht mehr erschaffen. Und dann lebt es nicht mehr. Das Leben ist freier Fluss, ist Energetik, ewig. Es hat den Sinn, den ich ihm gebe: alles zu tun beziehungsweise zur Ruhe zu kommen, zu erkennen, dass ich glücklich bin, und alles aus diesem Zustand heraus zu tun, um das Glück zu spiegeln.

Jeder Mensch hat Talente. Und wenn eine Antenne noch ausgefahren ist zur anderen Ebene des Seins, erkennt man sofort, welche das sind. Mein Talent hat sich schon sehr früh gezeigt: mich musikalisch zum Ausdruck zu bringen. Und auf dieser Grundlage zu lernen, dass auch Herzensqualitäten die Verbindung zum anderen herstellen. Wenn man zu sehr egozentrisch arbeitet oder nur sich verwirklicht sehen möchte, ist man tatsächlich von seinem Selbst getrennt. Es ist für mich eine Reise gewesen, zum Selbst zu kommen, und sie hat dahin geführt, dass ich ohne Eigennutz helfen möchte. Ich will auch nicht zeigen, wie toll ich bin, oder meine Hilfe aufdrängen, sondern nur fragen: »Wie möchtest du, dass dir geholfen wird?«

Die Musik hat mich auch immer wieder aller Dinge enthoben. Ich habe von Kindheit an Alltagssituationen einfach ausgeblendet, und deshalb war es für mich auch sehr leicht, mich über Dinge hinwegzusetzen, bei denen andere gesagt haben, wir erlauben uns das nicht, und er nimmt das für selbstverständlich. Das ist für mich eine Bestätigung. Am Anfang lebt man nur sich, und es ist selbstverständlich, zu nehmen und nur zu nehmen. Denn erst, wenn man genug bekommen hat, kann man geben. Dann weiß ich erst, wie ich angenommen bin, wie meine Situation ist oder wie ich dem Leben gegenüberstehe.

Dafür, was ich getan und was ich nicht getan habe, muss ich mich auch im sogenannten Jenseits nicht rechtfertigen. Ich bin frei. Aber ich habe die Möglichkeit, nachdem ich meine Form abgelegt habe, noch einmal mein komplettes Leben wie einen Film zu sehen, und zwar aus der Sicht aller Beteiligten. Ich werde sehen, was sie gesehen haben, fühlen, wie sie sich gefühlt haben, bemerken, wie sie reagiert haben, alles wahrnehmen, was mir überhaupt nicht aufgefallen ist. Ich werde auch erkennen, was meine Abneigung, meine Wut bei anderen angerichtet haben. Die Frage ist dann, ob es mir wichtig ist, das noch einmal anders zu erleben. Denn auch aus Wut und Abneigung habe ich Erkenntnisse gewonnen, habe ich mich kennengelernt und so dargestellt, wie ich in diesem Moment sein wollte. Wenn man ein höheres Bewusstsein hat, das heißt, wenn man nicht mehr unmittelbar reagiert, sondern aus einer beobachtenden Position heraus handelt, wird man erkennen, dass Wut nicht nötig ist. Und wenn man ein beobachtender Beobachter wird, das heißt also, sich immer mehr aus der Bindung an eine Situation herausnimmt, dann wird es nicht mehr wichtig sein, sofort zu reagieren. Dann wird man immer weniger tun. Das bedeutet, dass man immer weniger einen Trennungsschmerz zum Ausdruck bringt. Denn nichts anderes ist Wut. Ungeliebt sein. Und das wird es nicht mehr geben.

Bei dieser Rückschau auf mein Leben werde ich bemerken, dass vielleicht das eine nicht so gut, das andere dagegen sehr gut gewesen ist, und werde daraufhin erneut entscheiden können, was ich sein will, von allem, was ich bin. Und das geht ohne Ende. Das Leben ist ohne Ende, es wird nie beendet sein. In Ewigkeit nicht.

Meine reine Essenz ist Licht. Ich habe sie erlebt, ich spüre sie – ein warmes, sehr intensives Licht. Und dieses Licht ist still. Das ist das, was mich empfängt, beziehungsweise das, wohin ich wieder zurückkehre, woher ich gekommen bin. Da wird niemand an einem schönen Himmelstor warten und mich begrüßen. Ich werde ins Licht eingehen – und mich zugleich weiterentwickeln.

Meine Entwicklung wird immer nach oben weitergehen. Nie nach unten, das wäre unlogisch, das wäre auch von der Evolution nicht gewollt. Ich werde immer weitere Erkenntnisse haben bis zur letzten Schau. Die beinhaltet alles. Dann fängt es wieder von vorne an. Dann ist das Pendel ausgeschlagen bis zum Maximum. Doch wenn ich eine Weile darin existiert habe, wird mir nicht mehr klar sein, dass ich alles bin. Das vergisst man, und das ist gut, denn dann fängt der Schaffensprozess von vorn an.

Es ist mir in diesem und in vielen bisherigen Leben schon einiges gut gelungen. Es ist schon einiges mehr erkannt, und ich bin so weit, dass ich mich nicht mehr selbst umbringe, sei es durch Medikamente, Alkohol oder Drogen. Meine Wahrnehmung ist klarer. Deshalb sage ich, ich bin schon auf einem guten Weg. Eigentlich ist jeder auf einem guten Weg. Selbst wenn er sich zerstört, ist es genau das, was er in Erfahrung bringen wollte. Er will wissen, er will fühlen, wie es sich anfühlt, wenn dagegen gekämpft wird. Dann ist das seine Wahrnehmung oder sein Vorhaben, das Leben so zu leben. Viele sehen das dann natürlich gesellschaftspolitisch und sagen, die Gesellschaft hat mich dazu gebracht. Oder sie geben sich und ihrem Mangel an Fähigkeit die Schuld, wenn sie ihre Arbeit verlieren und unter der Brücke sitzen. Aber tatsächlich sind auch dies im Massengeist selbst gewählte Situationen.

Wenn ich dieses Leben noch einmal neu gestalten könnte, würde ich noch mehr Ruhe halten. Ich würde noch mehr Leidenschaft geben und zeigen. Würde begeistert sein auch von kleinen Dingen. Und in dem Moment, in dem ich das sage, fängt mein Leben neu an. Immer aber, und wenn ich tausend Leben hätte, immer würde ich mich darauf besinnen, dass es nur einen ewigen Moment des Jetzt gibt. Und dass es keine Vergangenheit oder Zukunft gibt, es sei denn, man denkt, dass das so sei. Leben ist immer der gleiche Moment, der sich nur anders zeigt. In dem Moment, in dem ich über die Vergangenheit nachdenke, ist sie jetzt. In dem Moment, in dem ich denke, was könnte morgen sein, ist die Zukunft jetzt. Wenn ich das bewusst und sehr diszipliniert, subtil und konzentriert spüre und anwende, dann gibt es keine Vergangenheit und keine Zukunft, sondern nur die Erkenntnis des ewigen Moments Jetzt.

Wir werden einander tiefer wiederfinden

Eugen Drewermann · Jahrgang 1940
Theologe, Psychoanalytiker, Schriftsteller

Ich habe mein Leben nie unter dem Aspekt betrachten können, ob es schön ist oder Spaß macht, oder ob es belastend und mühevoll ist. Ich denke, das Leben ist ein Geschenk, ein anvertrautes Gut, mit dem wir etwas anfangen sollten zugunsten der Menschen und aller Kreaturen an unserer Seite. So gesehen habe ich es als Aufgabe begriffen und auch als eine Form, glücklich zu sein.

Autoren wie Oscar Wilde und in gewissem Sinn sogar Sigmund Freud spielen mit der Idee, dass der Tod das Leben kostbarer, dass der Blick auf das Ende es genussvoller macht. In der Zeit, als er noch passionierter Raucher und nicht krebskrank war, verglich Freud diese Sichtweise sogar damit, dass das Wissen um das sichere Ende einer Zigarre jeden Zug daran mit Glücksgefühl versehen könnte. Ich glaube das nicht und halte es für einen Zynismus, schon deshalb, weil der Tod überhaupt nicht als ein Ende kommt, das man absehen kann. Er tritt in aller Regel brutal, sinnlos und unvorhergesehen ein, und das Leben endet an einer Stelle, an der es nie hätte zu Ende sein dürfen. Menschen stehen plötzlich alleine und sind darauf nicht vorbereitet. Mütter sterben, deren Kinder erst vier oder fünf Jahre alt sind. Es gibt Zusammenhänge des Lebens, in denen der Tod schlechterdings inakzeptabel ist. Man könnte niemanden wirklich lieben in der Vorstellung, der Tod hätte das letzte Wort. So ist Leben in meinen Augen nicht. Deshalb hoffe ich darauf, dass der Tod nichts weiter ist als eine schwarze Drapierung auf der Bühne unseres Lebens, die sich irgendwann heben wird und den Blick auf die eigentliche Wirklichkeit freigibt. Das, was wir hier sehen, kann nicht die Wahrheit sein.

Wir leben hier maximal ein paar Jahrzehnte. Jeder Nagel, den wir in die Wand schlagen, hat eine physische Konsistenz, die haltbarer ist als unser Kohlenstoffgebilde. Wir suchen nach einer Wahrheit und hoffen, sie im Alter ein wenig klarer erkennen zu können. Selbst Immanuel Kant meinte einmal, das größte Übel liege darin, dass wir erst dann wüssten, wie zu leben wäre, wenn es zu spät sei, von diesem Wissen Gebrauch zu machen. Kant postulierte die Ewigkeit, die Unsterblichkeit der Seele, damit wir das Streben nach Gerechtigkeit und sittlicher Vollkommenheit nicht als einen vergeudeten Einsatz betrachten müssten. Damit wir subjektiv überhaupt die Fähigkeit behielten, uns als Menschen durchzuhalten.

Die Theologie, die ich gelernt habe, hat versucht, Gott über die Visierlinie der Schöpfung zu beschreiben und ein metaphysisches Konzept zu entwickeln, wonach Gott unendlich ist in seiner Macht und Güte und Weisheit. Aber seitdem ich begriffen habe, was die Theologie da lehrt, leide ich daran, dass dieser Gott nicht aufzufinden ist. Die Welt ist nicht die Vollendung von Weisheit und Güte. Sie hat eine unerhörte Macht, sie hat vielleicht auch eine unerhörte Intelligenz. Aber in ihren Absurditäten, in ihren Schicksalsschlägen vermisst man die Güte. Ein Erdbeben genügt, eine Tsunamiwelle reicht, dass wir dabei umkommen. Aber das ist nicht der Beweis eines göttlichen Wirkens. Deswegen scheint mir der Ausgangspunkt für die Religion ein anderer zu sein und zentral in der Botschaft Jesu zu liegen. Man muss an Liebe glauben, um Gott zu entdecken. Und man braucht eine Person, an die man unbedingt glauben kann, um an die Liebe zu glauben. Darum ist für mich das Christentum die Religion, die mir am meisten zeigt, wie zu leben wäre und worauf sich hoffen lässt. Dann kann ich denken, Gott ist so allmächtig in seiner Güte, wie ich lerne, an die Güte selber zu glauben. Und wie stark er in meinem Leben wirkt, entscheidet sich ganz und gar an der Innigkeit, mit der ich diese Überzeugung in mein Leben hineinnehme.

Der Tod hat eine ungeheure Macht in unserem Leben. Fatalerweise hat Charles Darwin als Biologe vollkommen recht: Unser ganzes Dasein ist geprägt vom Kampf ums Überleben. Im Grunde genommen aber haben wir alle nur einen einzigen Feind: unsere Sterblichkeit. Deshalb sollten wir lernen, einander nicht zu töten im Überlebenskampf, sondern einander beizustehen, uns bei der Hand zu nehmen und dankbar die kurze Wegstrecke auf Erden gemeinsam zu gehen. Das lehrt uns nicht der Tod. Aber das lehrt uns ein Blick über den Tod hinaus. Er hat dann nicht mehr die Macht, er relativiert sich. Er hört auf, eine bestimmende Größe zu sein. Man fängt an, an das Leben zu glauben und an die Liebe. Dann muss der Tod ein Durchgang sein und nicht die endgültige, bestimmende Größe, um die herum wir kreisen. Das ist nicht Existieren. Deswegen ist mir die Religion so wichtig, um diese Angst vor dem Tod zu beruhigen und ein Gleichmaß im Miteinander, in der Solidarität zu finden.

In der Psychotherapie lerne ich, dass man Menschen die Wahrheit ihrer Existenz nicht verordnen kann. Aber man kann daran glauben, dass es sie gibt, und darauf vertrauen, dass Menschen ihre Wahrheit langsam erahnen und reifen lassen können. Einfach, indem man einen Raum schafft, in dem nicht verurteilt wird, nicht zensiert wird, sondern zugelassen wird und in dem Vertrauen wachsen kann. Was wir Menschen da untereinander zu tun versuchen, ist: einander zu begleiten auf einem mühsamen, langsamen Weg der Reifung, der nicht ans Ende kommen kann und wird hier auf Erden. Aber ich stelle mir vor, dass wir an unserem Sterbetag der Macht begegnen, die gewollt hat, dass wir sind, und die wir mit Recht die ewige Liebe nennen. Und sie wird uns keine Vorwürfe machen. Ich habe die Theologen nie verstanden, die aus Gott einen Richter gemacht habe, der nach Maßgabe sehr irdisch vorgestellter Paragrafengerechtigkeit die Menschen misst und dann beurteilt und verurteilt. Ich stelle mir vor, dass ein wachsendes Verstehen dessen, was man war und getan hat, genügend an Erschrecken, an Schamgefühl, an Bedauern, an Reue mit sich bringt, um dabei von Strafe zu reden. Das hat man sich selbst zuzueignen. Und das hat man, wie man jetzt sehen muss, auch verdient. Aber damit ist man einverstanden. Das will man ja, weil Erkenntnis die Bedingung ist, weiterzukommen und endlich den nächsten Schritt zu tun. Es ist, wie wenn bei Kindern, die mit vier, fünf Jahren kräftig wachsen, nachts im Bett die Knochen schmerzen. Das ist nicht schlimm, dadurch wird man vielleicht ein paar Millimeter größer, und das kann man morgens früh sogar schon abmessen. Mit der Seele ist das ähnlich.

Nicht nur sich selber wird man nach und nach begreifen. Unter den Augen einer Liebe, die keine Ausreden mehr nötig macht, wird man auch diejenigen verstehen, mit denen man zu tun hat. Jeden Tag erlebe ich Menschen, die mit ihrer Mutter, mit ihrem Vater in Kindertagen schon zerfallen sind und nie begriffen haben, warum die so sein konnten. Je mehr sie sich selber verstehen, desto deutlicher wird, dass die Mutter vor 30 oder 50 Jahren in ihrer Situation kaum anders handeln konnte. Sie hat vieles falsch gemacht, sie hat dem Kind Unrecht getan. Jetzt begreift man zum ersten Mal, wer sie wirklich war. Jede Selbsterkenntnis führt dazu, andere Menschen ein Stück weiter zu verstehen. Und das wird kein Ende haben. Denn die Mutter, die man gerade begreift, hat eine eigene Mutter. Man muss nur immer weiter zuhören. Und darum stelle ich mir den Himmel als eine Form vor, in der die Menschen ohne Grenzen einander beginnen zu verstehen und alles das, was erlebt wurde, seinen Beitrag leistet, um zu diesem Verständnis zu kommen.

Entwicklung hört nicht mit dem Tod auf. Vor allem reiche Leute sinnen inzwischen darüber nach, wie man sich verewigen kann. Vielleicht lässt man den Körper einfrieren und in 200 Jahren wieder auftauen? Oder man lässt den Kohlenstoff, aus dem unser Körper besteht, zu Diamanten pressen? Das alles ist eine Flucht vor der Angst, die der Tod mit sich bringt. Aber ein ernsthafter Trost kann nicht darin liegen, zu versteinern oder sich in eine phantastische neue Wirklichkeit hineinzuversetzen. Wir müssen heute leben, gebannt in die Zeit, in die wir ohne unsere eigene Entscheidung hineingeworfen sind. Aber ich hoffe, dass die Grenzen der Zeit sich auflösen, was ich auch jetzt schon erfahren kann: Ich liebe Bücher sehr. Wenn ich lese, setzt sich jemand neben mich, den ich über alles schätze – Dostojewski etwa, Sören Kierkegaard, Platon –, und erklärt mir über Jahrhunderte und Jahrtausende hinweg das Beste, was er in seinem Leben gefunden hat. Und ich beginne zu verstehen. Ich stelle mir vor, dass im Tode diese Menschen zu Gesprächspartnern werden.

Als Sokrates starb, hat er seinen Jüngern gesagt, warum er vor dem Tod keine Angst hat. Die Richter haben ihn verurteilt – das Urteil ist unsinnig, was jeder wissen konnte. Sie haben den wahrhaft Frommen als Gotteslästerer verurteilt, den Mann, der Weisheit und Kritikfähigkeit und klares Denken lehren wollte, als Jugendverderber hingestellt. Nun im Tod wird er seinen wirklichen Richtern begegnen. Und das ist für ihn etwas Wunderbares, er wird vor allem die Weisesten der Vergangenheit wiedersehen und mit ihnen reden können. Die großen Naturphilosophen werden ihm erklären, was sie schon erkannt haben.

Auch nach uns werden andere kommen, die es endlich wissen. Die Endlichkeit unseres Lebens ist auch deshalb eine schwere Belastung, weil wir so viele Fragen haben, die wir unbedingt beantwortet haben möchten, und doch spüren wir ganz sicher, dass uns in unseren Tagen keine Antwort darauf gegeben wird. Das ist eine Demütigung unseres Erkenntnisvermögens. Wir kommen so kriechend langsam nur Schritt für Schritt mit den Mitteln methodisch kontrollierten Erkennens der Wahrheit ein wenig näher und noch viel mühsamer und langsamer der Reifung unserer Menschlichkeit. Wir leben jetzt, und wir müssen die paar Dinge, die wir richtig sehen, auch tun. Aber je deutlicher wird, wie begrenzt das Ganze ist, desto mehr bin ich überzeugt von der Ewigkeit des Lebens und dass der Tod nur ein Schatten ist.

Und ich glaube, dass es jenseits der Todesgrenze etwas geben muss wie ein Ankommen bei sich selber, ein Ankommen auch bei der Wahrheit, die uns auf Erden offenbar kaum vergönnt ist zu erreichen. Ich kann nicht an die jenseitige Welt glauben wie an einen fernen Trost. Sie ist für mich als eine Energie in dieser Welt, wie ich sie erlebe, stets vorhanden.

Ich bin überzeugt, dass wir einander wiedersehen. Wir – das heißt nicht nur die Leute, die wir unmittelbar als Familienangehörige oder Nachbarn kennen. Es gibt ungemein viele geistige Nachbarn. Vielleicht stehen uns Menschen, die vor viereinhalbtausend Jahren im alten Ägypten gelebt haben, näher als manche unserer Zeitgenossen. Manchmal erscheinen sie mir viel moderner, viel menschlicher als bestimmte Persönlichkeiten, die als *very important persons* durch die Medien getrieben werden und viel Unheil stiften. Insofern glaube ich nicht daran, dass die Zeit wirklich eine trennende Größe ist. Sie ist das faktisch für unsere Lebensführung, aber sie ist es nicht wesentlich.

Jenseits des Todes brauchen wir sicher keine Bücher. Ich glaube, dass es sich verhält wie mit der Begegnung, die wir in unserem eigenen Bewusstsein ständig vollziehen. Ich bin heute 68 Jahre alt, und ich glaube, viele Menschen, die ich vor vierzig, fünfzig Jahren kennengelernt habe, besser zu verstehen als damals, weil das Leben mich auch ohne neue Informationen gelehrt hat, die wenigen Eindrücke, die ich damals bekommen habe, tiefer zu verarbeiten. In diesem Sinn kann ich mir vorstellen, dass es ein Gedächtnis gibt, aus dem nichts herausfällt, und in dem wir alle einander tiefer wiederfinden. Es ist eine geistige Form der Begegnung, die mit dem Begriff der reifenden Erinnerung wahrscheinlich am besten auszudrücken ist. Unter Reifen verstehe ich ein dynamisches gemeinsames Sich-Entfalten. Dafür brauche ich eine Realität, die das trägt und ermöglicht. Die nenne ich Gott.

Wenn wir voraussetzen, dass im Grunde alle Menschen füreinander geschaffen wurden, dass alle einander brauchen, um ganz zu werden, dann ist Berührung die erste, alltägliche Erfahrung eines solchen Prozesses, aufeinander zuzuwachsen. Es kann sein, dass wir eine bestimmte Person treffen. Wir haben keine Ahnung, warum, aber sie spricht uns an. Sie hat den Mund noch gar nicht aufgemacht, da wohnt sie schon in unserem Herzen. Wie das möglich ist, kann erforscht werden, aber wahrscheinlich kaum geklärt. Wir wurden berührt. Das hat ganz sicher psychologische Zusammenhänge in uns selber, Gemeinsamkeiten mit dem andern. Aber wir bräuchten ein Leben, um ein wenig dahinterzukommen, was sich wirklich begibt bei einer solchen geistig-seelischen Berührung.

Das ist eine Gemeinsamkeit der Liebe, der innigsten Prägung, des wechselseitigen Gefühls, gar nicht existieren zu können, ohne mit dem anderen zu verschmelzen, sich zu ergänzen oder auszutauschen. Oder wie in einem Spiegel im anderen kennenzulernen, wer man selber wirklich ist. In hundert Worten kann man den Begriff Berührung variieren. Er ist so flüchtig, aber ich möchte diese Flüchtigkeit in eine dynamische Dauer bringen.

Dieses Wissen sollte dazu befähigen, dem Tod ohne Angst entgegenzusehen und das Leben in Ruhe abzuschließen. So wie man ein Buch zu Ende schreibt oder im Büro noch ordentlich aufräumt, noch einmal den Hausputz macht – ein Abschiednehmen, für das man sogar, wenn man wüsste, in einem halben Jahr käme der Tod, noch die Zeit hätte. Das wäre wunderbar. Aber ich bin nicht sicher, ob ich dazu fähig wäre, wenn es so weit ist.

Friedrich Nietzsche konnte davon sprechen, dass man den Sterbetag begehen sollte wie ein Freudenmahl. Man hatte gespeist, man faltete die Serviette, man bedankte sich beim Gastgeber und ließ sich davonführen. Das Christentum hat viel getan, den Menschen die Erlaubnis zu nehmen, über ihr Ende planvoll zu denken. Man hat uns beigebracht, dass Gott in dem Sinne Herr über Leben und Tod ist, als es nun ganz und gar bei ihm liegt, wann wir sterben. Aktive Sterbehilfe ist ganz unmöglich, passive Sterbehilfe nur mit Zähneknirschen. Selbstmörder, so nennt man sie immer noch, wurden bis vor einer Weile nicht einmal auf dem Friedhof beerdigt, und heute nur, wenn man ihnen unterstellt, sie seien geistig verwirrt gewesen. Im Umgang mit dem Tod gibt es keine Freiheit. Das ist schon deshalb monströs, weil es im Umgang mit dem Töten im christlichen Abendland jede Art von Pflicht zu geben scheint. Mit 18 Jahren Soldat zu werden, ist immer noch dekorationsfähig. Dass 80-jährige, die völlig allein sind und nicht wissen, wozu sie weiter dahinsiechen sollen, nicht entscheiden können, wann sie Gott begegnen möchten, finde ich aberwitzig. Unsere ganze Kultur sähe anders aus, wenn das möglich wäre. Wir könnten viel beruhigter, viel angstfreier und dankbarer über uns nachsinnen, als wenn da ein magischer Rest wäre, an dem das kirchliche Bewusstsein glaubte, festmachen zu können, dass jetzt Gott handelt. Meist wird diese Ansicht von Leuten vertreten, die morgens nicht aufstehen, ohne dass sie drei bis fünf Tabletten schlucken. Sie fallen Gott an jeder Stelle ins Handwerk und tun vieles, um ihn gar nicht erst aktiv werden zu lassen. Aber dann, im Moment des Todes, hat Gott gewirkt. Ein Betrunkener stürzt die Treppe herunter – wieso hat da Gott gehandelt? Hunderttausende kommen bei einem Tsunami um – wie soll da Gott gehandelt haben? Der Tod hat jede Art von zynischer Erscheinungsform. Und die könnte man ein wenig mildern, indem man den Menschen die Freiheit gäbe, auch in dieser letzten Frage ihres Lebens hier auf Erden ein Stück Selbstbestimmung einzufügen. Wie ich handeln würde, kann ich nicht sagen, weil ich nicht weiß, wer ich dann sein werde.

Schon oft habe ich den letzten Tag meines Lebens gewünscht. Das heißt, es gab viele wunderbare Tage, von denen ich gewünscht hätte, das wären die letzten, weil sie so schön waren. Danach ist es, als wenn man nach dem Sonnenuntergang noch die Nacht sieht, aber die kann ja auch schön sein. Nein, ich möchte am Ende meines Lebens keinen Film abdrehen, in dem alle Verwandten zum Abschied kommen, in dem noch musiziert wird, Vöglein am Fenster fliegen und die Engel durch das Zimmer huschen. So kommt es ja nicht, warum soll ich mir das vorstellen? Was ich möchte, ist: ein wenig einverstanden sein zu dürfen mit dem Leben, wie ich es geführt habe. Wenn mir das vergönnt wäre, wäre das ein ganz großes Glück. Aber ich bin überzeugt, das muss ich nur in die Hände Gottes legen. Das ist nicht die Frage, ob ich damit zufrieden sein kann, sondern ob es nach Gottes Vorstellungen in Ordnung geht. Und da wird er mir helfen müssen, die richtigen Zusammenhänge zu erkennen. Darauf freue ich mich allen Ernstes. Nicht auf den Tod, aber auf das, was ich mit ihm verbinde.

Statt eines Nachworts

Und was machen wir, wenn wir tot sind? Diese Frage haben wir uns als Autorinnen dieses Buches mehr als einmal gestellt, bei unseren Vorgesprächen und Überlegungen ebenso wie beim Nachdenken über ein Interview, das uns besonders naheging. Wir möchten sie jedoch an dieser Stelle nicht beantworten, vor allem deshalb nicht, weil wir jedes unserer Protokolle in seiner Besonderheit und Geschlossenheit gleichberechtigt neben den anderen stehen lassen wollen. Wir möchten vermeiden, dass unserem Buch durch unsere eigene Meinung eine bestimmte Richtung gegeben werden könnte. Stattdessen beenden wir es, wie wir es begonnen haben: mit einem Zitat. In den Worten von Joachim Ringelnatz ist all die Nähe und Wärme enthalten, die wir bei unseren Gesprächen erlebt haben – und in gewisser Weise auch unsere eigene Antwort:

»Wenn ich tot bin, darfst du gar nicht trauern. / Meine Liebe wird mich überdauern / Und in fremden Kleidern dir begegnen / Und dich segnen.«

Ulli Olvedi

Über den Rand der Welt

Roman. 288 Seiten. Gebunden

Kann man mit dem Ende des Lebens Freundschaft schließen? Nora ist über sechzig, als der Krebs sie endgültig einholt. Eine Reise nach Kathmandu bringt sie in einem tibetischen Kloster in Verbindung mit der Tradition der Untrennbarkeit von Leben und Tod. Dadurch verliert ihr nahendes Ende nicht nur seinen Schrecken, sondern erweist sich als sinngebender Höhepunkt ihres bewegten Lebens. Ein eindringlicher spiritueller Roman, der Leben und Sterben auf eine berührende und tröstliche Weise miteinander verknüpft.

»Die Autorin zeigt, dass sie nicht nur meisterlich zu erzählen vermag, sondern auch souverän Lebensweisheit vermitteln kann.«
ab 40

09/1021/01/R

Pendo

Susanne Aernecke

Komm mit, ich liebe dich

Eine Abenteuerreise in die Demut. 272 Seiten. Gebunden

Warum kommt uns heutzutage ein christliches Kloster weitaus exotischer vor als jede fernöstliche Religion? Auch der Dokumentarfilmerin Susanne Aernecke war die Ordenswelt fremd – bis sie sich aufmachte zu Mönchen und Nonnen mitten in Deutschland. Sie begegnete ihnen in Klöstern, die ganz anders sind, als wir sie uns vorstellen, aber auch in Schulen, Suppenküchen und im Gefängnis. Dabei entdeckte sie etwas, das vielen abhanden gekommen ist und doch unsere abendländische Kultur mitgeprägt hat: die Demut, die Susanne Aerneckes Leben verändert hat.

»Das Buch besticht durch die verblüffende Frische in der Darstellung. Es handelt von Menschen aus Fleisch und Blut, die dorthin gehen, wo es tatsächlich wehtut.«
Die Tagespost

09/1022/01/R

Cornelius Tracewell

Die Löffel-Liste

Eine kleine Philosophie der letzten Dinge im Leben eines Mannes. 96 Seiten. Gebunden

Wenn der Zeitpunkt kommt, an dem man sich der Endlichkeit des Lebens bewusst wird, steht – für Männer stärker noch als für Frauen – meist eine Neubewertung der letzten Lebenshälfte an. Ein Moment des Innehaltens, in dem dieses liebevoll illustrierte und mit klugen Texten versehene Buch Orientierung gibt: Mit Ideen und Anregungen dazu, was wirklich wichtig ist im Leben. Welchen Träumen und Sehnsüchten man folgen sollte. Wie man auf seine innere Stimme und die kleinen Dinge des Alltags hört. Heiter und gelassen geschrieben, mit viel Weisheit und Humor und einem genauen Blick für das, was den Mann im Innersten bewegt, wenn es auf die letzte Phase des Lebens zugeht.

09/1023/01/R

Pendo

Hélder Câmara

Haben ohne festzuhalten

Texte für eine bessere Welt. 208 Seiten mit einem Vorwort von Abt Odilo Lechner. Gebunden

Der brasilianische Bischof Hélder Pessôa Câmara (1909–1999) gilt als Wegbereiter der Befreiungstheologie: Immer wieder kritisierte er die Bereicherung der ersten auf Kosten der dritten Welt. Zugleich tat der »sanfte Revolutionär« sich mit meditativen, fast poetischen Texten hervor, die die Kraft des Gebets entfalten und ebenso zum Innehalten wie zum engagierten »Bewegtsein in der Welt« und zum Kampf gegen Ungerechtigkeit einladen. Es sind Texte, die weit über die Grenzen des Christentums auch in andere Religionen ausstrahlten und die in der ganz besonderen Verbindung von Kontemplation und Mitgefühl bis heute nichts von ihrer Aktualität verloren haben.

»Hélder Câmara gehört mit Mahatma Gandhi, Martin Luther King, Albert Schweitzer und Mutter Teresa zu den Persönlichkeiten, die das soziale Bewusstsein dieses Jahrhunderts bleibend geprägt haben.«
Neue Zürcher Zeitung

09/1024/01/R

Pendo

Robert Lax

Poesie der Entschleunigung

Ein Lesebuch. Herausgegeben und mit einem Vorwort von Sigrid Hauff. Aus dem Amerikanischen übersetzt von Alfred Kuoni und Sigrid Hauff. 224 Seiten. Gebunden

Ein Kompass für Sinnsucher und eine kleine literarische Sensation: Erstmals werden hier – zum Teil bislang unveröffentlichte – Gedichte, Tagebuchnotizen und philosophische Betrachtungen von Robert Lax in einem einzigen Band versammelt. Die sensible Annäherung an einen außergewöhnlichen Dichter, charismatischen Menschen und den wohl prominentesten literarischen Eremiten des 20. Jahrhunderts.

»Lax sammelt Eindrücke wie ein anderer Flusskiesel sammeln mag.«
Neue Zürcher Zeitung

09/1025/01/R